Peter Tschopp
Politik als Projekt
Plädoyer für eine Schweiz von morgen

Peter Tschopp

Politik als Projekt

Plädoyer für eine Schweiz von morgen

Helbing & Lichtenhahn
Basel und Frankfurt am Main

CIP-Kurztitelaufnahme der Deutschen Bibliothek

Tschopp, Peter:
Politik als Projekt: Plädoyer für e. Schweiz von morgen / Peter Tschopp.
[Ill.: Düde Dürst]. – Basel; Frankfurt am Main: Helbing und Lichtenhahn, 1987.
ISBN 3-7190-0972-6

ISBN 3 7190 0972 6
Bestellnummer 21 00972

Umschlaggestaltung und Illustration: Düde Dürst, Zürich
Gesamtherstellung: Ebner Ulm

Vorwort

Diese Schrift ist das Ergebnis eines zwanzig Jahre langen Bemühens, die politische Szene der Schweiz kritisch zu beobachten. Die gesammelten Erfahrungen stammen aus zwei Bereichen, dem Parteiwesen und den eidgenössischen Expertenkommissionen.

Die Expertenkommissionen taten es sich schwer, in sehr unterschiedlichen Gebieten wie die Revision der Kranken- und Unfallversicherung, die Überwachung der Tarife der Motorfahrzeug-Haftpflichtversicherung, die Gesamtenergiekonzeption, Bildungs- und Forschungsfragen sowie der Bedarfsnachweis der Kernanlage Kaiseraugst. Dieser zeitweise sehr spannende und immer sehr lehrreiche Aufwand hatte einen gemeinsamen Nenner: Unbesehen der Vielfalt der Fachbereiche hat es keine dieser Kommissionen in sechzehn Jahren Arbeit fertiggebracht, etwas Konkretes oder Markantes in die Wege zu leiten.

Das politische Engagement war fruchtbarer an Ereignissen. Die Parteipolitik legt das, was das Schweizer Volk leidenschaftlich macht und was es gleichgültig läßt, viel klarer dar, als es die Diskussionen in den vorparlamentarischen und technokratischen Kommissionen tun.

Ziel dieses Essays ist es, die Umrisse des politischen Projektes darzulegen, das die Grundlage einer sich erneuernden Eidgenossenschaft sein könnte. Weil dieser Entwurf (oder wird es sich um einen Wurf handeln?) maßgeblich vom politischen Apparat mitbestimmt werden wird, schien es zweckmäßig, einleitend das System zu analysieren, um aufzuzeigen, wie es funktioniert, dies in der Sicht eines Beobachters, der den Apparat von innen kennt.

Sollte es gelingen, die Leser dieses Buches von der Notwendigkeit der Mitarbeit an der Verwirklichung einer neuen und besseren Schweiz zu überzeugen, wäre das gesteckte Ziel erreicht. In der direkten Demokratie kommen nämlich alle maßgeblichen Impulse von engagierten Einzelpersonen.

Genf, Ende 1986 P. T.

Inhaltsverzeichnis

I Das Räderwerk der Politik

Ausgangspunkt einer politischen
Ordnung vermag nur der Mensch zu
sein in seiner Unvollkommenheit:
diese Ordnung nennen wir Demokratie.

Friedrich Dürrenmatt

Ehrgeiz und Karriere

Es ist ziemlich banal, eine politische Schrift mit einem Kapitel über den Ehrgeiz einzuleiten, banal aber unvermeidlich. Persönlicher Ehrgeiz ist die Voraussetzung einer jeglichen Karriere, in der Politik, in der Wirtschaft und der Kultur. In der Politik spielen Eigenschaften wie Ehrgeiz, Geltungsdrang und eine gewisse Lust an der Macht eine besonders zentrale Rolle. Aber der Ehrgeiz allein genügt sicher nicht, um in der Politik erfolgreich zu werden. Das für eine kollektive Tätigkeit relevante Wissen, Talent, Ausdauer und Beharrlichkeit, aber auch der Zufall und das Glück müssen sich mit Ehrgeiz und Lust an der Macht verbinden, um eine politische Karriere zu ergeben. Der angehende Politiker muß außerdem für seinen Ehrgeiz einen Nährboden finden, nämlich eine Gefolgschaft, die auf ihn setzt.

Bei denen, die Politik betreiben, nimmt der Ehrgeiz verschiedene Formen an, je nach dem gesteckten Ziel und dem in der Polithierarchie erreichten Platz. Einige werden sich für eine Idee schlagen, andere ein Interesse oder eine Institution oder einen Verband vertreten. Alle haben eines gemeinsam: Sie stehen für ihre Forderungen kollektiv mit Gleichgesinnten ein. Um das tun zu können, brauchen sie eine Basis von Leuten, die aus kollektivem Ehrgeiz an der Politik mitmachen. Sie bilden die Grundlage der politischen Parteien und der politischen Bewegungen, mit deren Ideologie sie sich identifizieren. Auch wenn das nicht immer klar zur Geltung kommt, ist das Engagement meistens echt, sie handeln aus Überzeugung, mindestens so lange, als sie am Beginn einer Laufbahn stehen. Das weitgehend anonym bleibende Parteivolk unterscheidet sich diesbezüglich von den eigentlichen und bestandenen Politikern, die einen persönlichen Ehrgeiz hegen, und die darauf aus sind, in und mit der Politik Karriere zu machen. Beim einfachen und militanten Basismitglied einer Partei vermengen sich kollektiver Ehrgeiz und selbstloser politischer Wille mit dem Bemühen, für das Allgemeinwohl oder zumindest für ein Gruppeninteresse einzustehen.

Es ist eine oft übersehene Tatsache, daß es wahrscheinlich niemandem auf Anhieb leicht fällt, einer Partei oder einer politischen Bewegung beizutreten. Da mag jemand noch so karrierefreudig sein, beim Eintritt in die Partei steht er bestenfalls am Anfang einer Laufbahn. Die übrige Gesellschaft hingegen, auf Konformismus und auf Nivellierung bedacht, belohnt die offen eingestandene Zugehörigkeit zu einer militanten Gruppe außerhalb der Berufsorganisationen kaum. Um die Mitgliederkarte bei einer Partei zu nehmen, muß man Hemmungen überwinden, sich über Hörensagen und Gerüchte hinwegsetzen, kurz, man muß sich mit der Tragweite seines Entschlusses auseinandersetzen. Dieser Überwindungsprozeß ist um so schwieriger, als das Engagement des Neulings in der Politik einem aufrichtigen Bedürfnis entspricht und nicht nur einem Karriereinteresse. Natürlich kann weder eine Partei noch eine Bewegung allen Anforderungen eines Individuums gerecht werden, das ehrlich um die Frage nach dem Wert und dem Schicksal der Gemeinschaft, in der es lebt, bemüht ist. Der Beitritt zu einer Partei bedingt darum einen gewissen Mut und eine Dosis Zivilcourage.

Die politischen Freunde

Hat der Aspirant einer Parteimitgliedschaft einmal die Hürde der Befangenheit und der Schüchternheit vor dem kollektiven Engagement überwunden, muß er sich als Neuling erst einmal an die bei Politikern übliche Ausdrucksweise gewöhnen, nämlich die Rhetorik, das Vermittlungselement «par excellence» zwischen politischer Denk- und Handlungsweise. Rhetorik im vollen Sinn des Wortes, denn die Partei ist sozusagen eine Kultstätte der verbalen Tradition. Es gibt nur wenige Politiker, die so gut schreiben oder handeln können wie sie Reden halten, und es gibt überhaupt keine Politiker, die nicht über ein Minimum an Rhetorik verfügen.

Große Redner kommen vor allem aus den Rängen derjeniger, die sich von der Politik und in der Politik eine Entfaltungsmöglichkeit ihrer eigenen Karriere versprechen. Um Karriere machen zu können, müssen sie gewählt werden, das heißt sie müssen erkannt und anerkannt sein. Diese Notwendigkeit färbt auf die Rhetorik ab. Im Milieu der Parteigänger zielt die politische Rede vor allem darauf ab, Leute hinter irgendein Fähnchen oder eine

Fahne zu bringen, sie zu überzeugen, ihnen Vertrauen einzuflößen, oder sich bei ihnen beliebt zu machen.

Der aktive Politiker, der in seiner politischen Karriere immer auf neue Erfolge lauert, entwickelt ein außerordentliches Gehör dafür, ob er mit seinem Standpunkt bei seinen Gesinnungsgenossen ankommt oder nicht. Oft geht das so weit, daß sich der Redner durch die Publikumsatmosphäre richtiggehend führen läßt und dem versammelten Parteivolk das bietet, was von ihm erwartet wird. Der jeweils so geerntete Erfolg und Applaus ist natürlich sehr kurzlebig. Das Parteiensystem ist nämlich offen genug, um sicherzustellen, daß sich kaum je ein Redner allein ausdrückt. Jeder Politiker ist immer im Kreise von Konkurrenten, die die gleichen Ämter anstreben. Unabhängig vom gespendeten Applaus bleibt das Publikum, zum mindesten in langer Sicht, sehr kritisch. So verlangen die Zuhörer vom Politiker eine gewisse Folgerichtigkeit und Ausdauer im Wahrnehmen gewisser Interessen. Nur so kann sich eine Gefolgschaft auf die Dauer mit den Worten eines Redners identifizieren. Politiker, die zu dick auftragen, oder die den in sie gesetzten Anforderungen und Erwartungen nicht nachkommen, werden parteiintern recht schnell abgeschrieben. Ein ehrgeiziger Politiker, der eine Laufbahn in der Partei einschlagen will, muß sich also seine Hausmacht aufbauen. Damit ihm sein Parteivolk beim Aufbau seiner Karriere nützlich und behilflich werden kann, ist es notwendig, daß die ihm nahestehende Gruppe eine entweder soziologisch, territorial oder beruflich möglichst solide Einheit darstellt. Das Quartier in städtischen Verhältnissen oder die Gemeinde, diese oder jene Berufs- und Standesorganisation, oder schließlich eine Gewerkschaft bieten sich in dieser Hinsicht dem Politiker an und bilden die typischsten Wurzeln seiner Machtgrundlage. Der Parteiapparat allein genügt also nicht zur institutionellen Absicherung politischer Tätigkeit.

Die Parteien sind sich dieser Tatsache natürlich vollkommen bewußt und tragen ihr in ihren organisatorischen Strukturen Rechnung. Ein Netz von parteiinternen Vereinen, Vereinigungen und Kommissionen bietet allen Parteimitgliedern und Sympathisanten die Möglichkeit, sich untereinander im Erfahrungs- und Interessenaustausch, aber auch in der Parteifreundschaft zu finden. Je offener diese Strukturen sind, um so besser für die Ehrgeizigen, die sich einer Wahl stellen wollen, denn hier befindet sich ihr hauptsächliches Stimmenreservoir, das natürlich noch mit Stimmen von außen angereichert werden muß.

Unabhängig von Art und Stellenwert des politischen Ehrgeizes, sieht sich der Politiker parteiintern einem komplexen Zensurmechanismus ausgesetzt. Der Inhalt seiner politischen Rede muß tief in die Parteibasis vordringen. Überdies ist es notwendig, daß der aufstrebende Politiker die Parteiobrigkeit von der Legitimität seines Ehrgeizes überzeugen kann, denn ohne Wohlwollen oder besser noch Unterstützung seitens der Notablen in der Partei, das heißt der Leute, die die parteiinterne Meinung prägen, entsteht keine politische Laufbahn.

Die Stimmen, die von außerhalb der Partei kommen, sei es aus Kreisen, die der Partei nahestehen, oder anderswoher – Konkurrenzparteien inbegriffen – sind für politische Karrieren ebenso unerläßlich wie Sukkurs aus eigenen Reihen. Daraus ersieht man, wie wichtig die Unterstützung von Berufs- und Standesorganisationen ist, selbst wenn diese sehr darauf bedacht sind, nichts mit einer Partei zu tun zu haben. Tatsache bleibt, daß solche Organisationen in der Lage sind, die entscheidende Zahl von Stimmbürgern zu mobilisieren, die für den Erfolg einer Wahl ausschlaggebend sind.

Unter diesen Umständen kann es nicht erstaunen, daß der Politiker, der ein öffentliches Mandat erobern will, das heißt derjenige, der in der Politik Karriere machen will, dem Bedürfnis nicht widerstehen kann, bekannt und anerkannt zu werden. Denn der Kandidat weiß genau, daß er seine Konkurrenten im Innern der Partei nur dann überrunden kann, wenn er von innen und außen genügend Unterstützung bekommt.

Die Undankbarkeit . . .

Die Tatsache, daß die Wählerschaft weit über die Grenzen der Partei hinausreicht, erklärt möglicherweise die immer wieder zitierte Undankbarkeit der Republiken. Der Wähler identifiziert sich mit dem glücklichen Gewählten ebensowenig, wie dieser seine Wählerschaft kennt. So entsteht eine gewisse Entfremdung zwischen Gewählten und Wählern, die dem Politiker im Bereich des Management seiner Laufbahn keine große Freiheit läßt. Einmal an einer gewissen Karrierestufe angelangt, verpflichtet ihn das System, mit seinem Ehrgeiz weiterzumachen. Vorausgesetzt, daß er das Format für eine Karriere hat, und daß die Umstände günstig für ihn sind, wird er darum um neue, ihm wichtiger erscheinende Mandate bemüht sein. So steigt er in die klassische Ehrenlaufbahn ein, die von der Gemeinde über den Kanton in die eidgenössische Politik führt, sei es in der Legislative oder in der Exekutive. Merkt der Aufsteiger, daß seine Karriere harzt, ersetzt er den Ehrgeiz aufzusteigen durch den Ehrgeiz, möglichst lang auf seinem hart errungenen Posten sitzenzubleiben.

Es ist klar, daß dieses Beharrungsvermögen der gewählten Politiker weder den aufsteigenden Politikergenerationen gelegen kommt noch den Parteien, die ausnahmslos Mühe haben, ihre gewählten Kader abzulösen, was der Aktualisierung ihrer politischen Botschaft äußerst abträglich sein kann. Politiker, die ihren ganzen Ehrgeiz und ihr politisches Kalkül in den Dienst der Ausdauer auf dem erreichten Posten setzen, können jedoch auf ein äußerst wirksames Element des politischen Lebens zählen: den Symbolgehalt der öffentlichen Ämter. Republiken sind wohl undankbar, aber trotz aller Indifferenz gegenüber erbrachter Leistung bleiben sie bei Wiederwahlen einmal Gewählter sehr treu.

Politische Macht, ebenso wie der Staat, von dem sie ausgeht, ist in Wirklichkeit ausgesprochen abstrakt und sehr oft rein symbolisch. Darin unterscheidet sich die politische Macht grundlegend von Macht und Mächtigkeit im Bereich der privaten Sphäre und der Wirtschaft. Der symbolische Ausdruck der Macht hängt eng mit der Machteinsetzungszeremonie zusammen, das heißt mit der Volkswahl. Diese gibt dem Gewählten die Legitimität der Machtausübung, dank ihr wird er in die Lage versetzt, sich nicht nur im Namen seiner Wähler auszudrücken, (die er, wie wir wissen, nicht kennt), sondern im Namen des gesamten Volkes. Der Respekt, den der Bürger dem Gewählten zollt, hängt übrigens mehr mit dem politischen Amt und dem Wohlwollen gegenüber einem kollektiven Entscheid zusammen als mit der Person des Politikers oder der von ihm geleisteten Arbeit. Der kollektive Ausdruck des Volkswillens oder zum mindesten der Wählerschaft legitimiert jedoch schlußendlich jeden Politiker in seinem Ehrgeiz und seiner Lust an der Macht. Ob der Politiker dann schließlich die Macht wirklich ausübt, oder ob er sich mit symbolhaften Handlungen und Genüssen der Machtausübung zufriedengibt, ist eine andere Frage.

Die Art und Weise, wie der Politiker in ein Amt eingesetzt wird, spielt, ganz unabhängig vom politischen System, ob es demokratisch ist oder nicht, eine ganz entscheidende Rolle für das Verständnis des öffentlichen Lebens. Der Einsetzungsmechanismus legitimiert sozusagen den persönlichen Ehrgeiz. Ein Politiker, der durch den Volkswillen in sein Amt eingesetzt wird, sieht also nicht nur seine politischen Ambitionen befriedigt, sondern erhält auch eine zünftige Spritze von Selbstbewußtsein und Selbstvertrauen. Zuversicht und sicheres Auftreten in der Politik stützen sich weitgehend auf das Legitimitätsbewußtsein ab, das in der Demokratie auf der öffentlichen Wahl beruht.

Doch zurück zum Ehrgeiz. Der gewöhnliche Politiker verklärt seine persönliche Ambition meistens unter Berufung auf eine ihm anvertraute Mission. Diese gilt im Normalfall der Verwaltung handfester Interessen. Trifft dies zu, muß der Politiker seinen persönlichen Ehrgeiz ganz in den Dienst seiner Umgebung stellen. Nun ist aber diese unmittelbare Umgebung des Politikers nicht unbedingt identisch mit den Kreisen, die es ihm erlaubt haben, ins Amt zu kommen, das heißt mit seiner Wählerschaft. Diese bleibt nämlich weitgehend anonym, da die Mehrzahl der Wähler weder politisch organisiert ist, noch überhaupt die Möglichkeit hat, den gewählten Politiker in seiner täglichen Amtsführung unter Druck zu setzen. Der gewählte Politiker ist folglich dem Druck einer ganz anderen Umgebung ausgesetzt, zusammengesetzt aus Kreisen und Lobbys, die es verstehen, sich kollektiv und politisch auszudrücken, und die ferner die Möglichkeit haben, die Tagesarbeit des Politikers zu verfolgen und ihn bei der Stange zu halten.

Der politische Druck

Der Machtanspruch der Lobbyisten und «Pressure Groups» ist jedoch größer als der ihnen zur Verfügung stehende Machtbereich. Angedrohte Vergeltungsmaßnahmen sind nämlich weit effizienter als wirklich in Taten umgesetzte Sanktionen. Der politische Druck hat also nicht zum Ziel, einen Gewählten systematisch einem politischen Willen oder Partikularinteressen willig zu machen – dafür gibt der persönliche Ehrgeiz des Politikers schon genügend Garantie – es geht vielmehr darum, den Politiker ständig und dauerhaft einer Vergeltungsdrohung auszusetzen, die glaubhaft bleibt, und die ihm die Ausflucht ins Märtyrertum verbaut.

Kurz gesagt sind Druckversuche nur dann effizient, wenn sie von strukturierten Gruppen kommen und fein genug abgewogen sind, um die Vollziehung der angedrohten Strafe hinfällig zu machen. Da die politische Bestrafung die Abwahl eines Politikers mit sich bringen kann, ist der Strafvollzug sowieso weitgehend kontraproduktiv: Die Interessengruppen laufen Gefahr, einen Politiker zu verlieren, der zu gegebener Zeit ohnehin wieder hörig werden dürfte.

Man kann den im ersten Grad ehrgeizigen Politiker wie folgt umschreiben: Er ist der Diener der Interessen seiner Umgebung und das Instrument eines auf ihm lastenden permanenten Druckes. Es wäre jedoch falsch zu glauben, daß diese Art Politiker jeweils den Druckversuchen der Mächtigsten nachgibt. Im allgemeinen ist der Politiker auf alle möglichen Druckversuche ausgesprochen ansprechbar. Wichtiger als die Herkunft der Direktiven ist ihm aber ihre politische Ausdrucksweise und Effizienz. Da er seine Aufgabe in der Verteidigung und Verwaltung von gegensätzlichen oder sich widersprechenden Interessen sieht und sich selbst in der Rolle eines Schiedsrichters befindet, wird er zwar eher schroff auf jeden Druckversuch reagieren, aber in Wirklichkeit läßt er sich davon weitgehend beeinflussen. Das heißt nun aber noch lange nicht, daß es sich bei solchen Politikern um korrupte Politiker handelt.

Erstens ist auf legislativer Ebene eine Interessenvertretung durchaus legitim. Aber auch in Exekutiven ist es durchaus möglich, eine ehrlich gemeinte und geführte Feld-Wald-Wiesen-Politik zu betreiben. Sehr viele politische Stellen erfordern gar nicht mehr. Es handelt sich dabei um alle Beziehungsämter, deren Aufgabe darin besteht, einen abstrakten und bürokratischen Apparat für die Gemeinschaft lebenswert und lebenswürdig zu gestalten. Klar ist einzig, daß sich aus dieser Auffassung des politischen Ehrgeizes und der öffentlichen Amtsausübung nicht das Profil des wirklichen Politikers oder gar des Staatsmannes ergibt*.

Einwandfrei und unfehlbar läßt sich der gewöhnliche Politiker vom Staatsmann erst am Ende einer politischen Laufbahn unterscheiden. Ein gutes Maß ist diesbezüglich die Zeit, die es braucht, um einen Politiker gänzlich vergessen zu lassen. Der durchschnittliche Politiker, auch wenn er sein Amt noch so gewissenhaft ausübt und noch so viel Zufriedenheit bei seinen Mitbürgern auslöst, verschwindet gewöhnlich aus dem kollektiven Gedächtnis mit einer außerordentlichen Geschwindigkeit. Die Schnelligkeit, mit der der Politiker aus dem öffentlichen Gedächtnis fällt, ist übrigens vollkommen unabhängig vom Prestige und Rang des Amtes. Ein Minister, das heißt ein Bundes-, Staats- oder Regierungsrat, ein Stadtpräsident oder Gemeindeamtsmann, sogar ein Staatschef wird schnell vergessen, wenn er lediglich Routinepolitik betrieben hat. Über die Amtsdauer hinaus bleiben nur Staatsmänner und profilierte Politiker bekannt und leider auch die offensichtlich Korrupten.

Der gewöhnliche Politiker, im Gegensatz zum Staatsmann, stellt also seinen Ehrgeiz in den Dienst der Vertretung der Interessen, die in der Lage sind, auf ihn einzuwirken, im Gegensatz zu denjenigen, die auch maßgeblich bei seiner Wahl mitgewirkt haben, aber denen es um die Verwirklichung einer selbstlosen politischen Absicht ging. Obwohl am Anfang fast jeder politischen Karriere die Absicht besteht, «hohe Politik» zu betreiben, ist es das Los der meisten Politiker, von Vertretern partikularer Interessen eingefangen oder gar zu deren Instrument zu werden. Diese recht typische Entwicklung hängt damit zusammen, daß der Politiker nach der Wahl sehr schnell den Kontakt mit seiner weitgehend anonymen Wählerschaft, der er seine politische Legitimität verdankt, verliert.

Selbst in Ländern, die die politischen Funktionen und Ämter sehr stark aufsplittern, wie die Schweiz zum Beispiel, bleibt die Distanz zwischen Wählern und Gewählten sehr groß: ein Vertreter

---

* Wir verzichten in dieser ganzen Schrift auf die pedantische Unterscheidung zwischen Mann und Frau. Die Tatsache, daß Frauen Politik nicht nur anders betreiben, sondern auch anders betreiben sollten als Männer, spielt im Zusammenhang mit unseren grundsätzlichen Überlegungen keine Rolle.

im kantonalen Parlament auf etwa 1000 bis 3000 Einwohner, ein Vertreter im eidgenössischen Parlament auf rund 25 000 Einwohner. Die Distanz im Innern einer Partei ist sicher kleiner, aber sie bleibt dennoch eine Hürde.

Kontakt mit dem Wähler

Der Wähler verfolgt die Tagespolitik nur sehr oberflächlich. Schon der Respekt, den er den Institutionen, dem Amt und dem symbolischen Ausdruck der Macht zollt, hindert ihn daran, bei den Ratsherren, für die er seine Stimme abgegeben hat, direkt vorstellig zu werden, auch wenn diese eine Politik betreiben oder Interessen vertreten, die ihm zuwiderlaufen. Die politisch motivierten Wähler verfolgen zwar die Politik in der Presse und den Medien. Gewöhnlich jedoch unterhalten sie kaum persönliche Beziehungen mit den Gewählten, nicht zuletzt aus Schüchternheit.

Der sich daraus ergebende Mangel an Wählerkontakt spielt eine große Rolle und wird vom breiten Publikum oft verkannt. Die Distanz zwischen Gewählten und Wählern besteht nicht nur gegenüber dem breiten Publikum, sondern auch im Innern der politischen Parteien, wo die Verbindung ebenfalls sehr lose bleibt, oft mehr formal als wirklich.

Das Zusammenkommen zwischen Wählern und Gewählten in der Partei wird durch ein sehr striktes Protokoll beherrscht. Fast brüderliche Herzlichkeit und natürliche Rhetorik bilden dabei die symbolischen Hauptpfeiler: formelles Nachfragen nach Gesundheit von Frau und Kind, familiäres Duzen, Küsse für die Damen (vor allem die Älteren), die Ansprache und das Referat, aber nur sehr selten eine wirklich persönliche Diskussion, ein Gedankenaustausch oder ein Streitgespräch.

Auch im Innern der Partei ist die sogenannte Tuchfühlung mit der Basis und den Wählern entweder ritualisiert oder mediatisiert. Rituale Gewohnheiten und Parteisitten bestimmen die Versammlungen, an denen unabänderlich die gleichen Parteigenossen teilnehmen unter dem strengen Auge der Notablen. Der Durchschnittswähler, auch wenn er Parteimitglied ist, fühlt sich in diesen Versammlungen von der Entscheidungsfindung meist ausgeschlossen, wenn er überhaupt daran teilnimmt. Er verläßt sich darum auf die Presse und die Massenmedien, den mediatisierten Kontakt. Diese Tatsache verstärkt eine gewisse Vereinsamung der Politiker, die in ihren Tagesgeschäften nur mit einer engeren Umgebung in Kontakt sind: mit eben den Lobbys.

Der Kontakt des Politikers mit der Wählerschaft ist also ritualisiert und mediatisiert. Der durch die Medien, vor allem Radio und Fernsehen, hergestellte Pseudokontakt spielt in der heutigen politischen Szene eine ganz hervorragende Rolle. Beide Massenmedien erlauben es dem Politiker, seine Sprachgewandtheit und Sprachgewalt unter Beweis zu stellen. Sie bringen ihm auch neue potentielle Wähler. Nun ist aber der Zugang zu den Massenmedien äußerst selektiv. Die große Masse der Politiker kommt entweder gar nie an die Reihe oder nur so sporadisch, daß sie kein «Medien-Image» aufbauen kann. Radio und Fernsehen bringen bekanntlich immer die gleichen Politiker, die unter sich eine Art Kaste bilden, die Kaste der allgemein bekannten Politiker. Der Durchschnittspolitiker muß sich also mit den Parteiritualen zufriedengeben, oder, und das wird er mit großer Wahrscheinlichkeit tun, auf die Kommunikationsmöglichkeiten zurückgreifen, die ihm Interessengruppen und Verbände zur Verfügung stellen.

Politiker, die bei der Television gut ankommen, haben offensichtlich das größte Glück. Die Tatsache schon, daß einer von den Programmgestaltern zugezogen wird, ist valorisierend, sowohl bei seinen eigenen Truppen als auch bei den politisch Andersdenkenden. Das Fernsehen verhilft dem Politiker zum Bekannt- und Erkanntwerden und erlaubt es ihm, mit seiner Wählerschaft einen mediatisierten Dialog anzuknüpfen, der ein sehr effizienter Ersatz des fast unmöglichen direkten Kontaktes ist. Der mediatisierte Dialog bleibt jedoch ein falscher Dialog; er fördert, nicht zuletzt wegen der Höhegefühle, die er beim Politiker selbst aufkommen läßt, seine Isolation. Weil das Gespräch mit den Zuschauern nie zustande kommt, auch wenn noch so viele Telefonistinnen eingeschaltet werden, und weil er selbst im Streitgespräch einem ihm bestens bekannten politischen Gegner gegenübersitzt, gleitet der Politiker in die Versuchung zu meinen, außer seinem Standpunkt und demjenigen seines Gegenübers, der das Gegenteil sagt, gäbe es in der Bevölkerung keine anderen Ansichten.

So falsch der Dialog über den Flimmerkasten auch immer sein mag, eine Art Erfolg bleibt dem Politiker sicher: Seine engere

Umgebung oder sein Nachbar in Zug oder Tram wird ihm zu verstehen geben, er habe ihn gestern im Fernsehen gesehen. Diese subtile Rückkoppelung verstärkt beim Politiker die Fehldiagnose, es sei ihm gelungen, mit dem «Volk» in Kontakt zu kommen.

Mit etwas Übung und Selbstkritik und nach Besuch von ein paar Kursen gelingt es dem Politiker schließlich, seinen Fernsehauftritt so zu ritualisieren, daß er sich selbst in Szene setzt, was heißt, daß er sein Fernsehpublikum vollends aus dem (falschen) Dialog ausschließt. Gelingt ihm das, so ist er schon während der Sendung mit sich selbst zufrieden, und am nächsten Morgen sieht er im verschmitzten Lächeln der Kioskfrau, die ihm die Zeitung verkauft, seinen Auftritt bestätigt. Ein «ich habe Sie gestern im Fernsehen gesehen» wird dann als eine positive Bewertung des Gesagten ausgelegt, obwohl das Kompliment «gesehen» sagt und nicht «gehört» oder «verstanden». Eventuelle Kritik kommt entweder nie oder kaum spontan. Der Fernsehpolitiker wird von Kollegen als Rhetoriker respektiert. Geht er jemandem auf die Nerven, so schreibt er bestenfalls dem Ressortchef, aber fast nie dem Politiker persönlich. Ab und zu kann es passieren, daß einer persönlich ein lobendes oder rügendes Schreiben erhält. Das ist ein untrügliches Zeichen dafür, daß ein wirklicher, wenn auch mediatisierter Dialog stattfinden konnte. Aber das ist so selten, daß es nur die Ausnahme darstellt, die die Regel bestätigt.

Die Fernsehschaffenden haben eine recht große Verantwortung auf diesem Gebiet, indem sie systematisch auf Schauspieler-Politiker zurückgreifen, die es verstehen, sich gut aus der Affäre zu ziehen, und die einen telegenen Kopf haben. Damit wird die Politik zum Schauspiel, eine «Commedia dell'arte», mit den Guten und Bösen, den Hanswursten, den Dünnen und Dicken.

Reinen Opportunismus darf man jedoch weder den Programmgestaltern noch den aufgebotenen Politikern vorwerfen. Es spielt auch das Unvermögen mit, politisches Handeln und die dialogische Überzeugung im Fernsehen in einer Form darzubieten, die das große Publikum am Apparat hält. Das Publikum macht also doch mit, und zwar als Komplize, und trägt damit selbst eine große Verantwortung im Prozeß, der die mediatisierte Politik zum Spektakel macht. Werden Kabel- und Lokalfernsehen angetan sein, das Verhältnis zwischen Politikern und Wählern zu verbessern? Ohne diese Möglichkeit gänzlich ausschließen zu wollen, ist

Skepsis am Platze, denn Medien bleiben Medien, unabhängig von der Zahl der Zuhörer ihrer regionalen Verteilung.

Im Zusammenhang mit dem persönlichen Ehrgeiz bleibt noch die Frage zu beantworten, warum der Ansporn der persönlichen Ambition nicht öfter dazu führt, daß sich ein Talent vom Politiker zum Staatsmann entwickelt.

Die Berufung in der Politik

Die Politik wird in dem Moment zur Kunst, wo sie aus der Routine hinauswächst. Politik als Kunst verstanden, läßt die Individuen die Grenze ihrer Gleichgültigkeit gegenüber der öffentlichen Sache überschreiten und hilft ihnen, die Entmutigung zu überwinden, die eine Folge der zahlreichen Schwierigkeiten und Hürden ist, die sich der Verwirklichung jeglicher kollektiver Absicht entgegenstellen.

An sich ist es normal, daß von den vielen, die Politik machen, nur wenige in dieser Kunst zum Erfolg kommen. Wie auf allen Gebieten, genügt eben auch in der Politik weder der Ehrgeiz noch der Leistungswille. Um in der Öffentlichkeitsarbeit wirklich groß zu werden, braucht es Talent und vielleicht vor allem günstige Umstände. Politik kann eben nur gelingen, wenn Massen mitmachen. Ein Politiker kommt nur dann über das Stadium der symbolischen Machtausübung und der Routine heraus und er kann nur dann wirklich die Macht seines Amtes ausüben, wie dies ein Staatsmann tut, wenn die Massen Lust haben mit von der Partei zu sein, oder, wenn er, als Despot, die Massen gefügig machen kann.

Demokratie kann übrigens als ein System verstanden werden, das es erlaubt, die Machtergreifung von Despoten zu verhindern. Demokratien tun dies glücklicherweise, ohne den Aufstieg von gütigen Machthabern zu verbauen. Aber solche bilden eher die Ausnahme als die Regel, eine Tatsache, die den größten Nachteil der demokratischen Ordnung darstellt. Daß große Staatsmänner in der Demokratie gelegentlich unter dem Scheffel bleiben, ist zwar unerfreulich, muß aber in Kauf genommen werden, denn er erlaubt es, despotisches Unglück zu vermeiden. Es ist um so leichter möglich, mit dieser Unzulänglichkeit zu leben, als die

Demokratien immer wieder ihre Fähigkeit unter Beweis stellen konnten, in der Not starken, großen, politischen Persönlichkeiten zur Macht zu verhelfen. Die Demokratie schließt im übrigen durchaus nicht aus, daß ihre anonymen Diener von Fall zu Fall staatsmännisch agieren und reagieren. Wenn es die Umstände erfordern, erleben oft auch sehr durchschnittliche Politiker Sternstunden. Gleichwohl bleibt der Normalpolitiker eher der Gefangene der politischen Routine, einer Verwaltungstätigkeit, die von der Bevölkerung oft als eine gewisse Kompromißmeierei und Durchschnittlichkeit empfunden wird.

Wie gesagt, ist es in der Politik wie in allem menschlichen Tun schwierig, von der Routine wegzukommen. Daran hat auch das politische System eine gewisse Schuld. Zwar sind wir Zeitgenossen sehr stolz auf das, was unsere demokratische Verfassung erreicht hat. Zeitweilig reagieren wir darum recht abschätzig auf die politischen Sitten unter der vorrevolutionären Fürstenherrschaft. Gleichzeitig spielt aber dabei auch eine gewisse Nostalgie mit, denn im Schulunterricht haben wir für die großen Figuren der Geschichte einigen Respekt mitbekommen. Ist man sich eigentlich im klaren, was das Fürstenregime in die Dekadenz gebracht hat? Sind alle Fürsten und Adeligen urplötzlich hilflos durchschnittlich oder korrupt geworden? Hängt die Verwahrlosung des Fürstenregimes etwa mit der allmählichen Entfernung der Adeligen von Land und Boden zusammen, die ihnen im Altertum und im Mittelalter die Machtlegitimität gebracht haben?

Auf die Frage, warum die Fürstenherrschaft langsam aber sicher anachronistisch wurde, können viele Hypothesen vorgebracht werden. Die Entwicklung der internationalen Spannungen und Einsätze, die militärisch auf dem Spiel standen, sind diesbezüglich von großer Wichtigkeit. Weil die politische Neuzeit eng mit der Französischen Revolution verbunden ist, läßt sich dieser Prozeß an der langen Herrschaft des Franzosen Ludwig XIV. besonders schön aufzeigen. Diese charismatische Herrscherpersönlichkeit war einer der agierenden Hauptzeugen des langwierigen Prozesses, der das Ende der personifizierten und personalisierten Fürstenkriege ankündigte. Der Krieg war über Jahrhunderte Sache der Adeligen und ihrer untereinander verwandten Familien. Kriege wurden in der Absicht geführt, Ländereien und damit Reichtum zu mehren. Ludwig XIV. mit seinem *«L'Etat, c'est moi»* machte den Staat und damit den Krieg zu einem Abstraktum.

Kriege wurden globaler, vom Einsatz der Truppen her, aber auch in ihrer Absicht: Die ökonomische und die weltweite Dimension überlagerte die traditionellen Anliegen. Dieser Skalenwechsel und diese Verschiebung auf der Stufenleiter konnte von der Klasse der Adeligen nicht verkraftet werden. Sie waren dazu unfähig, weil sie viel zu wenig zahlreich waren, und vor allem weil sie die Kontrolle über die Quellen des Reichtums seit der Renaissance zu Gunsten des aufstrebenden Bürgertums verloren hatten. Auch fing es an, ihnen an Wissen zu mangeln, jenem Grundelement des Machtanspruches im modernen Staatswesen. Die Fürstenherrschaft blieb zu lange in Boden und Land verwurzelt und übersah dabei den strategischen Platz der Bildung. Die moderne Zeitepoche stellt ganz auf den Wissensfundus ab, der sich langsam aber stetig aus der Renaissance entwickelt hat. Die Aristokraten und Fürsten sind wahrscheinlich an ihrer Unfähigkeit gescheitert, diese neue Machtquelle unter ihre Kontrolle zu bringen.

Das Wissen spielt also im Übergang zur Neuzeit und zu den demokratischen Strukturen eine ganz hervorragende Rolle. Zunehmend wurde es immer weniger wichtig, wie man geboren war: Es ging mehr und mehr darum, wie intelligent man war und wie gut geschult. Die Schulung sowie deren Verbreitung wurde schließlich zur Aufgabe des Staates, eben des demokratischen Staates, der die Verteilung nicht nach Maßnahme der Geburt, sondern nach Maßnahme der Begabung vornimmt. Plötzlich war der große Mäzen nicht mehr irgendein Prinz, sondern das Kollektiv, der Staat, dem es auch heute noch darum geht, den Massen möglichst viel Fachwissen zu vermitteln. Mit dem Wissen geht die Machtgrundlage einher. Da kann es nicht mehr erstaunen, daß die Prinzenherrschaft von einem neuen System abgelöst werden mußte, nämlich der Demokratie. Und Demokratie verlangt unverhältnismäßig mehr politisches Personal als das alte Regime.

Mehr- und Minderheiten

Zu den Anfangsprojekten der modernen Demokratien gehörte sicher die öffentliche Schule, aber ganz allgemein auch der Ausbau von Kommunikations- und Verkehrsinfrastrukturen, sowie die Inangriffnahme der neuen Energien und der Ausbau des Rechtsstaates. Das heißt, es ging darum, Mittel und Wege zu finden, den Staat, seine Institutionen und seine Produktionsbereiche da auszubauen, wo es die Einleitung einer neuen globalen Politik erforderte.

Die anbrechende Demokratie war nicht nur sehr ambitiös und voller Projekte, sie war dazu auch sehr kompromißlos. Diese Härte in der Durchsetzung der Ideale kam schon gleich bei der französischen Revolution zum Ausdruck: einerseits Menschenrechte, aber andererseits «die Aristokraten an den Laternenpfahl!» Damals, in den Frühstunden der Demokratie, war es die Ideologie eher als der Mensch, die die Grundlage der Inspiration in der Politik bildete. Es war die Zeit, wo die Mehrheiten, in tiefer Überzeugung exklusiv recht zu haben, despotisch regierten. Die absolutistische Doktrin, aufgrund derer die Mehrheit in den parlamentarischen Demokratien ihren Machtanspruch oft ruchlos ausübte, fand in den marxistisch inspirierten Regimen ihre Fortsetzung, die dort bis heute andauert.

Die ursprüngliche parlamentarische Demokratie hingegen, hat später einem pluralistischen Regime Platz gemacht, vor allem in jenen Ländern wie die Schweiz, die zum Proporzwahlsystem übergegangen sind. Um am oben Dargelegten anzuknüpfen, ist es interessant festzustellen, daß die parlamentarischen Demokratien, die dem Majorzsystem treu geblieben sind, eher in der Lage sind, starke politische Persönlichkeiten auf den Schild zu heben, als diejenigen Länder, die sich dem Proporz verpflichtet haben. Das hängt damit zusammen, daß das Majorzsystem eine klare Rollenverteilung zwischen Mehr- und Minderheit nahelegt: die Mehrheit im Regierungsgeschäft und die Minderheit in der Opposition. Dieses auf permanenter Dialektik aufgebaute System bildet eher charismatische Führerpersönlichkeiten heran, sowohl in der Regierungspartei wie auch in der Opposition, und hält ehrgeizige Politiker an, staatsmännisch aufzutreten.

Ein aus dem Majorzsystem hervorgegangener Politiker ist

gezwungen, ein weites politisches Wissen zu beherrschen, ein weiteres Wissen und ein subtileres auf alle Fälle, als der im Proporzsystem Gewählte. Denn der Politiker im Proporzsystem ist und bleibt der Gewählte einer Minderheit, oder eines Teils der Mehrheit, wenn es eine solche gibt. Das bringt es mit sich, daß der im Proporzverfahren gewählte Politiker mit einem Teilwissen auskommt; von ihm wird eigentlich eher verlangt, daß er Partikular- oder Gruppeninteressen zu verteidigen versteht, als daß er eine eigene Vision über die Art und Weise des Aufbaus des Gesamtwohles besitzt.

Im Proporzsystem entsteht das Bild des Gesamtwohles im Spannungsfeld der Ansichten der Minderheiten. Der Proporzpolitiker ist durchaus in der Lage, eine Karriere als Spezialist eines Partikularinteresses aufzubauen. Viele seiner Wähler erwarten von ihm, daß er ein Strukturkonservativer bleibt, eine Art offizieller Überwacher der Interessen, deren Verteidigung ihm übertragen worden sind. Man erhofft von ihm weder neue Ideen noch Visionen, noch ein stetes und sorgfältiges Abwägen der Konsequenzen und Auswirkungen seiner Standpunkte und Forderungen. Anders gesagt, vertraut man auf seine Kollegen, die anderen Interessenpolitiker, die Gegensätzliches vertreten, um das parlamentarische und demokratische Spiel in vernünftigen Grenzen zu halten.

Die Koalitionsregierung ist die logische Verlängerung auf der Ebene der Exekutive einer politischen Verfassung, die auf der Gesetzgebungsebene die Kräfte nach dem Proporz zusammensetzt. Einzig die Koalitionsregierung erlaubt es, sämtliche wichtigen politischen Tendenzen an der Regierungstätigkeit zu beteiligen. Koalitionsregierungen sind selbstverständlich der Laufbahn von Politikern (das Wort ist hier wieder im Gegensatz zu Staatsmännern aufzufassen) förderlich, denn ihr Leistungsauftrag liegt eher in der Verwaltung der öffentlichen Hand als in der Schöpfung neuer Strukturen.

Starke Persönlichkeiten mit origineller politischer Vision und dem Willen, ein Projekt durchzusetzen, haben es in einer von Proporz und Koalition geprägten politischen Umwelt äußerst schwierig. Das «politische Naturtalent», das sich wendig und systematisch dem Anforderungsprofil der politischen Klasse anpaßt, hat es da leichter; genauso wie die Karrieristen, die in einem solchen gemischten System förmlich aufleben. Ein schweizerisches Beispiel möge das illustrieren. Ist es nicht frappant festzustellen, daß im Bundesrat der letzten Jahrzehnte nur eine, allgemein als außergewöhnlich empfundene Persönlichkeit Platz finden konnte: Kurt Furgler?

Falls der persönliche Ehrgeiz der Politiker gänzlich in der politischen Routine aufgeht, läuft die Demokratie Gefahr zu verflachen. Die politische Rhetorik, die immer weiterleben wird, löst sich in diesem Falle vom politischen Handeln. Allmählich gleitet die Politik so auf ein Niveau ab, wo sie nur noch die Politiker selbst interessiert und eine allgegenwärtige Ersatzmannschaft: die Beamten.

Die Frage, ob die unerhörte Entwicklung der Machtballung beim Beamtenapparat in allen Sparten der schweizerischen Politik (von der Gemeinde bis zur Eidgenossenschaft) nicht auf die Verstrickung der Politiker in der Routine zurückgeführt werden muß, ist heute berechtigt. Das politische Alltagsgeschäft bringt es nämlich mit sich, daß die Belange des öffentlichen Lebens schließlich nur noch diejenigen motiviert, die an ihm teilhaben. Anstatt das politische Handeln zu bestimmen, das Wahlvolk an sich zu reißen, wird der Politiker zum Ombudsmann des Beamtenapparates und zum Sprecher von Ideen von gestern.

In diesem Prozeß schleicht sich auch ein gewisser Hang zur Gesinnungskorruption oder überhaupt zur Korruption ins System ein. Immer dann, wenn die kollektive Ambition persönlichem Ehrgeiz nachgibt, beispielsweise wenn es den Politikern nur noch darum geht, lange in den Ämtern zu bleiben, oder von einem Ehrenamt ins andere umzusteigen, läuft das demokratische System leer. Korruption ist an sich ein hartes Wort. Sie braucht nicht immer nur materiellen Charakter anzunehmen. In hochentwickelten Demokratien liegen die Dinge diesbezüglich sehr viel differenzierter, eben auf der Ebene der Gesinnungskorruption. «Intellektuelle» Politiker, die in der Linken besser vertreten sind, gleiten im Zuge dieser Entwicklung in Richtung des Zynismus. Rechtspolitiker, die Utopien nichts abgewinnen können, und die oft im Pragmatismus schwelgen, sind eher der klassischen Korruption ausgesetzt: klassische Korruption im Sinne der Vermengung von öffentlichen, partikularen und persönlichen Interessen. Immer dann, wenn ein System oder ein Zeitgeist der persönlichen Ambition förderlicher sind als dem kollektiven Ehrgeiz, setzt sich die Politik der Gefahr der Gesinnungskorruption aus.

Die Schwelle zwischen der Demokratie und gesinnungsloser «Mediokratie» ist natürlich nur schwer bestimmbar. Um ihr nicht allzu nahe zu kommen, braucht es nach unserer Auffassung ein politisches Projekt, eine politische Überzeugung, die auf kollektivem Ehrgeiz abgestützt ist und ihn verstetigen hilft. Der kollektive Ehrgeiz ist wahrscheinlich die beste Versicherung gegen den latent immer vorhandenen Auswuchs der persönlichen Ambition, die, in falsche Bahnen gelenkt, dem Fortschritt des Gesellschaftswesens abträglich ist.

Die geschichtliche Mission, Ausdruck kollektiven Ehrgeizes

Die persönliche Ambition des Politikers entwickelt sich zur politischen Mission, wenn es dem politisch Engagierten gelingt, Karriere mit dem Allgemeinwohl zu machen, oder wenn es der Allgemeinheit gelingt, Geschichte zu machen. Zwischen persönlichem Ehrgeiz und Karrieredenken und der geschichtlichen Mission besteht eine Art Skalendifferenz. Die geschichtliche Mission entspricht einem kollektiven Willen, der einem Weltbild entstammt.

Der als Staatsmann agierende «homo politicus», welcher im Einsatz eines kollektiven Vorhabens steht, ist die treibende Kraft oder der Initiator eines politischen Bedürfnisses, das sich ganz unabhängig vom politischen System entwickeln kann. Ob er für das Gute oder das Böse agiert, ein Staatsmann beherrscht das Ereignis. Er versteht es auch, seine Umgebung mitzureißen und zu konditionieren. Die politische Führungspersönlichkeit weiß in ihrer Rhetorik das Wesentliche zu unterstreichen, so oft wie nur möglich zu wiederholen, wobei die politische Rede allmählich in der politischen Handlung verschmilzt. Der Leader inspiriert seine Gefolgschaft und fasziniert sie bis zur Instrumentalisierung. So wird er zum Objekt einer Identifikation, zum Träger einer Botschaft, der die soziale Energie in Richtung der Verwirklichung eines Vorhabens leitet. Sein Charisma funktioniert aufgrund einer Osmose zwischen ideologischem Ansatz, politischer Rede und einer effizienten Handlungsweise, die es ihm erlaubt, den neuen Stand der Dinge, den er fordert, herbeizuführen.

Auf den ersten Blick erscheint dieses Erfolgsrezept recht einfach. Aber in der Politik gibt es nichts Schwierigeres, als Rhetorik in Tat und Wahrheit umzusetzen. Und gerade das ist es, was eine erfolgreiche Politik ausmacht. Viel einfacher ist es, Beispiele zu finden, wo die Persönlichkeit des Politikers gut zu seiner Weltauffassung, seinem Auftreten und seiner Handlungsweise paßt: die rundlichen und jovialen zum einen, etwas hagere Technokraten zum anderen, und schließlich etwas nervöse Karrieristen. Diese äußeren Erscheinungsbilder lassen sich recht leicht in Szene setzen und können dem Politiker bei seiner Suche nach Glaubhaftigkeit nützlich werden. Ein Raymond Barre etwa, oder ein Helmut Kohl verstehen diese Kunst bestens. Aber eine innere Beziehung zwischen Rhetorik und Aktion herstellen, ist eine höhere Kunst. Die offenbart sich nur wenigen echten Staatsmännern, wie Winston Churchill oder Charles de Gaulle, aber leider auch die großen Tyrannen und Despoten.

Die Kunst des Möglichen

Ein schlagendes Wort behauptet, die Politik sei die Kunst des Möglichen. Etwas pedantischer ausgedrückt, lautet der Satz, die Politik sei die Kunst, dasjenige möglich zu machen, was unvermeidlich geworden sei. Diese beiden Definitionen zeigen den Kreuzpunkt zwischen politischer Rhetorik und Verwirklichung eines Projektes auf. Rede und Tat müssen in einem Moment und an einem Ort zusammenkommen und eine politische Tatsache bilden, damit sich ein Projekt entwickeln kann. Nur dann geht es vorwärts in der Gesellschaft. Derjenige, der es versteht, einen solchen Zustand der Umstände zu erkennen, und der weiß, wie man daraus eine politische Mission ableiten kann, wird ein Held in der Politik.

Man kann sich natürlich fragen, warum eigentlich das Zusammenspielen von Rhetorik und Taten so selten zustande kommt. Die Schwierigkeit rührt wahrscheinlich daher, daß das politische Dogma und die politische Inspiration ganz anderer Natur sind als das soziale Gefüge, in dem sie angewendet werden können. Gedanken sind frei bis tief hinein in die Utopie. Sie kennen keine anderen Grenzen als das Vorstellungsvermögen, dem sie entstammen. Auf der anderen Seite ist die politische Umsetzung von Sachzwängen umringt. Sie bleibt an Ereignisse und Umstände gebunden, die sich aus der geschichtlichen Entwicklung ergeben, oder ganz einfach an den Zufall gebunden sind.

Einfältig wäre es, sich vorzustellen, der Politiker von Format sei eine fast übermenschliche charismatische Persönlichkeit, die in der Lage ist, Ressourcen aus dem Nichts zu schöpfen und aus Menschen Unerhörtes zu machen. Das Bild des Übermenschen in der Politik wirkt ein wenig lächerlich, wenn man es mit der Realität unserer Zivilisation vergleicht. Wahrscheinlich würden viele Leader schlecht vor der Öffentlichkeit abschneiden, wenn man ihre Normalgespräche abdrucken würde, wie das zur Zeit des Watergate-Skandals im Weißen Haus geschehen ist. Auch muß man feststellen, daß es eine Unmenge von großartigen Verwirklichungen in unserer langen Geschichte gibt, die kein politischer Leader für sich beanspruchen kann. Daraus ergibt sich die etwas zynische Frage, ob eigentlich die vielen charismatischen Herrscher und Poltiker, die in unseren Geschichtsbüchern stehen, nicht eher geschickte Taktiker als große Inspiratoren waren, Taktiker, die es verstanden haben, die politische Verantwortung einer sich mehr oder weniger spontan ergebenden Umständekonstellation zu ihrem Profit zu beanspruchen.

Von dieser Warte aus gesehen, kann man sich überlegen, ob beispielsweise das moderne Deutschland oder Italien nicht auch ohne Bismarck und Garibaldi im 19. Jahrhundert entstanden wären. Im gleichen Sinn erscheint es legitim zu behaupten, die Vereinigten Staaten seien mehr der Ausdruck eines großen Wurfes von kollektivem Willen als der persönliche Verdienst eines Mannes wie Washington.

Der Mythos der Großen in der Geschichte

Heißt dies, daß es den Politiker, dem eine historische Mission zukommt, gar nicht gibt? Nein, das wäre übertrieben. Große historische Figuren gibt es in der Politik genauso wie in anderen Gebieten. Dazu kommen jedoch höchstwahrscheinlich ziemlich viele Trittbrettfahrer.

Unter den wirklichen historischen Persönlichkeiten, die Geschichte gemacht haben, muß man zwischen denjenigen unterscheiden, die durch Eroberungen groß geworden sind, und jenen, die diesen Eroberungen kollektiven Widerstand entgegenzusetzen vermochten. Die großen Despoten und Eroberer gehören natürlich zur ersten Kategorie. Die Helden des Widerstands und der nationalen Befreiung zur zweiten. Die Geschichte berichtet von Helden aus beiden Lagern. Das Unglück der friedfertigen geschichtlichen Gestalten liegt darin, daß ihr Wirken weniger Spuren hinterläßt als dasjenige der Despoten. Leider stehen darum so wenige von ihnen in den Geschichtsbüchern.

Das maßgeblich vom Geschichtsunterricht geprägte Bild des charismatischen Leaders ist also verzerrt. Despoten kommen eben zu größerer Notorietät als Helden des Friedens, der Eintracht oder des sozialen Fortschritts. Haben wir nicht alle mehr Mühe, die Tätigkeit eines Mirabeau, eines Lenin oder eines Ghandi in die historische Perspektive zu setzen, als wir es mit Robespierre, Stalin oder der schlauen Kolonialpolitik des britischen Foreign Office haben? Wie dem auch sei, die wirklichen politischen Demokratien, wie die Schweiz, kultivieren wahrscheinlich darum ein ausgesprochenes Mißtrauen gegenüber Politikern mit staatsmännischem Format, weil sie sich der Gefahr des Despotismus, die immer da lauert, wo persönlicher Ehrgeiz und Mission sich überschneiden, bewußt sind.

Man kann sich fragen, ob diese Sicht der Dinge nicht den offensichtlichen Hang zur Verbeamtung der modernen politischen Demokratie miterklärt. Wie schon oben bei der Diskussion des Stellenwertes des persönlichen Ehrgeizes ausgeführt, bedienen sich die Demokratien meist erst dann im Reservoir wirklich profilierter Politiker, wenn sie in einer Krise stecken, sei diese politischer, ökonomischer oder sozialer Natur. Daß es dann jeweils möglich ist, solche Leute auch zu finden, beweist, daß eine jede Generation und ein jedes politisches System solche Männer und Frauen hervorbringt. Eine Art kollektive Weisheit, die den Demokratien eigen ist, legt jedoch bei diesem Rückgriff eine große Zurückhaltung nahe, weil die Befürchtung besteht, daß allzu potente Politiker das System der Demokratie überrollen könnten.

Natürlich muß man außergewöhnliche politische Taten und die Talente, die mit ihnen verbunden sind, sorgfältig von der normalen und tagtäglichen Politik und ihren Dienern unterscheiden. Diesbezüglich tun sich die Massenmedien schwer, einen Schleier über die Wirklichkeit zu werfen. In ihrem Drang nach dem Spektakulären verwandeln sie oft Käse in Geschichte. Die Medien haben einen ausgesprochenen Hang, die Machtausübung zu personalisieren. Damit suggerieren sie ihrem Publikum einen übertriebenen persönlichen Einfluß der politischen Akteure auf das Geschehen.

Es handelt sich dabei um eine grobe Vereinfachung. Sicher hat der persönliche Stil eines Politikers einen gewissen Einfluß auf die Ereignisse. Rein optisch gelingt es gewissen Politikern, einem Ereignis Eleganz, Witz oder Dramaturgie abzugewinnen. Dabei stoßen die einen beim Fernsehpublikum auf Sympathie, die anderen nicht. Tatsache bleibt jedoch, daß eine geschichtliche Gegebenheit immer ein kollektives Phänomen bleiben wird, das sich sehr weitgehend dem Einfluß der Persönlichkeit entzieht, die in einem gegebenen Moment die Macht ausübt. Man darf den Politiker, der als guter Schauspieler auftritt, nicht mit einem Staatsmann verwechseln, genausowenig wie es angeht zu glauben, ein Staatsmann könne sich über kollektive Gegebenheiten und Bewegungen einfach hinwegsetzen.

Weil das Fernsehen in unserer Gesellschaft die Pflicht hat, seine Zuschauer über eine so lange Sendezeit bei der Stange zu halten, unterliegt es der Versuchung, dem politischen Personal eine neue Rolle zuzuschieben: Auftritt am Fernsehen nach der Machart einer «Soap-Opera». Auch wenn solche Sendungen aus einigen Politikern Stars mit viel öffentlicher Notorietät machen, üben sie natürlich keine gesellschaftliche Mission im Sinne der uns hier vorschwebenden Definition aus. Dieses Phänomen bildet höchstens einen Teilaspekt der verbeamteten Politik.

Gibt es überhaupt ein Kriterium, das es erlaubt, den Politiker von Format vom gewöhnlichen Politiker zu unterscheiden? Einmal gilt es hier, die Anforderungen nicht zu hoch zu schrauben. Würde man von allen Politikern eine charismatische Anziehungskraft verlangen, gäbe es zu wenige Kandidaten, selbst für die Lokalgeschichte. Es ist auch gar nicht notwendig, daß viele Politiker zur Legende werden. Wie überall, sind die Kriterien des Erfolgs auch in der Politik eine Affäre der Gradsetzung.

Glücklicherweise erlaubt es die Demokratie vielen Bürgern, die sich für die öffentliche Sache einsetzen, gegebenenfalls gesellschaftspolitisch oder historisch relevante Sachen zu tun und Entscheide zu fällen. Die meisten dieser Missionen sind aber so diskret, punktuell oder kurzlebig, daß sie nicht genügend Spuren hinterlassen, um von den Historikern aufgenommen zu werden. Beobachtet man jedoch das politische Leben von innen her, wird man Zeuge von einer überraschenden Anzahl von Augenblicken, Konstellationen und Ereignissen, in denen oft ansonsten recht farblose Politiker plötzlich in weiser Umsicht oder mit großartiger

Intelligenz handeln. In diesen privilegierten Augenblicken handeln sie staatsmännisch, in dem sie dem Ereignis ihr Siegel aufsetzen, in dem sie ihre Umgebung in Griff haben, kurz, in dem sie eine auch noch so kurzlebige Mission erfüllen.

Der wirkliche Politiker, Frau oder Mann, ist fähig, solche Momente zu erfassen, und dabei eine kollektive Handlung zu erbringen. Gelingt dies einem Politiker immer wieder, erreicht er staatsmännisches Format ganz unabhängig davon, ob er im Innern einer Partei oder als gewählter Politiker auf irgendeiner Ebene des politischen Geschehens arbeitet.

Um den politischen Menschen auszumachen, braucht es auch die Fähigkeit, Gesinnungsgenossen zu führen, sowie den Zeitgeist wahrzunehmen. Ein wirklicher Politiker weiß immer, was er seiner Gefolgschaft abverlangen kann. Charismatisch wird ein solcher Leader dann, wenn ihm nachgelebt wird, und wenn er es fertigbringt, seine Gefolgschaft immer wieder zu motivieren, ohne daß er sie persönlich überreden muß. Der Politiker von Format ist also ein Kommunikationsmensch, der seinem Willen sowohl über seine Haltung als auch seine Rhetorik und Handlungsweise Ausdruck gibt. Der Politiker von Format und der Staatsmann offenbaren ihren Zeitgenossen deren soziale und kollektive Ambition; sie bringen ihre Generation in Bewegung.

Der Ehrgeiz der Massen

Die Demokratie setzt auf den Ehrgeiz der Massen, der Bevölkerung; ein Ehrgeiz und ein öffentlicher Wille, Gesellschaft und Welt im Sinne eines besseren Lebens und einer größeren Gerechtigkeit zu verwandeln. In einem Wort ausgedrückt: Der Demokrat bringt dem Menschen Vertrauen entgegen. Die Demokratie setzt nämlich die Existenz einer kollektiven sozialen Intelligenz voraus, die es ermöglicht, die Gesellschaft zu verbessern und die Zivilisation und Kultur voranzubringen. Der Demokrat geht von der Überzeugung aus, daß die Staatsbürger vom Willen beseelt sind, am sozialen Fortschritt mitzuwirken, jeder nach seinem intellektuellen und moralischen Vermögen. Der Demokrat ist folglich ein Optimist. Er glaubt an die Existenz eines kollektiven Willens, selbst wenn er einige Zweifel an der individuellen Intelligenz der Bürger hat.

Die Monarchie, die Tyrannenherrschaft, die Oligarchie und alle Formen des Totalitarismus unterscheiden sich hauptsächlich dadurch von der Demokratie, daß sie dem Menschen kein Vertrauen entgegenbringen: Sie instrumentalisieren die Bürger und stellen sie unter Vormundschaft. In der Logik der nicht demokratischen Systeme ist das Volk dem Willen der Machthaber unterstellt und muß zur Verwirklichung der geschichtlichen Mission, die sich diese als Ziel gesetzt haben, gezwungen werden. Der Bürger wird weitgehend ausgeschaltet, das Volk wird verwaltet. Die administrierten Bürger unterscheiden sich vom Staatsbürger darin, daß sie keinen Einfluß auf die mit der Realisierung der Mission betrauten Politiker ausüben können.

Das demokratische Vorhaben, im würdigsten Sinne, macht sich zum Ziel, persönliche, individuelle und damit egoistische Instinkte in den Griff zu bekommen, die Unkenntnis der Bevölkerung zu überwinden und stetig für den sozialen Fortschritt und den Frieden zu sorgen. Die Demokratie steht dabei mit peinlicher Genauigkeit für die Gewaltentrennung ein. Ausdruck dieser Sorge ist der Rechtsstaat mit seinen drei Pfeilern: der Legislative, der Exekutive und der Rechtsprechungsgewalt. Sie verspricht sich von dieser Aufteilung der Macht eine systematische Förderung der positiven gesellschaftspolitischen Ambitionen der Bevölkerung. Im demokratischen Weltbild verfügen Bevölkerung und Bürger über eine kollektive Intelligenz, die das kollektive Schicksal der Menschheit ungefähr so zu leiten vermag, wie die Gene die biologischen Arten. In der tiefen Überzeugung des Demokraten steht auch fest, daß die Bürgerschaft über ein kollektives Erinnerungsvermögen verfügt, verbunden mit einem ausgesprochenen Vorstellungsvermögen für den Fortschritt.

Der demokratische Politiker steht im Dienst einer solchen Überzeugung. Die vielleicht größte Schwierigkeit seiner Aufgabe liegt darin, daß es in der Demokratie nichts nützt, allein recht zu haben. Ein Politiker, der seiner Zeit voraus ist, wird in der Demokratie immer zusehen müssen, daß seine Initiativen scheitern. Das demokratische System isoliert Visionäre und verurteilt Propheten. Die Diener der Demokratie müssen also ihren Ehrgeiz dem Weltbild der Bürger anpassen und im Innern des Horizontes bleiben, der das jeweils Mögliche absteckt. Anders ausgedrückt darf der demokratische Politiker seiner Zeit nicht vorauseilen, aber er muß denen, die das tun, volle Aufmerksamkeit schenken und ihren Anliegen gegenüber offenbleiben. Mit Verzögerung nämlich, aber mit großer Wahrscheinlichkeit, konvergiert auch die pragmatischste Politik immer mit einer Utopie.

Bei der Verfolgung seiner Mission muß also der Politiker immer damit rechnen, daß die öffentliche Meinung wenig für große Würfe und langfristiges Denken übrig hat. Volksmassen sind in der Gegenwart verwurzelt, ihre Forderungen und ihr Geschichtsverständnis stellen auf solide und unmittelbare Interessen ab.

Die Aufgabe des Politikers ist im Grunde genommen mit derjenigen eines Vorarbeiters auf einem Bauplatz vergleichbar. Beide sind mit der Realisierung eines Projektes betraut, das nur dann zu gutem Ende geführt werden kann, wenn jemand in der Lage ist, einem Kollektiv Schwung und Begeisterung zu vermitteln. Wie verschieden die Aufgaben eines Vorarbeiters und eines Politikers auch immer sein mögen, eines haben sie sicher gemeinsam: Ihre Pflicht besteht darin, Menschen zu mobilisieren und Ressourcen zu organisieren mit dem Ziel, ein Projekt zu verwirklichen, das einen Gewinn an Lebensqualität verspricht.

Das politische Projekt

Ein politisches Projekt ist ein kollektives Vorhaben. An seinem Ursprung steht nicht unbedingt ein Weltbild, das sich auf einen individuellen und identifizierbaren Denker zurückführen läßt. Das politische Projekt ist das Kind einer Epoche und entspricht oft dem Werk einer Generation. Unter diesen Umständen kann es nicht verwundern, daß die politischen Projekte meistens nicht im Sinne eines Planes ausgedacht und ausgearbeitet sind. Das politische Vorhaben entsteht im Gegenteil fast immer pragmatisch, es wird von einem Konsens getragen, der sich allmählich im Zuge der Realisierung des Projektes verstärkt und eine allgemeinere Anerkennung findet.

Die kollektive Ambition sich ablösender Generationen widerspiegelt sich in ihren Projekten. Generationen und Zeitalter lassen sich übrigens vom Wandel der kollektiven Vorhaben ablesen. Ohne den Verweis auf kollektive Projekte hat die Unterscheidung von Generationen und Zeitaltern im sozialen und politischen Bereich nur wenig Sinn.

Die geschichtliche Entwicklung der Menschheit ist die lange Sage kollektiver Projekte, deren Art sich verändert und es damit erlaubt, Epochen zu bestimmen. All das, was die Grundlage von Hoffnung und Zuversicht einer jeden Generation bildet, das was Zeitgenossen animiert und mobilisiert, was ihnen erlaubt, sich in eine konzertierte Aktion zu stürzen, ist Sache des politischen Projekts. Grandiose Entwürfe, Extravagantes oder Belangloses, Materielles, Geistlich-Religiöses oder Abergläubisches, Technisches, Geographisches, Wirtschaftliches oder Soziales, Kriegerisches oder Friedfertiges, was auch immer die Massen in Bewegung setzen kann, bildet die Grundlage politischer Projekte. Wenn man die Geschichte aus dieser Warte überblickt, stellt man fest, daß der Fächer der politischen Projekte von unerhörter Vielfalt ist, was zeigt, daß jede Epoche und jedes Land, und im weiteren Sinne jedes Kollektiv, immer einem übergeordneten Bedürfnis nach Realisierung von politischen Projekten nachgelebt hat.

Natürlich gibt es Zeiten in der Geschichte, die der Verwirklichung von weitreichenden Projekten förderlicher waren als andere. Qualität, Reichweite und Zeitfolge politischer Projekte sind nicht monoton; da gibt es Höhen und Tiefen, Fortschritte und Rückfälle.

Territoriale Projekte

Die Eroberung und die Besiedlung von neuem Land gehört wahrscheinlich zu den ältesten Träumen der Menschheit. Prähistorische Jäger der Eiszeit können für sich die Leistung beanspruchen, mit der Erkundung der Welt begonnen zu haben. Von der ursprünglich südlichen Welt wegziehend, dringen sie nach Norden vor, pilgern über Sibirien in die neue Welt. Diese interkontinentale Wanderung stellt nicht nur eines der ersten politischen Projekte dar, sondern auch eines der größten: die kollektive Fähigkeit, die Welt zu erobern und für sich in Anspruch zu nehmen, auf der Suche nach neuen, wohnlicheren und produktiveren Räumen.

Ganz allgemein bildet die Geschichte der Wanderungen, der Völkerwanderungen und Invasionen ein immerwährendes Epos politischer Projekte. Denken wir beispielsweise an die Invasionen der Barbaren am Ende des Römischen Reiches, an den Auszug der Juden aus Palästina, an die Einbrüche der Wikinger, der Magyaren und der Sarazenen im 10. Jahrhundert, an die Eroberungen des mongolischen Reiches, oder an die Umzinglung des Mittelmeerraumes durch die Muselmanen.

Oft glaubt man zu Unrecht, diese Wanderungen hätten in Form eines Massenexodus von Völkern stattgefunden, wie Dislokationen von Armeen, begleitet von Kind und Kegel. Neuere Forschung belegt, daß wirklich migrierende Bevölkerungsteile auch während der Völkerwanderung auf einige 10000 Menschen beschränkt waren, und daß der Prozeß sehr lange dauerte und von vielen Unterbrüchen geprägt war. Es handelte sich also um wirkliche kollektive Projekte, die sich über Generationen hinaus erstreckten, mit dem Ziel, einen zwar unbekannten, aber lebenswerter erscheinenden Raum zu erreichen.

Das Vordringen der europäischen Zivilisation in die neue Welt und später, während der Kolonialära, in die letzte Ecke des ganzen Planeten gehört auch in die Kategorie der Wanderungsprojekte.

Sowohl in der Antike wie im Mittelalter und in der modernen Zeit verursachten diese Projekte ungeheure Veränderungen und lieferten Zivilisation und Kultur die entscheidendsten Impulse. Das Vordringen des Menschen ins Weltall gehört auch in dieses Kapitel, ein Projekt, von dem wir sagen können, wir seien dabeigewesen.

Zur Verwirklichung solcher Vorhaben war und bleibt der Ausbau der Transport- und Kommunikationsmittel von größter Bedeutung. Jahrtausendelang war die Menschheit an den Landweg gebunden. Mit dem 16. Jahrhundert bricht eine neue Zeit an. Die enge Verbindung zwischen Schiffahrt und Handel, die schon die Antike geprägt hat, eröffnet den europäischen politischen Projekten ganz neue Horizonte. Die übrigen großen Territorialmächte, das germanische Reich, das mongolische Indien, China und Japan, sehen sich durch diese Entwicklung bedrängt und werden schließlich verdrängt. Da nützte die Schließung der Grenzen vor den «europäischen Barbaren» nichts mehr. Um so weniger als das seefahrende Europa schließlich noch am Ende des 18. Jahrhunderts das Industriezeitalter anbrechen ließ. Damit war die Vorherrschaft des europäischen Projektes besiegelt.

Seit der Renaissance entwickelten sich die europäischen, politischen und kollektiven Projekte systematisch in Richtung der Wissenschaft und der Bildung, Grundlagen der Beherrschung der Kommunikationsnetze und des neuen weltweiten Machtanspruches. So verging die Zeit, während der es nötig war, neue Territorien massiv zu besiedeln. Die Kolonisierung konnte effizienter und subtiler bewerkstelligt werden.

Hier kann es nicht darum gehen, weitschweifende historische Höhenflüge weiterzuführen. Wichtig für unsere Überlegungen ist einzig, die progressive Mutation des ursprünglichen Projektes der Eroberung neuer Territorien darzulegen, das heißt den Übergang von der rein physischen Eroberung zur Beherrschung des Raumes an sich. Diese Entwicklung beginnt mit dem Aufbau eines machtvollen und weltweiten Handelsnetzes und dem Aufblühen des kommerziellen Kapitalismus im 17. Jahrhundert. Das städtische Bürgertum entsteht, diese neue soziale Klasse, die schließlich den Adel wegfegt und Europa ins Industrie- und Demokratiezeitalter führt.

Bevor es zur Osmose zwischen den technischen Wissenschaften

einerseits und der kommerziellen Ökonomie andererseits kommen konnte, nämlich mit dem Maschinismus, hat die Bourgeoisie als neue treibende Kraft des sozialen Geschehens ein Dienstleistungsnetz aufgebaut: Handel und Banken entwickelten sich sprunghaft unter der Ägide der Bürgerschaft. Wissen und Wissensvermittlung wurde auch außerhalb des ökonomischen Kreislaufes vorangetrieben. Dank Buchdruck konnten nun nicht nur altes Wissen und Kultur, sondern auch die neuen Errungenschaften der Forschung rasch und weit verbreitet werden. Damit stand der Weg zur Mobilisierung eines weiteren, bis anhin fast vollkommen brach liegenden intellektuellen Vermögens und der Intelligenz offen. Die zur Erarbeitung neuen Wissens eingesetzte Arbeitskraft nimmt denn auch entsprechend schnell zu und mit ihr der zur Verfügung stehende Wissensfundus.

Die Beherrschung der Zeit

Mit der progressiven Professionalisierung des Forschungswesens und der Vermittlung des Wissens zeichnet sich langsam ein neues übergeordnetes politisches und soziales Projekt ab: Wissenschaft und Technik beginnen, die Welt zu regieren. Der systematische Ausbau der Wissenschaft mündet schließlich in die industrielle Revolution und den Maschinismus aus, ohne die die Konsum- und Wohlstandsgesellschaft des 20. Jahrhunderts undenkbar geblieben wäre.

Wir haben schon Gelegenheit gehabt, auf die enge Verbindung zwischen Wissen, Wissensvermittlung und Demokratie hinzuweisen. Dabei spielt aber auch der materielle Wohlstand der Bevölkerung eine hervorragende Rolle, denn er erlaubt es schließlich, Arbeitszeit vom Reproduktionsprozeß, der der notwendigen Lebenserhaltung gewidmet ist, abzuziehen. Die so gewonnene Zeit kann der sozialen Regulierung gewidmet werden, das heißt auch der politischen Arbeit, die in der Demokratie sehr aufwendig ist. Damit entsteht die Möglichkeit einer sozialen Dynamik, die neue soziale, wirtschaftliche und politische sowie kulturelle Impulse ins System bringt. Der neue Stellenwert der Produktion von Wissen ist ein wesentlicher Bestimmungsfaktor der Neuzeit. Forschung, Wissensaufarbeitung und Information haben sich seither progressiv zum strategisch wichtigsten Betätigungsfeld in der modernen Welt entwickelt.

Die Wissenschaft und ihre technische und wirtschaftliche Umsetzung wurden so zum Motor des ökonomischen Fortschritts. Genauso wie die vorindustrielle Zeit durch landwirtschaftliche und gewerbliche Tätigkeit geprägt war, steht nun seit zweihundert Jahren die Wissenschaft und Technologie im Mittelpunkt des wirtschaftlichen und sozialen Geschehens. Diese Mutation war dem Aufschwung einer neuen beherrschenden Schicht förderlich, jener der Intellektuellen. Intellektuelle sind Werktätige, die von ihrer Intelligenz und ihrem Wissen leben, und die das nötige Vorstellungsvermögen und die notwendige Originalität haben, entweder neues Wissen zu erarbeiten oder bekanntes Wissen zu vermitteln. Diese neue Schicht löste den Klerus ab und, bis zu einem gewissen Grad, die Kunstschaffenden. Heute bestimmt sie weltweit die Politik.

Im Laufe dieser Entwicklung wurden die politischen Projekte um einiges abstrakter. Plötzlich wurde es möglich, ein kollektives Abenteuer aufzubauen, das nicht mehr an ein territoriales Projekt gebunden war, an irgendeine Kriegshandlung oder an ein unmittelbares wirtschaftliches oder religiöses Vorhaben. Der Weg zum rein zerebralen kollektiven Projekt war offen und damit zur langfristigen Perspektive und zum Aufbau von Entwicklungen, die sich vom Reißbrett bis zur Realisierung über Jahrzehnte erstrecken.

Eine neue zentrale Aufgabe der Gesellschaft besteht seither darin, die Zeit gesellschaftspolitisch umzusetzen. Es geht nicht mehr nur darum, wie das lange der Fall war, für die Beherrschung des Raumes zu sorgen, sondern auch die Zeit wird zum Politikum. Der Übergang des kollektiven Projektes von der Zivilisation des Raumes zur Zivilisation des Raumes und der Zeit machte soziale Vorhaben natürlich weder menschlicher noch besser. Unbesehen davon steht jedoch fest, daß die abstrakteren und neuzeitlichen Vorhaben ein unvergleichbar höheres Bildungsniveau der Volksmassen voraussetzen. Die Wandlung des Charakters der öffentlichen Vorhaben rückte zudem die materialistische Ideologie in den gesellschaftlichen Mittelpunkt.

Jedes der bisher erwähnten kollektiven Projekte hatte seine ideologische Basis. Unter Ideologie verstehen wir ein Gefüge von

Leitdoktrinen, umrahmt von Mythen und Symbolen, die es einer sozialen Bewegung erlauben, sich mit ihrem Weltbild zu identifizieren. Eine Ideologie setzt sich aus all dem Gedankengut und aus der Überlieferung zusammen, die notwendig und nützlich sind, um Gruppen zu motivieren, um soziologische Klassen und Schichten zusammenzuhalten und um Massen in Gang zu setzen. Von den großen Wanderungen bis zu den Kreuzzügen, von der Erschließung der Weltmeere und der Kontinente zur Kolonisierung der heutigen dritten Welt, bis zur systematischen Erforschung der wissenschaftlichen Gesetze und deren Ausnutzung durch den Menschen gibt es einen gemeinsamen Nenner: die Verwurzelung in einer Ideologie. Schon zur Urzeit der territorialen Projekte waren die Eroberungsprojekte nie nur durch Nahrungssuche oder Kampfgeist bestimmt. Eine übergeordnete religiöse oder ideologische Dimension spielt seit jeher mit, unabhängig davon, ob sie ausgesprochen und überliefert, naiv, ausgefeilt, religiös oder rein materialistisch ist. Unabhängig von der Frage, ob ein kollektives Projekt primitiv oder hochentwickelt ist, bleibt es also immer an eine Grundbedingung gebunden: einen motivierenden Mythos oder eine Ideologie.

Kollektive Projekte sind weder zärtlich noch gemütsvoll, auch wenn sie dem Guten und dem Fortschritt gewidmet sind. Die Verwirklichung kollektiver Vorhaben erlaubt es weiten Kreisen zwar immer, aus dem anfallenden Aufwand Profit zu schlagen, von anderen jedoch verlangt die Realisierung des kollektiven Projektes einen oft schweren Tribut. Das läßt sich klar am Projekt der Industrialisierung der Produktionsstrukturen aufzeigen, ein Projekt, das langfristig zur materiellen Besserstellung der Menschheit entscheidend beigetragen hat, aber das die Anfangsgenerationen, vor allem in der Arbeiterschaft, großer Ausnutzung und unverhältnismäßigem Verzicht aussetzte.

Bevor man die Industriegesellschaft zur Konsumgesellschaft weiterentwickeln konnte, mußte die Mehrzahl der Bevölkerung in den Industrieländern einen eindeutigen Rückgang der Lebensqualität in Kauf nehmen. Die Entbehrungen dieser Generationen können ökonomisch als eine Art Zwangssparen erklärt werden, ein Zwangssparen, das nötig war, um den enormen Investitionsaufwand zu finanzieren, den die unzähligen Maschinen, Fabriken und Industriestädte sowie die Verkehrs- und Energieinfrastrukturen darstellten.

Bei näherem Hinsehen entpuppt sich aber diese Erklärung als eine Tautologie. Natürlich muß ein jeder Investitionsaufwand durch Ersparnisse abgedeckt werden. Das heißt aber noch lange nicht, daß es angeht, sich über soziale Verteilungskriterien hinwegzusetzen und den Konsum einer einzigen Klasse, nämlich derjenigen der industriellen Arbeitnehmerschaft, einzuschränken. Die Tatsache, daß die Industrieländer diese grundlegende Ungerechtigkeit im 20. Jahrhundert erkannt haben, und daß wir heute über eine leistungsfähige soziale Sicherung verfügen, macht die großen Leiden unserer Vorfahren des letzten Jahrhunderts natürlich nicht gut.

Soziale Kosten

Politische Projekte fordern also Opfer. Nach marxistischer Auffassung ist der Industrialisierungsprozeß und die ihn charakterisierende schlechte Verteilung der sozialen Kosten mit der Schichtung der Industriegesellschaft in zwei soziale Klassen verbunden, die Kapitalisten und die Arbeiterschaft. Mit dem Übergang vom gewerblichen zum industriellen Produktionsmodus verliert die Arbeiterschaft die Kontrolle über ihre eigene Arbeitskraft und über die für ihre Arbeit notwendigen Werkzeuge. Die Arbeiterklasse wird so zum Instrument der Kapitalisten, die das politische und wirtschaftliche Projekt beherrschen. Der Marktwert der Arbeit setzt sich weit vom Lohn ab, was eine systematische Ausbeutung der Arbeiterschaft zugunsten der Kapitalisten zur Folge hat.

Dieses Erklärungsschema der Klassenunterdrückung und schließlich des Klassenkampfes erklärt jedoch die außerordentliche Dynamik des Projektes der Industrialisierung Europas im 19. Jahrhundert keineswegs. Man kann sich nur schwer vorstellen, wie es möglich gewesen sein soll, die ungeheuren sozialen Energien zu entfesseln, die notwendig waren, um das Projekt der Industrialisierung durchzuziehen, wenn dabei nur eine systematische Unterdrückung der Mehrheit, nämlich der Arbeiter, durch eine Minderheit, die Kapitalisten, im Spiel gewesen wäre. Muß man nicht eher davon ausgehen, daß zum mindesten ein anderes Element eine hervorragende Rolle spielte: der Glaube, daß die von der Arbeiterwelt zugestandenen Entsagungen der Mühe wert waren, sei es nur wegen der Hoffnung an ein zukünftiges Bessergehen?

Von unserer Hypothese ausgehend, daß ein politisches Projekt nur dann Erfolg haben kann, wenn es auf die Volksmassen eine mobilisierende Wirkung ausübt, scheint es kaum vorstellbar, daß man ein globales und weltweites Vorhaben wie die Industrialisierung, sozusagen mit der Polizei, vorantreiben kann. Auf alle Fälle ist das in der Demokratie unvorstellbar, denn sie setzt einen Volkswillen voraus. Und gerade das Projekt der Industrialisierung Europas ging mit dem Übergang zur Demokratie einher. Daß die Ideologie auch die Demokratie mitbestimmt, ist klar. Konsequenterweise muß man also zugeben, daß die demokratische Ideologie in der Lage ist, den Volkswillen zu prägen, selbst dann, wenn sehr zahlreiche Eigen- und Einzelinteressen auf dem Spiel stehen, und viele Gefahr laufen, durch ein Projekt zu Schaden zu kommen.

Ein politisches Projekt, das mit Strukturwandel verbunden ist, steht also im Spannungsfeld von zwei Einflußfaktoren: einerseits dem subtilen Zwang, den die Demokratie auf die Individuen ausübt, und andererseits dem absoluten Zwang des Totalitarismus. Seit ungefähr zweihundert Jahren bestimmt diese Alternative das Bild der Welt.

Ein oberflächlicher Beobachter kommt schnell in die Versuchung, das Phänomen des sozialen Zwangs schematisch zu sehen: idyllisch im Rahmen der Demokratie, beklemmend und erstikkend im Totalitarismus. Bei näherem Hinsehen zeigt es sich jedoch, daß auch das demokratische System in Sachen von sozialem Zwang nicht ganz unschuldig ist. Auch in der Demokratie, wo der die Allgemeinheit bestimmende Zwang von der Mehrheit gutgeheißen wird, ist die Freiheit des Individuums stark eingeschränkt, eine Beschränkung, die um so schwerer wiegt, als das Individuum, das ihr ausgesetzt ist, dem sozialen Projekt der Mehrheit wenig oder nichts abgewinnen kann oder gar durch dieses zu Schaden kommt.

Die moderne parlamentarische Demokratie hat überdies eine subtile Zweiteilung der Machtausübung entwickelt mit den zwei Polen der politischen und öffentlichen Macht einerseits und der wirtschaftlichen Macht andererseits. Diese beiden Machtsphären sind nahtlos ineinander verzahnt, und sie ergänzen sich gegenseitig. Die Wirtschaftssphäre untersteht ganz dem Gebot der Effizienz. Diese Tatsache erklärt, warum der Wirtschaftsraum nicht demokratisch, sondern hierarchisch und funktionell organisiert ist. Das demokratische Grundprinzip der Politik, wonach ein Mann nur eine Stimme haben kann, ist in der Wirtschaft ersetzt durch die kapitalistische Legitimität der Machtausübung: die Macht des Geldes, der Kompetenz und des Besitzes.

Ein Regime, das aus politischer Demokratie und marktwirtschaftlich organisierter Ökonomie besteht, ist also gekennzeichnet durch das Zusammenspiel eines Bereiches, in dem das Effizienzdenken oberstes Gebot ist, und eines Bereiches, der dem gesellschaftspolitischen und sozialen Ausgleich verpflichtet ist. Politik entspricht also bis zu einem gewissen Grade einer Notwendigkeit, die sich aus dem Primat der Effizienz im wirtschaftlichen Bereich ergibt.

Die totalitäre Versuchung

Seit die Technik und mit ihr die wissenschaftliche Rationalität eine so hervorragende Rolle im sozialen, politischen und wirtschaftlichen Bereich spielen, ist die Demokratie laufend einer totalitären Versuchung ausgesetzt, einer Versuchung, die auf die Vereinigung der beiden komplementären Bereiche Politik und Ökonomie abzielt.

Da sich die funktionelle Arbeitsteilung auf alle Gebiete des Wirtschaftslebens und des kollektiven Tuns erstreckt, und weil das gesamte soziale Leben seit der industriellen Revolution vom Rückgriff auf immer komplexere technische Vorkehrungen und Technologien gekennzeichnet ist, muß sich jedes Individuum in der modernen Gesellschaft einem Lebens- und Produktionsmodus unterstellen, der sehr stark auf Effizienz und Leistung ausgerichtet ist.

Die totalitäre Versuchung besteht darin, sämtliche Dimensionen der menschlichen Existenz in eine einzige Mechanik einbringen zu wollen, deren Organisation, Betrieb und Kontrolle ausschließlich dem Postulat der Wirksamkeit und der Produktivität unterstellt sind. So gesehen, ist Totalitarismus die Diktatur der Zweckgebundenheit und der Effizienz. Als modernem Ausdruck der Tyrannei stehen ihm zwei Grundformen der Legitimierung zur Verfügung: der Klassenkampf sowie der Nationalismus und der Rassismus.

Das totalitäre Projekt läuft also darauf hinaus, sowohl die soziale Ordnung und die Politik als auch die Produktion der Realisierung eines kollektiven Projektes unterzuordnen. Die Frage, ob sich dieser Effizienzfaschismus gänzlich vom demokratischen Projekt trennen läßt, ist nicht leicht zu beantworten. Darum, weil die totalitäre Versuchung und der Traum der Demokratie im Säkularisierungsprozeß der christlichen Weltauffassung eine gemeinsame Wurzel haben. Wenn auch oft heuchlerisch, beziehen sich heute die meisten totalitären Systeme genauso auf die Menschenrechte, wie das die Demokratien tun. Die Philosophie der Menschenrechte wird insbesondere von den beiden Blockmächten, Sowjetrußland und die Vereinigten Staaten, für sich beansprucht. Der große Unterschied zwischen Demokratie und totalitärer Versuchung liegt in erster Linie im Platz, das ein Regime dem Menschen als Individuum einräumt. In den demokratischen Projekten bleibt der Mensch als Individuum im Mittelpunkt der Bemühungen als soziales, freies und verantwortungsbewußtes Wesen, während er im nicht demokratischen Projekt zur abstrakten Einheit und zum sozialen Ausführungsorgan wird.

Unter den wesentlichen politischen Projekten unserer Zeit lassen sich drei hervorheben: Die Zunahme der Produktivität der Arbeit dank einer systematischen Kapitalisierung der Wirtschaft, die minutiöse Kodifizierung zwischenmenschlicher Beziehungen und der Beziehung von Mensch und Staat durch Normen, und schließlich das Projekt der sozialen Sicherheit.

In demokratischen Ländern wird die Organisation des erstgenannten Projektes, nämlich die systematische Verbesserung der Produktivität, weitgehend der Privatinitiative überlassen. Die beiden anderen Projekte, die Errichtung eines immer mehr verfeinerten Rechtsstaates sowie der Ausbau der sozialen Sicherheit, sind hingegen Sache der öffentlichen Hand. Diese Tatsache erklärt die für unser Zeitalter charakteristische Dialektik zwischen Wirtschaftsmacht und öffentlicher Hand. Indem der Staat für mehr Gerechtigkeit und soziale Wohlfahrt sorgt, tritt er notgedrungenerweise in Konflikt mit der Wirtschaft und ihrem Anspruch auf Freiheit und Selbstverantwortung. Da Staat und Wirtschaft diesbezüglich divergierende Interessen verteidigen und verteidigen müssen, wird eine ständige Neuumschreibung der beiden Machtbereiche notwendig. Die Aufgabenteilung zwischen diesen beiden Machtbereichen muß sozusagen laufend neu erarbeitet werden. Diese Kompromißsuche ist schwierig und nie wirklich ausgehandelt. Wie auf allen Gebieten der Machtauseinandersetzung ergeben sich Pendeleffekte: Einmal liegt die Initiative eher auf seiten der Wirtschaftsmacht, wie das heute der Fall ist; dann läßt sich die Einflußnahme der öffentlichen Hand stärker ausbauen. Das war beispielsweise in der Nachkriegszeit der Fall.

Regierungswechsel oder Verlagerung des Projektes?

In parlamentarischen Demokratien versteht man gewöhnlich unter Regierungswechsel die Ablösung einer zur Rechten gehörenden Regierung durch eine, die der Linken verpflichtet ist, oder umgekehrt. Es handelt sich dabei, unabhängig vom Personenwechsel, um eine reichlich formelle und oberflächliche Ablösung, die auch etwas Zufälliges in sich birgt, weil die grundlegenden Unterschiede zwischen Regierungs- und Oppositionsparteien oft nur sehr klein sind.

Natürlich setzt die Wahlpropaganda der Regierungspartei auf die Fortsetzung ihres politischen Projektes, während die Opposition dem Wähler eine bessere Alternative verspricht. Nun hat aber Wahlpropaganda nichts mit dem zu tun, was wir politisches Projekt nennen. Man kommt der Ablösung eines politischen Projektes durch ein anderes schon viel näher, wenn der Übergang nicht von einer Regierung zur anderen stattfindet, sondern vom Bereich der öffentlichen Hand zu dem der Wirtschaft oder umgekehrt. Unseres Erachtens liegt hier der Ausdruck der wirklichen Alternanz in der Demokratie. Die Frage lautet jeweils, ob zu einem bestimmten Zeitpunkt der Schwerpunkt der Machtausübung bei der Wirtschaft liegt, was auf einen gewissen Vorrang der wirtschaftlichen Aspekte des politischen Projektes schließen läßt, oder ob der Staat den Wind in den Segeln hat, was eine Zeit des Primates des Politischen und Sozialen über das Wirtschaftliche ankündigt. Die grundlegende Alternanz, bei der es um den Vorrang der beiden Machtbereiche geht, ist natürlich durchaus mit der formellen Alternanz vereinbar, derjenigen des Wechsels in der Regierungsverantwortung.

Die Theorie des Wirtschaftszyklus bemüht sich seit nun ungefähr hundert Jahren um empirisch abgesicherte Erklärungen der mehr oder weniger regelmäßigen wirtschaftlichen Auf- und Abschwünge. Bei diesen Erklärungsansätzen spielt die technische und technologische Entwicklung eine zentrale Rolle, weil Erfindungen neuer Produktegenerationen und Produktionsmethoden einen großen Einfluß auf die Investitionstätigkeit ausüben. Es läßt sich in der Tat recht leicht feststellen, daß in über längere Zeit andauernden Zeitspannen der wirtschaftlichen Expansion die Einführung technischer und technologischer Novitäten besonders rasch ist. Solche Erneuerungsphasen bleiben natürlich nicht ohne Wirkung auf die politischen und sozialen Projekte.

Davon ausgehend läßt sich der Prozeß der politischen Alternanz ungefähr folgendermaßen schematisieren: Wirtschaftliche Hochkonjunktur auf der Grundlage einer breiten Einführung neuer Technologien im Produktionsablauf ist politischen Projekten förderlich, die den Akzent auf sozialen Fortschritt und Gerechtigkeit setzen. In einem demokratischen Umfeld weist diese Ausrichtung auf den Ausbau der sozialen Sicherung hin und kommt damit eher den politischen Postulaten der Linken entgegen. Die damit verbundene Zunahme ihrer Wählerschaft bringt dann in einem zweiten Zeitabschnitt auch die bürgerlichen Parteien auf diesen Kurs.

Im Zuge dieser Entwicklung läuft die Demokratie dann Gefahr, daß sich die verschiedenen Parteien in eine Umverteilungspolitik versteigen, die schlußendlich mehr verspricht, als sie halten kann. Im Zuge dieser Überverteilung von Sozialleistungen entstehen inflationäre Spannungen, die schließlich einen Austeritätskurs nahelegen. Da Austeritätspolitik näher bei der Ideologie der politischen Rechten als der Linken liegt, kommt der Glaube auf, es handle sich um eine Alternanz von links nach rechts.

Es stimmt schon, daß die bürgerlich-konservativen Parteien immer zu den ersten gehören, die Austerität fordern, aber sie können das nur mit Erfolg und wählerwirksam tun, wenn es die Verhältnisse erlauben, das heißt, wenn die wirtschaftliche Konjunktur beginnt, an der Inflation zu leiden, und wenn ganz allgemein der wirtschaftliche Wachstumstrend gebrochen ist. Trifft das zu, dann schlägt eigentlich nicht nur die Stunde der

Rückkehr an die Macht der politischen Rechten, sondern viel eher auch die der Machtübernahme der Wirtschaftsorganisationen und der Unternehmungen, denen das demokratische System die Verantwortung der produktiven Effizienz überläßt oder, in diesem Falle konsequenter ausgedrückt, die Wiedererlangung der produktiven Effizienz.

Das Ende von wirtschaftlichen Aufschwungperioden spornt also in der Regel den Machtanspruch und das Durchsetzungsvermögen der Wirtschaftskreise an. Damit verschärft sich der Druck auf den Staat, der Ruf nach mehr Handels- und Gewerbefreiheit wird laut, und Sozial- und Wiederverteilungspolitiken kommen unter Beschuß.

Eine sich verlangsamende Konjunktur verschiebt also das Kräftegleichgewicht in Richtung Privatwirtschaft. Wirtschaftliches Effizienzdenken und die Sorge um technologische und produktive Dynamik bestimmen das gesellschaftspolitische Denken. Unter diesen Umständen muß der sich für eine größere Freigiebigkeit einsetzende Staat zurückstecken und eine neue aufsteigende Phase des Konjunkturzyklus abwarten, der der staatspolitischen Macht dann wieder bessere Chancen einräumt.

Demokratie und Ermächtigung zur Machtausübung

Demokratie bedeutet eigentlich Verwaltung der Macht durch das Volk. Nun lebt aber das Volk nicht ausschließlich für die Politik und sicher schon gar nicht von der Politik. Andere Fragen der menschlichen Existenz sind in den Augen der Bevölkerung von ebenso großer, wenn nicht weit vitalerer Bedeutung. Erstens einmal das Wirtschaftsleben, das die Grundlage des kollektiven und individuellen Überlebens überhaupt darstellt. Dann das kulturelle Leben, das eine zentrale Rolle im Gesellschaftsleben spielt.

Obschon sich das kulturelle Leben, verglichen mit der Wirtschaft und der Politik, nach sehr unterschiedlichen Gesichtspunkten und Regeln orientiert, bestehen doch einige maßgebliche Überschneidungen: die Bereiche Ökonomie, Politik und Kultur sind nicht nur komplementär, sondern auch oft miteinander eng verbunden. So kann es nicht verwundern, daß sich sowohl wirtschaftliche wie auch politische Macht seit jeher um Kultur bekümmern. Kunst und heute der Sport werden von den Machthabern aus Politik und Wirtschaft stark und systematisch unterstützt. Der Staat und die private Wirtschaft investieren einen Teil ihrer Ressourcen im kulturellen Bereich.

Die Motivierung des Mäzenats von Staat und Wirtschaft läßt sich auf zwei Gründe zurückführen. Ein erster, eher symbolischen Charakters, entspricht dem Willen der Machthaber, sich in das Buch der Geschichte einzuschreiben. Mit anderen Worten geht es dabei darum, künftigen Generationen Zeichen zu hinterlassen. Die Vertreter öffentlicher und privater Macht hegen aber auch eine unmittelbarere Absicht, in dem sie das Mäzenat in den Dienst der Legitimation ihrer Machtausübung und ihres Machteinflusses stellen. Die Produktion kultureller Güter, Sport inbegriffen, eignet sich dazu besonders gut, denn sie entspricht einem kollektiven Interesse, und sie erlaubt es dem Volk, dem die Demokratie verpflichtet ist, unmittelbar aus einer kollektiven Anstrengung Nutzen zu ziehen.

Künstlerisch Schaffende und ganz allgemein alle diejenigen, die in Kultur und Sport tätig sind, sind vom Glauben beseelt, daß ihre

Tätigkeit den Wert des kollektiven Lebens maßgeblich und in sehr positivem Sinne beeinflußt. Sie sind sich der Tatsache voll bewußt, daß eine Generation vor der Geschichte schlußendlich nur dann bestehen kann, wenn sie genügend Ressourcen zur Weiterentwicklung der Kultur einsetzt. Mäzene und Kulturschaffende erarbeiten so einen Reichtum, der jede andere Art von individuellem Schaffen und von Konsum überlebt. Darum sind kulturelles Schaffen, kollektives Projekt und Politik so eng verwandt.

Delegation oder Verzicht

Genau wie in den Bereichen Kultur und Sport geht es in der Politik. Die einzelnen Individuen sind sich im klaren, daß gewisse Ambitionen der individuellen Tätigkeit verschlossen bleiben, und daß sie darum einem Kollektiv anvertraut werden müssen. Diese Kompetenzdelegation findet auf dem Weg von Institutionen privaten oder öffentlichen Rechtes statt, Institutionen, deren sich die Individuen bedienen, um sich kollektiv auszudrücken. Diese Institutionen werden mit der notwendigen Macht ausgestattet, die es erlaubt, diejenigen Vorhaben und Änderungen in der Gesellschaft voranzutreiben, die sich auf eine soziale Übereinstimmung berufen können.

In diesem Zusammenhang ist für uns die Tatsache von besonderem Interesse, daß Individuen jeweils spontan einverstanden sind, gewisse Kompetenzen und Tätigkeiten, die im allgemeinen Interesse liegen, weiterzudelegieren, indem sie den mit der Delegation Betrauten die notwendigen Kompetenzen und Machtbefugnisse einräumen.

Im wirtschaftlichen Bereich ist diese Machtbefugnisdelegation von Entscheidungen und Geschäftsführungskompetenzen von banaler Offensichtlichkeit, genauso wie die Idee der Arbeitsteilung und der hierarchischen Organisation der Produktion. Wirtschaftssubjekte, die auf dem Markt ihre Arbeitskraft oder ihr Kaptial anbieten, unterziehen sich problemlos dem Prinzip der Verwaltungsdelegation zugunsten der Führung und des Managements der Unternehmungen. Sie verlieren dabei zwar die Kontrolle über den tagtäglichen Einsatz von Arbeit und Kapital weitgehend, erhalten jedoch als Gegenleistung eine Entlöhnung, die mindestens der allgemeinen Produktivität der Arbeit oder des Kapitals entspricht. Hierarchische Unterordnung und damit verbundene Machtdelegation sowie Arbeitsteilung wirken sich positiv auf die Produktivität aus und damit auf die Einkommen von Arbeitnehmern und Kapitalgebern.

Der ökonomische Kalkül des einzelnen besteht also darin abzuwägen, ob die beiden Waagschalen des erzielten Ertrags und der in Kauf genommenen Nachteile wie Arbeitslast und Machtaufgabe zugunsten der Verwaltungsdelegation in einem ausgeglichenen Verhältnis zueinander stehen. Jeder Arbeitnehmer und Kapitalgeber unterschreibt mit seinem Vertrag das stillschweigende Einverständnis, sich der Logik und der Hierarchie einer Unternehmung zu unterstellen. Dafür wird er auch entschädigt, denn Lohn und Zins sind nicht nur eine Gegenleistung für Arbeit und Kapital. Das bedeutet, daß in jedem Fall, auch im Wirtschaftsleben, eine Verminderung der Bestimmungsfreiheit der Individuen durch einen entsprechenden nutzenbringenden Ertrag aufgewogen sein muß.

Unabhängig von der Art des Arbeitsvertrages oder des finanziellen Engagements in einer Unternehmung erhalten beide Parteien die Möglichkeit, sich aus dem eingegangenen Verhältnis zurückzuziehen. Damit werden die Grundrechte der Wirtschaftssubjekte aufrechterhalten: Der Arbeitnehmer kann jederzeit seine Stelle kündigen, der Kapitalgeber kann sein Finanzkapital zurückziehen oder verkaufen.

Die hierarchische Unterordnung und die Akzeptanz wirtschaftlicher Machtbefugnisse seitens der Leitung von Unternehmungen ist darum in der Wirtschaft so problemlos, weil es jedermann klar ist, daß diese Art Arbeits- und Verantwortungsteilung der Produktivität förderlich ist. Und schließlich ist es die Produktivität, die das Lohnniveau und damit das Lebensniveau der Bevölkerung bestimmt.

In der Politik ist dieser Delegationsprozeß genauso ausgesprochen und verbreitet, wenn er auch weniger klar in Erscheinung tritt. Auch läßt sich von der Logik her der Ursprung dieses Delegationsmechanismus ganz ähnlich wie in der Wirtschaft erklären, jedoch mit einem grundlegenden Unterschied: Das Mitmachen im öffentlichen Leben ist in der Demokratie weitgehend freiwillig. Außer für Berufspolitiker entspricht nämlich der öffentliche Einsatz keineswegs einem materiellen Bedürfnis oder einem professionellen Sachzwang: Das unmittelbare Überleben steht für den Durchschnittsbürger in der Politik nicht auf dem Spiel.

Gerade aus diesem Grund übergeben so viele Bürger das Zepter der politischen Verantwortung stillschweigend an andere, die der Politik mehr Interesse entgegenbringen, die daran Spaß haben oder davon leben wollen. Mangel an Interesse spielt dabei mit, aber auch die Sorge um den nutzenmaximierenden Einsatz der Freiheit, also ein sehr materialistisches Argument. Auch passive politische Betätigung fordert nämlich einen recht hohen Einsatz vom Bürger. Selbst wenn ein Individuum kein öffentliches Amt bekleidet, und wenn er nur als passiver Bürger an Meinungsbildung und Meinungsausdruck in der Demokratie mitarbeitet, muß er einen erheblichen Teil seiner Freizeit in die Aufarbeitung politischer Information investieren. Ohne diesen Informationsaufwand ist es nicht möglich, sich eine eigene Meinung zu bilden.

Der Bürger, der auch nur einigermaßen Herr seiner Ansichten bleiben will, kann sich nicht darauf beschränken, blindlings einer Partei zu folgen. Er muß sich auf dem laufenden halten und versuchen, Grundelemente des Tagesgeschehens in einen weiteren Rahmen einzuordnen, um seine Entscheidungsfreiheit erhalten zu können. Fällt es ihm schwer, sich zu dokumentieren, oder findet er dafür die Zeit nicht, wird gerade auch der pflichtbewußte Bürger seine Entscheidungsbefugnis weiterdelegieren, das heißt, er enthält sich einer Meinung und seiner Stimme zugunsten derjenigen, von denen er hofft, sie hätten eine begründete Meinung.

Der Dokumentierungsaufwand

Die öffentlichen Vorhaben, über die sich der Bürger auf dem laufenden halten muß, sind so zahlreich wie unterschiedlich. Die Vielzahl der politischen Akteure und der Informationsquellen trägt noch zur Komplexität der Materie bei. Auch wenn man in Betracht zieht, daß ein gewisser Teil der politischen Information beruflich unmittelbar nützlich sein kann, bleibt die Tatsache, daß die Aufarbeitung von politischer Information den einzelnen sehr teuer zu stehen kommt: Ein wesentlicher Teil der Freizeit geht darin auf.

Allem Anschein zum Trotz, bleibt der Zugang zur Primärinformation, das heißt zu den eigentlichen Quellen, alles andere als einfach. Die modernen Demokratien versuchen, dieser Schwierigkeit auf dem Weg über die Medien zu begegnen; also auch hier, auf dem Gebiet der Information, gelten die Prinzipien der Arbeitsteilung und der Delegation. Die elektronischen Medien erlauben es dem Bürger zwar, sozusagen mit der Aktualität zu leben. Aber das genügt noch bei weitem nicht. Um in die verschiedenen Materien eindringen zu können, mit dem Ziel, den Wahrheitsgrad der Nachrichten zu überprüfen, und vor allem auch, um die Lokal- und Regionalpolitik mitzuerleben, bleibt das Studium der geschriebenen Presse und der Rückgriff zur Literatur unerläßlich.

Überhaupt stellt sich das Problem der mediatisierten Information. Erstens einmal geht es nicht an, einfach zu glauben, daß mediatisierte Information richtig, komplett und von der Auswahl her gesehen von guter Qualität sei. Desinformation durch Auslassung und Manipulation der öffentlichen Meinung sind Perversitäten, denen auch gutgeführte, der Demokratie verpflichtete Massenmedien ausgesetzt sind. Dazu kommt die Tatsache, daß die «Information am laufenden Band», wie sie heute in Radio und Fernsehen üblich ist, sehr punktuell und aktualitätsbezogen vorgeht. Hörer und Zuschauer haben darum außerordentlich Mühe, die verschiedenen, aufgeschlagenen Dossiers weiterzuverfolgen. Will man die Aktualität von heute in ihren weniger spektakulären Auswirkungen von morgen und übermorgen verfolgen, so ist man meistens auf sich selbst angewiesen.

Informiert sein, bedingt also in jedem Fall einen aktiven Dokumentationsaufwand. Einfaches Zuhören, Zusehen oder Lesen genügt nicht. Das Zusammentragen von Information stellt natürlich einen Aufwand, das heißt entsprechende Kosten, dar, schon allein deswegen, weil die in die Informationssuche investierte Zeit nicht anderweitig genutzt werden kann, sei es für lukrative, soziale, kulturelle Betätigungen, oder ganz einfach für die Freizeitgestaltung. Außerdem stellt politische Information für viele Leute keinen unmittelbaren wirtschaftlichen Wert dar.

Bevor die Massenmedien das Informationswesen der Bürger so vollkommen beherrschen konnten wie heute, legte die interfamiliäre Arbeitsteilung hier eine Rollenverteilung nahe. Diese heute fortschreitend wegfallende stereotype Arbeitsteilung zwischen

Mann und Frau läßt sich zum mindesten teilweise ökonomisch erklären; das heißt durch die Sorge einer möglichst wirtschaftlichen Ausnutzung der zur Verfügung stehenden Zeit. Im hergebrachten Schema der sozialen Arbeitsteilung kam dem Mann eine Schlüsselstellung in der wirtschaftlichen, sozialen und politischen Tätigkeit zu, während die Frau den typisch haushälterischen Tätigkeiten nachkam. Da sich die Hausfrau auch um den Einsatz eines oft sehr beschränkten Budgets sorgen mußte, wurde ihre Zeit durch das Sammeln von Information auf dem Markt, das heißt beim Einkaufen, stark in Anspruch genommen. Gut einkaufen und immer die beste Kombination zwischen selbsterbrachter Arbeit und zugekauften Dienstleistungen und Gütern herauszufinden, war nicht nur Voraussetzung der relativen Prosperität der ganzen Familie, sondern auch eine höchst anspruchsvolle und zeitaufwendige Betätigung. Damals blieb der Hausfrau für Politik meistens keine verfügbare Zeit mehr übrig, was natürlich nicht bedeutet, daß die Frauen dem öffentlichen Leben kein Interesse entgegenbrachten. Zu jener Zeit war also die Rollenverteilung zwischen Mann und Frau im Bereich des Zusammentragens und der Aufarbeitung politischer Information maßgeblich durch wirtschaftliche Sachzwänge bestimmt, und es war naheliegend, daß Männer das politische Geschäft besorgten.

Diese Epoche ist in den wirtschaftlich hochentwickelten Demokratien, aber auch in den kommunistischen Ländern, abgeschlossen. Hauptmerkmal der gegenwärtigen Gesellschaftsordnung liegt darin, daß Mann und Frau sich in formelle und entlöhnte wirtschaftliche Tätigkeiten teilen, die weitgehend außerhalb haushälterischer Arbeit liegen. Weil die Frau heute außerhalb ihres Haushalts arbeitet, und weil sie damit in die wirtschaftliche Arbeitsteilung eingegliedert ist, hat die traditionelle Verteilung der sozialen Rollen im Innern des Haushalts ihre Existenzberechtigung weitgehend verloren. Die wirtschaftliche Mobilisierung der Frau bringt die soziale und politische Integration mit sich. Mann und Frau teilen sich in die Rolle der Informationsträger, wobei im Zuge der Banalisierung dieses Vorgangs wahrscheinlich auch die noch heute gängige Spezialisierung der Frauen auf Fragen des Sozialwesens und des Zusammenlebens wegfallen dürfte.

Die Erfahrung der politischen Eingliederung der Frau zeitigt zwar, zum mindesten quantitativ, noch keine umwerfenden Resultate. In den gewählten Ämtern ist der Grad der Mitwirkung der Frauen noch bescheiden; selbst in den Parlamenten sitzen nur rund 15 Prozent Frauen. In der Demokratie, zum Unterschied zu kommunistischen Ländern, ist also die politische Mobilisierung der Frau weit hinter der wirtschaftlichen Aktivierung zurückgeblieben, wobei es aber zu bedenken gilt, daß letztere auf eine unvergleichbar längere Tradition zurückblicken kann.

Bei Prüfung der Gründe dieser Entwicklung drängt sich die Frage auf, ob das hergebrachte Rollenverständnis zwischen Mann und Frau in der Politik nicht nur deshalb überleben kann, weil die Frauen die Verantwortung in der Führung des Haushalts nicht loswerden. Die Doppelrolle der arbeitstätigen Frau und Mutter verträgt sich offensichtlich nur schlecht mit aktiver Mitarbeit in der Politik. Darum ist es nicht verwunderlich, daß Frauen, oft unabhängig vom Interesse, das sie der Politik entgegenbringen, die öffentlichen Geschäfte sehr oft weiterdelegieren, vornehmlich an Männer.

In diesem Zusammenhang kann man sich auch fragen, ob die neue Organisation des gesellschaftlichen Lebens und der Familie, eine Organisation, die mehr und mehr nach außen gerichtet ist, nicht paradoxerweise der politischen Entmobilisierung der Bevölkerung förderlich ist. Einerseits hat die Konsumgesellschaft den Umgang der Nuklearfamilie mit der Zeit stark verändert: Lukrative und wirtschaftliche Tätigkeit stehen im Vordergrund, vor sozialen und politischen Anliegen. Andererseits ist das Rollenverständnis zwischen den Geschlechtern heute sehr uniformisiert. Darüber hinaus stellt die Kleinfamilie einen in sich geschlossenen Kreis dar, der dem politischen Engagement sicher viel weniger förderlich ist als die Sippenfamilie, in der mehrere Generationen zusammenlebten.

Zeit und Konsum

Zwar stimmt es einerseits, daß die absolut zur Verfügung stehende Zeit zugenommen hat mit der Verkürzung der Arbeitszeit, und, im Haushalt, mit dem Einsatz von Geräten und Produkten, die das Haushaltmachen erleichtern und verkürzen. Andererseits jedoch hat der moderne Haushalt neue Verpflichtungen übernehmen müssen. Die Ausrüstung kostet Geld, und auch das statusbedingte Freizeitleben erfordert immer neue Mittel. Diesen Sachzwängen muß die Hausfrau als Zweitverdienerin stattgeben, und zwar im Durchschnitt weit über dasjenige Maß hinaus, das den notwendigen Mitteln für eine reale materielle Komfortzunahme entsprechen würde. Ein Teil der gewonnenen Zeit muß also unmittelbar wieder in bezahlte Aktivitäten umgesetzt werden, die es erlauben, den höheren Lebensstandard zu finanzieren. So bahnt sich ein der politischen Aktivität von Mann und Frau abträglicher Verpflichtungskreis an. Die Konsumgesellschaft fordert eine gewisse Großtuerei im Verbrauch. Das soziale Prestige ist mehr und mehr an demonstrative Konsumformen gebunden, der Lebensstandard macht sich auf Kosten der Lebensweise breit.

Auch sind gewisse Dinge wie das Auto und die Unterhaltungselektronik, heute in fast jedem Hausstand zu finden, ausgesprochen zeitintensiv. Die Beschlagnahme der Bevölkerung durch Television und Automobil ist unerhört; sie läßt sich mit einer sozialen Betätigung nicht in Einklang bringen und spielt mit dem Rückzug der Individuen in die Kernfamilie bei der politischen Entmobilisierung eine ganz entscheidende Rolle.

All dies erklärt, warum trotz der absoluten Zunahme der Freizeit die zur Verfügung stehende Sozialzeit im Abnehmen begriffen ist. Das Räderwerk dieser Entwicklung begünstigt den Delegationsprozeß in den Bereichen Sozialarbeit und Politik. Unseres Erachtens läßt sich die Tatsache, daß immer mehr Dienstleistungen aus dem nicht wirtschaftlichen in den wirtschaftlichen Bereich abgedrängt werden, mit dem Vorrang erklären, den unsere Gesellschaft der formalökonomischen Tätigkeit einräumt. Die soziale Wertigkeit von Mann und Frau wird heute fast ausschließlich an professionellen und ökonomischen Kriterien gemessen, die ihrerseits einseitig nach Lohnniveau oder Konsumkapazität berechnet sind.

Dieser wirtschaftliche Leistungsdruck erschöpft die zur Verfügung stehenden Zeitkapazitäten derart, daß der durchschnittliche Haushalt einer sozialen Verpflichtung immer weniger nachkommt oder nachkommen kann. In vielen traditionellen Bereichen findet darum die Ausflucht in die Delegation statt. Die Professionalisierung des Erziehungswesens erstreckt sich von der Kinderkrippe bis zur Universität, die Sorge und Pflege der Alten wird institutionalisiert. Das materielle Schicksal der Individuen wird systematisch privaten Versicherungsunternehmen übergeben, während die kollektiven Risiken durch die soziale Sicherung abgedeckt sind. Im Laufe dieser Entwicklung ist es nur konsequent, daß viele Bürger die Sorge um die Zukunft des Staates weiterdelegieren an Stimmbürger, die Lust und Interesse daran haben.

Die Tatsache der Abnahme der individuellen Verwaltungskapazität von nicht direkt wirtschaftlichen Elementen und sozialen Risiken ist heute weitgehend unbestritten, und mit der Abnahme dieser Kapazität geht natürlich auch die Lust einher, sie im Sinne einer Herausforderung zu übernehmen. Sicher hat die Bereitschaft zugenommen, am wirtschaftlichen und entlöhnten Vorhaben mitzuwirken, aber das ist auf Kosten der politischen Mobilisierbarkeit der Bevölkerung geschehen, einer Bevölkerung, die sich immer weniger um soziale und politische Einsätze bemüht, die jenseits der individuellen Interessensphäre liegen. Der Rückgriff auf den Staat als Quelle der Schiedsrichterei und einer gewissen kollektiven Freigiebigkeit ist die Frucht dieser Entwicklung.

Was wir hier beschreiben, ist eine Art Umkehr des Weltbildes von Platon. Die platonische Republik befreite den Bürger von wirtschaftlichen Sachzwängen, um es ihm zu erlauben, sich den öffentlichen Belangen zu widmen. Umgekehrt führt heute das demokratische Verständnis des schweizerischen Staatswesens dazu, daß man den aktiven Bürger mit Arbeit und Selbstentsagungsansprüchen überbelastet. Erstens ist das Dreistufensystem (Gemeinde, Kanton und Bund) sehr aufwendig. Zweitens bewirkt es viele Doppelspurigkeiten und Leerlauf. Und drittens postuliert man in der Schweiz eine ausgesprochen starke wirtschaftliche Mobilisierung der arbeitsfähigen Bevölkerung, die eigentlich mit Milizpolitik weitgehend unvereinbar ist.

Nach diesem erklärenden Exkurs ist es Zeit, zu dem dieses Kapitel beherrschende Problem der Machtdelegation zurückzukommen: Machtdelegation im Bereich der Bürgerrechte. Unter dem Einfluß der verblüffenden Ausweitung von Aufgaben und Kompetenzen des Staates erscheint die Politik der Bevölkerung immer mehr als eine Angelegenheit von Spezialisten, das heißt als eine Sache von Professionellen oder Quasi-Professionellen. Obwohl die öffentliche Sache im Rahmen der Geschichte gemessen, kaum so viel komplizierter geworden ist, verbreitet sich beim

Publikum der Glaube, auch die Politik sei nun Sache von Fachleuten. Daß dies der Beteiligung weiter Kreise an der Politik abträglich ist, braucht wahrscheinlich nicht lange erklärt zu werden.

Der Durchschnittsbürger getraut sich nicht mehr richtig an die Politik, unbesehen der Tatsache, ob diese nach dem Modell der repräsentativen Parlamentsdemokratie organisiert sei, oder, wie das in der Schweiz der Fall ist, nach dem Prinzip des direkten Mitspracherechtes des Volkes. Vielleicht wirkt das direkte Mitspracherecht des Volkes sogar abschreckend, weil mancher Bürger sich durch die Technizität der abzustimmenden Vorlagen in seinem Fachwissen oder in seiner politischen Kultur überfordert sieht. Tatsache ist auch, daß selbst der gewählte Politiker oft mit der Materie Mühe hat. Erstens macht ihm die schnelle Folge neuer Sachvorlagen zu schaffen. Dazu kommt, daß ihm die Aufgabe zufällt, als eigentlicher Lehrbeauftragter in öffentlicher Sache zu wirken. Sind es nicht die Medien, die ihm irgendeinen Standpunkt abverlangen, so sind es Parteien oder Interessengruppen. Auch redselige aktive Politiker fühlen sich durch diese Informationsmission oft überfordert, vor allem dann, wenn der einzelne Politiker gar nicht richtig weiß, was er eigentlich vertreten müßte oder vertreten soll.

Daß die Mehrheit der Bevölkerung nicht bereit ist, sich einer solchen Stachanowschen öffentlichen Disziplin zu unterziehen, ist klar. Viele wollen auch das politische Spiel nicht einmal passiv mitverfolgen. Die einen wie die anderen sind darum ständig der Versuchung ausgesetzt, den Ball denjenigen Kreisen zuzuspielen, die an der öffentlichen Sache Spaß oder Interesse haben. Im ersten Grad findet diese Machtausübungsdelegation zugunsten der aktiven Stimmbürger statt, die den Volkswillen über die Urnen ausdrücken. Viele dieser aktiven Stimmbürger, von der gleichen Logik geleitet, delegieren dann im zweiten Grad ihren Machtanspruch an die aktiven Politiker, Parlamentarier und Mitglieder der Exekutive weiter.

Dieses Staffelrennen vom uninteressierten Bürger zum politischen Aktivisten ist ein Hauptmerkmal der Demokratie. Der Delegationsmechanismus ist äußerst subtil: Zwischen Stimmenthaltern und denjenigen, die als Wähler und Stimmbürger an der Demokratie mitmachen, vollzieht sich die Delegation stillschweigend. Zwischen aktiven Bürgern und gewählten Vertretern des

Volkswillens, die die Politik formalisieren und ausführen, besteht eine formelle Machtdelegation. Resultat beider Delegationsmechanismen ist die Entstehung einer gewissen politischen Elite. Anders ausgedrückt heißt das, daß auch die Demokratie eine Elitenwirtschaft fördert, aber daß sie im Unterschied zur Fürstenherrschaft der Bevölkerung die Möglichkeit einräumt, einen gewissen Einfluß auf die Auswahl der Eliten auszuüben.

Grenzen der Delegation

Ganz im Unterschied zum wirtschaftlichen Bereich ist jedoch die Dauer des Delegationsmandates in der Politik formell beschränkt und recht unmittelbar widerrufbar. Erstens einmal sind die politischen Ämter verfassungsmäßig regelmäßig wiederkehrenden Bestätigungswahlen ausgesetzt. Hochentwickelte Demokratien sind aber auch noch um andere Sicherungsvorkehrungen bemüht. Sie achten auf strikte Observanz der Gewaltentrennung zwischen der gesetzgebenden Obrigkeit, dem Parlament, den Exekutiveorganen und dem Rechtswesen, eine Gewaltentaufteilung, die um so wirksamer ist, als alle drei Machtbereiche der kritischen Begutachtung des Informations- und Pressewesens ausgesetzt sind.

Die Presse als vierte Macht im Gemeinwesen, die ihre Zensurrolle über den öffentlichen Bereich hinaus bis weit ins Wirtschaftsleben und in die Kultur spürbar macht, trägt maßgeblich dazu bei, das kollektive Leben öffentlich zu machen. In der direkten Demokratie geht man noch einen Schritt weiter. Referendum und Initiative erlauben es, Strömungen der öffentlichen Meinung direkt wirksam werden zu lassen, sei es als reaktive Kraft gegenüber gesellschaftspolitischen Vorhaben im Falle des Referendums, oder sogar als Ausdruck des kollektiven Willens bei der Erörterung neuer politischer Projekte im Falle der Initiative.

Aber wie ausgedehnt die politischen Rechte der Bevölkerung auch immer sein mögen, das Prinzip der Machtdelegation bleibt bestehen. Das Beispiel der Schweiz zeigt dies sehr eloquent. Referenden und Initiativen sind in der Praxis ausschließlich Sache politischer Parteien, politischer Bewegungen oder Interessengruppen. Übrigens ist es nicht so sehr das Referendum oder die Initiative, die den politischen Mechanismus in Gang setzen, als vielmehr die Drohung, diese zur Verfügung stehenden Regulierungsmittel in Bewegung zu setzen. Offensichtliche materielle Schwierigkeiten erklären dies. Auch für noch so starke und potente Machtvertretungsgruppen wie Parteien und Interessenverbände stellt der Rückgriff auf die Volksrechte ein großes organisatorisches und finanzielles Problem dar. Das glaubhafte Androhen ist darum immer effizienter als das Sammeln von Unterschriften. Daß es Individuen praktisch immer verschlossen bleibt, Initiativen oder Referenden selbst zu ergreifen, ist von vornherein klar; Individuen haben einfach auch in der direktesten Demokratie keine genügend große Publikumswirkung.

Das Phänomen der Stimmenthaltung ist natürlich sehr eng mit all diesen Erscheinungen und Sachzwängen verbunden. Eigentlich bleibt einzig noch die Frage zu erörtern, ob die schweigende Mehrheit sein Mitbestimmungsrecht aus freien Stücken weitergibt, oder ob diese Machtdelegation Ausdruck eines Unvermögens, einer gewissen Geniertheit oder aber einer Gleichgültigkeit gegenüber den öffentlichen Belangen darstellt.

Sicher spielen stückweit beide Elemente eine Rolle. Die wohl gütigste Annahme, die man der Erklärung der Stimmenthaltung zugrunde legen kann, ist diejenige der stillschweigenden Machtdelegation: Der Bürger hält sich sozusagen in Reserve und beschränkt sich darauf, von Zeit zu Zeit auf Grund des Leistungsausweises seiner kollektiven Institutionen Bilanz zu ziehen. In der Zwischenzeit verläßt er sich auf die Kompetenz derjenigen, denen er die Verwaltung des Staatswesens anvertraut hat, und die mehr oder weniger seinen Wahlverwandtschaften entsprechen. In dieser Optik wird Stimmenthaltung also als Ausdruck des Vertrauens verstanden, das der passive Bürger in sein Staatswesen setzt. Der vertrauensvolle Bürger, der sein Wahl- und Stimmrecht nicht selbst wahrnimmt, verläßt sich auf seine hoffentlich aktiveren Mitbürger, aber auch auf einen Konkurrenzmechanismus, von dem er sich eine Selbstregulierung der politischen Welt verspricht. So gesehen, stellt der Stimmenthalter auf das liberale Dogma ab, wonach sich im freien Kräftespiel opponierende Partikularinteressen weitgehend neutralisieren und irgendwie, von unsichtbarer Hand geleitet, zu einem politisch und sozial vertretbaren Kompromiß führen, der eine bessere Lebensqualität verspricht.

Ein solches Weltbild, das sich auf das Konkurrenzsystem verläßt, wird in dem Moment naiv, wo es die Möglichkeiten des Bürgers als Einzelperson überschätzt. Individuelle Ansichten und Einsichten und persönlicher Aktivismus sind in der Demokratie eben nicht sehr gefragt. Auch noch so zutreffende Postulate werden politisch nur dann tragfähig, wenn sie auf breite Meinungsströmungen abgestützt sind. Der passive Bürger, der Abstinenzler, schneidet sich also ins eigene Fleisch, wenn er glaubt, er könne in jedem Fall bei meinungsbildenden Prozessen trittbrettfahren. Tatsache ist und bleibt, daß das unpolitisierte Individuum kein Mitspracherecht bei der Geburt von neuen kollektiven Meinungen hat, so wenig er zur Verstetigung bestehender Meinungs- und Interessenkonstellationen beitragen kann. Von diesem Standpunkt aus gesehen, bleibt der passive Bürger von der Demokratie und damit von der wirksamen Verteidigung seiner eigenen Interessen ausgeschlossen. Andererseits läßt die Demokratie aber auch keine Illusionen zu. So intelligent ein Individuum auch immer sein mag, hat es keine Möglichkeit, das System grundlegend zu beeinflussen. Dafür braucht es Spezialisten, eben die Politiker, die in der Lage sind, kollektive Anliegen zu formulieren, volkstümlich auszudrücken und politisch auszuwerten.

Bipolare politische Systeme, wo eine Mehrheit das Regierungsgeschäft übernimmt, und eine Opposition mit peinlicher Genauigkeit dafür sorgt, jegliche Entgleisung zu kritisieren mit dem Ziel, selbst an die Macht zu kommen, geben dafür Gewähr, daß jede neue Meinungswelle in der Bevölkerung rasch zum Zuge kommt. Im Zwei-Parteien-System muß die Mehrheit ein sehr feines Gehör für den Volkswillen behalten, um an der Macht zu bleiben, die Opposition, um an die Macht zu kommen. Weil sowohl Mehrheit und Opposition schnell und wirksam auf Meinungsumschwünge reagieren müssen, und weil beide in diesem Rennen oft leerlaufen, besteht Gewähr, daß sich beide politischen Lager ständig darum bemühen, passive Bürger in die Politik mit einzubeziehen. Dieser Prozeß wirkt politisch mobilisierend.

Diesbezüglich hat es ein pluralistisches System wie das schweizerische um einiges schwerer. Konsenssuche und Kompromißbereitschaft banalisieren das politische Geschehen in den Augen der Bürger und fördern deren Delegationsbereitschaft oder Desinteresse. Auch fällt es der Konkordanzdemokratie schwer, dem Zeitgeist und Modeströmungen zu entsprechen, was die Politik «unmodern» erscheinen läßt.

Tatsache ist es auch, daß es sich für politische Parteien lohnender erscheint, im Reservoir der Stimmenthalter nach neuen Mitgliedern zu werben als bei den aktiven Bürgern, die sich schon einer Partei verpflichtet fühlen. Noch nicht festgelegte Wähler an sich zu ziehen, ist zwar leichter, als Bürger zum Übergang von der Rechten zur Linken oder umgekehrt zu bewegen, aber einfach ist es auf keinen Fall, um so mehr als passive Bürger, wie wir gesehen haben, einige Gründe haben, sich nicht direkt an der Politik zu beteiligen.

Weil die politischen Parteien einige Erfahrungen mit dem Problem der Gewinnung neuer Wähler haben, versuchen sie in der Regel ihr Gück nicht mit grundlegender Argumentation, sondern eher mit Aufwand an Form und «Image». Slogans, Stich- und Leitworte, Farbenassoziationen, Witz und graphische Gestaltung werden in den Dienst einer dem Zeitgeist entsprechenden Aufmachung gestellt. Ziel dieses Aufwandes ist es, nicht nur Neulinge für die Sache der Politik zu begeistern, sondern auch Frustrierte aus dem Lager der anderen Parteien an sich zu ziehen. Bei nüchterner Prüfung der Resultate zeigt sich aber meistens, daß solche Kampagnen in der Konkordanzdemokratie im Durchschnitt fruchtlos sind: Das Lager der passiven Bürger bleibt, verglichen mit dem Lager der aktiven Bürger, ungefähr gleich groß, und die Bilanz der Auf- und Abspringer ist meistens für alle Parteien mehr oder weniger ausgeglichen.

Wer ist überhaupt auf Propaganda ansprechbar?

Falls unsere Hypothese zutrifft, daß man über Propaganda nur schwerlich neue Kreise zum politischen Engagement bringen kann, stellt sich natürlich die Frage, warum die politischen Parteien eigentlich auf diesem Gebiet so viel Aufwand betreiben. Darauf werden wir im folgenden Kapitel eingehen. Hier sei lediglich festgestellt, daß diejenigen Kreise und Individuen, die auf politische Propaganda ansprechen, eher zu denjenigen gehören, die von der politischen Konkurrenz enttäuscht worden sind, als zur Kategorie der neuen Konvertiten. Diese Umsteiger von Partei zu Partei spielen zwar eine große Rolle im Zustandekommen der formellen Alternanz in bipolaren Systemen; sie leiten jedoch kaum je einen Mehrheitsumschwung in pluralistischen Demokratien ein. Oft übrigens auch in bipolaren Demokratien nicht, wo Umsteiger zwar die formelle Alternanz bestimmen, die zum Regierungswechsel führt. Aber ein Regierungswechsel bedeutet noch lange nicht, daß grundlegende Umstellungen in der Politik möglich sind, um so weniger jedenfalls, als Umsteiger für die Regierungsablösung verantwortlich sind.

Unabhängig davon bleibt aber die Tatsache bestehen, daß die Früchte der Machtausübung vornehmlich den politisch Engagierten zukommen. Das heißt mit anderen Worten, daß man konkret von der Politik nur dadurch profitieren kann, wenn man einer Partei, und noch besser, der richtigen Partei angehört. Umsteiger und Neuankömmlinge in der Parteipolitik haben da wenig Chancen, konkret und persönlich zu profitieren, mit dem Resultat, daß die Überzeugten unter ihnen recht schnell wieder in die Rolle der passiven Bürger abgedrängt werden, und daß die Opportunisten bei der nächstmöglichen Gelegenheit wieder ins andere Lager abspringen. Damit ist im bipolaren System für die Grundlage der nächsten Alternanzrunde gesorgt und in der pluralistischen Demokratie für die Rückkehr der herkömmlichen Verteilung zwischen aktiven und passiven Bürgern.

Im Bestreben, einen solchen Mobilisierungsleerlauf zu verhindern, bringt das pluralistische Parteiensystem große Vorteile, vor allem wenn es mit der Formel der Koalitionsregierung verbunden ist. Aber weder politischer Pluralismus noch Koalitionsregierung sind Allerweltsheilmittel. Sie bedingen ganz spezifische, gesellschaftspolitische Umstände, insbesondere eine Parteienvielfalt, das heißt, eine weitgehende Fragmentierung des politischen Spektrums und eine eher korporative Staatsauffassung. Von der rein opportunistischen Koalition, mit dem Ziel, Regierungsmacht zu erhalten oder zu erlangen, abgesehen, ist das Zusammenspannen verschiedener Parteien in der Regierung mit dem Majorzsystem unvereinbar, denn Parteienpluralismus kann es nur da geben, wo Parlamente im Proporzverfahren gewählt werden. Und Proporzwahl geht nur da, wo mehr als zwei Hauptparteien das politische Feld bestimmen. Weil wir in der Schweiz viele politische Parteien haben, und weil unser Gesellschaftsleben sehr korporativ geprägt ist, funktioniert bei uns das System des korporativen Pluralismus so reibungslos: Hier liegt das Geheimnis der sprichwörtlichen Stabilität der Schweiz und vielleicht der Grund einer ebenso sprichwörtlichen Langweiligkeit.

Bei näherem Hinsehen zeigt es sich, daß der Erfolg der Schweizer Zauberformel maßgeblich damit zusammenhängt, daß die politische Linke nicht einer monolithischen politischen Rechten gegenübersteht. Die Schweiz kennt keine eigentliche bürgerliche Großpartei, sondern zwei ungefähr gleichgewichtige Parteifamilien, die der Rechten angehören: die liberal-radikale Strömung einerseits und die christlich-demokratische, katholisch-konservative Strömung andererseits. Diese Zweiteilung hat es mit sich gebracht, daß Platz für andere Parteien im Rechtslager übrigblieb. An erster Stelle steht die schweizerische Volkspartei, die Nachfolgerin der Bauern-, Gewerbe- und Bürgerpartei, ein Abspringer des schweizerischen Freisinns. Ein zweiter Nebenpfeiler der bürgerlichen Rechten besteht aus der Liberalen Partei der Schweiz, die in den städtischen Großbürgerschaften protestantischer Kantone über eine ansehnliche Machtbasis verfügt, die es ihr aber nicht erlaubt, an der eidgenössischen Exekutivpolitik teilzuhaben. Der Landesring der Unabhängigen läßt sich kaum in ein Rechts-Links-Schema einreihen, weil diese Bewegung eher in der Rolle des Zügleins an der Waage zwischen der Rechten und der Linken sowie als eine etwas utopisch gefärbte Alternative in Erscheinung tritt.

Wie dem auch sei, ist in dem durch den Proporz geprägten Parteiengefüge der Schweiz die Möglichkeit einer formellen Alternanz zwischen der klassischen Rechten und Linken praktisch ausgeschlossen. Die Permanenz der nun seit bald dreißig Jahren dauernden Zauberformel im Exekutivwesen des Bundes und der Kantone bringt natürlich eine gewisse Erlahmung des Bürgerwillens mit sich. Weil keine spektakulären Machtverschiebungen stattfinden, und weil es schlußendlich immer weniger um ideologische Auseinandersetzungen geht, versiegt eine der Quellen der politischen Motivation der Bürgerschaft.

Nun muß man aber einräumen, daß der Mangel an Schwung von pluralistischen Koalitionssystemen durch die Konkurrenzsituation von mehreren Parteien im gleichen Lager teilweise aufgewogen wird. Das theatralische Element der Bipolarität wird also abgelöst durch einen permanenten Konkurrenzkampf um Wähleranteile, Interessen und bestenfalls Ideen, mit dem Ergebnis, daß sich politische Vorhaben sozusagen am laufenden Band weiterentwickeln.

Bei der Begutachtung der politischen Lage unserer gegenwärtigen Gesellschaft darf nicht vergessen werden, daß politischer Macht schon rein institutionell recht enge Grenzen gesetzt sind: erstens durch die Gewaltentrennung und zweitens durch den Gegensatz des wirtschaftlichen und politischen Machtbereiches. Die Wirtschaftsmacht gibt sich ihre Strukturen selbst mit den großen Arbeitgeber- und Arbeitnehmerorganisationen. Diese achten mit großer Schärfe darauf, daß sich die Politik nicht in ihre Angelegenheiten und ihren Freiheitsraum einmischt. Die politische Macht schließlich bleibt an die sehr engen Grenzen der Schweiz gebunden und ist sozusagen der Zensur und dem Einfluß anderer Länder und der restlichen Welt ausgesetzt, was in unserem von Interdependenz gekennzeichneten Zeitalter die politische Souveränität stark begrenzt.

Sowohl die wirtschaftliche wie auch die politische Macht sind schließlich stark von der konjunkturellen Entwicklung abhängig. Weder die Weltwirtschaft noch die sozialen Wertvorstellungen und Forderungen und noch weniger kulturelle Strömungen achten auf die von Institutionen gezogenen Grenzen. In der Schweiz sowenig wie in anderen europäischen Ländern. Mit der fortschreitenden wirtschaftlichen, sozialen und kulturellen Internationalisierung der Welt entziehen sich diese Konjunktur- und Stimmungsveränderungen immer weitgehender dem Einfluß der nationalen Machtstrukturen. Das zeigt sich besonders deutlich am Beispiel von Frankreich, wo seit jeher nationaler Stolz und Unabhängigkeitsdrang eine große Rolle in der politischen Rhetorik spielen. Nachdem 1981 die Linke nach Jahrzehnten wieder an die politische Macht gelangt ist, hat sie sich zwar während kurzer Zeit mit Akribie darum bemüht, Wahlversprechungen einzulösen und die wirtschaftlichen und sozialen Strukturen «von Grund auf zu revidieren». Bald bekamen jedoch die Sachzwänge der Interdependenz die Überhand und führten die sozialistische Regierung dazu, das wirtschaftsfreundliche und von Austerität geprägte Programm der Regierung Barre zu übernehmen, die ihr vorausgegangen war.

«Die machen doch, was sie wollen...»

Unabhängig vom Delegierungsvorgang läßt sich natürlich ein zweiter Hauptgrund der Stimmenthaltung anführen: der Verdruß mit der Politik. So gesehen, erscheint die schlechte Stimmbeteiligung der Bevölkerung als schwerwiegenderes Problem, als wenn man sie mit der Erklärung verschönert, es handle sich um einen Delegationsprozeß, also um einen Vertrauensbeweis der Bevölkerung in die Demokratie. Sich aus Verdruß der Stimme enthalten heißt, daß der Bürger der Politik den Rücken kehrt, weil «die da oben in der Regierung oder in Bern sowieso machen, was sie wollen». Dieses Gefühl der Machtlosigkeit ist in der Bevölkerung stark verbreitet, vor allem in den eher bescheideneren Schichten, die weder im wirtschaftlichen noch im politischen Bereich die Möglichkeit haben, bei der Meinungsbildung mitzumachen, und die es auch auf dem Markt schwer haben, sich mit ihrer beschränkten Kaufkraft durchzusetzen.

In diesem Zusammenhang ist es notwendig, von einer Illusion zu reden, die die Demokratie leicht und oft in der Vorstellung der Bevölkerung erweckt. Über die Machtverhältnisse in der Wirtschaft hegt der Durchschnittsbürger keine großen Illusionen; er weiß genau, daß auf dem Markt Güter und Dienstleistungen nur dann zu haben sind, wenn man die entsprechenden Geldmittel aufbringen kann. Auch wenn man davon ausgeht, daß die Verteilung der Ressourcen in dem Maße ökonomisch gerecht ist, als die Individuen entsprechend dem Wert ihrer Mitarbeit an der Produktion bezahlt werden, bleibt es dabei, daß das Wirtschaftsleben nichts Demokratisches an sich hat.

Das Gesellschaftsleben und die Politik wecken vielleicht daher mehr Illusionen, weil die Demokratie auf dem Grundsatz aufgebaut ist, wonach jedem Bürger eine und nur eine Stimme zukommen soll. In der Demokratie stehen also sämtliche Bürger auf dem gleichen Fuß. Nun ist es aber paradoxerweise gerade diese Gleichheit, die den individuellen politischen Ehrgeiz des einzelnen zur Illusion werden läßt, wenn er versucht, als einzelner Bürger irgendeinen Einfluß auf das öffentliche Leben auszuüben. In Tat und Wahrheit ist ein solcher persönlicher Einfluß nur denen möglich, die «etwas gleicher als die anderen sind», um eine etwas zynische Ausdrucksweise zu verwenden, das heißt die politischen

Akteure und unter ihnen vor allem die Meinungsmacher, gegebenenfalls Intellektuelle mit originellen zeitgerechten Ideen.

Wir haben weiter oben festgestellt, daß die Demokratie Institutionen schafft, die in der Lage sind, die öffentliche Meinung zu verfolgen und kollektive Meinungswechsel festzustellen. Was der einzelne Bürger denken mag, läßt diese Institutionen vollkommen kalt. Erst wenn repräsentative und machtfähige Gruppen von Individuen in derselben Richtung denken und anfangen, in dieser aktiv zu sein, werden ihre Anliegen ernstgenommen und führen zu Antworten. Anders ausgedrückt, verschließt sich die Demokratie den persönlichen Anliegen, Meinungen und Standpunkten der Bürger als Individuen, falls es diese nicht vermögen, sich zu einem Kollektiv zusammenzuschließen.

Das Verhältnis Einzelbürger – Politik kann übrigens ohne weiteres auf Gegenseitigkeit beruhen. Viele Bürger zeigen weder eine politische Begeisterungsfähigkeit, noch bringen sie der Politik überhaupt ein Interesse entgegen. Diese Haltung kann bis zur vollkommenen Indifferenz gehen, oder sogar bis zum Abscheu. Indifferenz wird bei diesen Bürgern solange bestehen bleiben, als ihre eigene Interessensphäre von kollektiven Vorhaben und Projekten nicht zu stark tangiert wird. Kommt es dazu, werden sich diese Bürger wahrscheinlich wehren. Die Frage ist dann aber, ob sie zu diesem Zeitpunkt dazu noch kollektiv in der Lage sind.

Im Falle der Indifferenz ist die Stimmenthaltung weder Ausdruck von Vertrauen oder Mißtrauen noch eine Affäre der Machtunfähigkeit, sondern ganz einfach ein bequemes Abseitsstehen. Es ist vielleicht der größte Fehler unserer rechtsstaatlichen Demokratien, daß wir es den Trittbrettfahrern so einfach machen. Der Leistungsstaat bietet allen etwas oder sogar viel, ohne politisches Engagement zu fördern oder zu belohnen. Liegt nicht da einer der Hauptgründe der politischen Demotivation?

Politische Gleichgültigkeit

Die größten Bataillone der Stimmenthalter stammen also wahrscheinlich aus dem Lager derer, die die Politik gleichgültig läßt. Diese bilden die größte Gefahr für das Weiterleben der Demokratie, denn Demokratie als Staatsauffassung und Staatsform kann nur dann überleben, wenn die Gleichgültigen nicht in die Mehrheit kommen. In der Schweiz sind die politisch motivierten Kreise der Bevölkerung darüber in echter Sorge, weil die Beteiligungsquoten an Abstimmungen und Wahlen nicht nur jeweils recht bescheiden ausfallen, sondern auch eine sinkende Tendenz aufweisen.

Die Durchsicht der Tabellen im Statistischen Jahrbuch offenbaren in der Tat nicht gerade ein schmeichelhaftes Bild der politischen Mobilisierungsfähigkeit der Schweizer. Bei der statistischen Analyse kommt sogar das Gefühl auf, daß die Schweizer Bürger, verglichen mit ihren ausländischen Artgenossen, besonders schlecht abschneiden. Bevor man letzteres behauptet, muß man aber nachrechnen, denn in den meisten europäischen Demokratien besteht eine Registrierungsverpflichtung für Wähler, der natürlich nur motivierte Bürger nachkommen, das heißt diejenigen, die wir aktive Bürger nennen. Die Beteiligungsquoten werden dann jeweils nicht aufgrund der Anzahl der Registrierungsfähigen berechnet, sondern nur im Vergleich zu den effektiv eingetragenen Wählern. Würde man in diesen Ländern die Stimm- und Wahlbeteiligung so berechnen wie in der Schweiz, nämlich in Prozenten der wahlfähigen Bürgerschaft, so wäre man über das Ergebnis sicher erstaunt. Anstatt Beteiligungssätze von 70, 80 und mehr Prozent, käme man zu Mobilisierungsquoten von 50 und vielleicht weniger Prozent, das heißt in den Bereich der Größenordnungen, die uns in der Schweiz bestens bekannt sind.

In Anbetracht der Tatsache, daß der Schweizer in den letzten Jahren vier- bis fünfmal an die Urne gebeten wurde, besteht also im internationalen Vergleich kein Grund zu übertriebener Sorge. Eine gewisse Erlahmung des Wählerwillens ist sicher festzustellen und muß auf das Abstimmungs- und Wahlkarussell zurückgeführt werden, das sich aus dem Zusammenspiel kommunaler, kantonaler und eidgenössischer Vorlagen und Wahltermine ergibt; mit dem Resultat, daß nur in recht wenigen Fällen die Grenze der Wahlbeteiligung oder der Stimmbeteiligung von 50 Prozent erreicht oder gar überschritten wird. Die Stimmenthalter sind also oft in der Mehrheit. Aber immerhin hat es die Schweiz im Verlaufe der rund fünfzehn eidgenössischen Urnengänge zwischen 1979 und 1984 auf eine mittlere Beteiligung von ungefähr 40 Prozent gebracht, eigentlich eine recht vernünftige Zahl bei der sich abzeichnenden Überhäufung des Bürgers durch Vorlagen und Wahlen auf Kantons- und Gemeinde-Ebene.

Auch darf man im Falle der Schweiz nicht vergessen, daß gerade wegen der großen Anzahl von Urnengängen eine Rotation zwischen aktiven und passiven Bürgern stattfindet. Das hängt mit der schweizerischen Auffassung der direkten Demokratie zusammen. Mit Ausnahme der militanten Partei- und der organisierten Interessenpolitiker ist die Bereitschaft der Bürger, an Wahlen und Abstimmungen mitzumachen, natürlich weder perfekt noch konstant; der Durchschnittsbürger trifft eine Vorwahl, je nach Vorlage oder Ausgangslage bei den Wahlen, und entschließt sich zum Urnengang oder nicht. Ein jeder Bürger hat diesbezüglich seine eigenen Vorstellungen und Kriterien, die sehr eng damit zusammenhängen, ob für ihn etwas Wichtiges auf dem Spiel steht oder nicht. Dabei spielen materielle Interessen eine Rolle, aber auch staatsbürgerliche Auffassungen und die politische Einstellung. Parteien und Interessenverbände sind sich dessen wohl bewußt. Sie tragen dieser Interessen- und Einstellungslage jeweils Rechnung bei der Ausarbeitung und bei der Bestimmung des Ausmaßes ihrer Propaganda. So weiß man in den Parteien ziemlich genau, welche Kreise der Mitgliedschaft sich vornehmlich durch Belange der Gemeinde ansprechen lassen, welchen Kreisen kantonale Sach- oder Wahlgeschäfte näherliegen, und welche Parteigänger schließlich größeres Interesse für eidgenössische Vorhaben und Wahlen aufbringen. Diejenigen Bürger, die sich vor allem für eidgenössische Belange interessieren, sind oft Zuzügler neueren Datums, die einen gewissen Umgang mit der eidgenössischen Politik haben, aber die noch nicht Gelegenheit hatten, sich mit der Lokal- und Kantonalpolitik zu identifizieren.

Bei Abstimmungsvorlagen hängt die Mobilisierung der Stimmbürger eng damit zusammen, ob eine Sachvorlage zu ihrem beruflichen Bereich gehört oder nicht, oder ob sie sich davon sozial oder gesellschaftspolitisch angesprochen fühlen. Auf diesem Gebiet verschwimmen die Konturen des Interesses für die öffentliche Sache oft mit der materiellen, wirtschaftlichen oder sozialen Interessenlage er einzelnen Bürger oder Bürgergruppen.

Die Rotation der Stimmbürger an Urnengängen ist ein wichtiges Funktionselement der direkten Demokratie, denn sie erlaubt, über die Vielzahl der Vorlagen eine Mehrzahl von Bürgern an die

Urne zu locken. Mitmachen an Wahlen und Abstimmungen ist eine Sache der Gewohnheit, und wie bei jeder Gewohnheit kostet der erste Schritt am meisten. Die Einführung ins Wahl- und Stimmwesen ist natürlich dann einfacher, wenn der Bürger einen Kandidaten persönlich kennt, oder wenn er sich bei einer Sachvorlage in irgendeinem ihm eigenen Interesse gefährdet sieht. Bei den vielen Wahlgängen und Abstimmungen ist dafür gesorgt, daß in schöner Regelmäßigkeit motivierende Umstände wiederkehren, so daß der Bürger oft Gelegenheit bekommt, zum aktiven Bürger zu werden. Auf alle Fälle erlaubt es dieses System, aus denjenigen Stimm- und Wahlberechtigten, die überhaupt nie oder prinzipiell nicht an die Urne gehen, eine Ausnahme zu machen.

Beteiligungsquoten

Wir haben weiter oben gesehen, daß die durchschnittliche Beteiligung bei eidgenössischen Abstimmungen und Wahlen zwischen 30 und 50 Prozent liegt. Die eidgenössischen Wahlen schneiden dabei eher überdurchschnittlich ab, mit einem langjährigen Durchschnitt von ungefähr 50 Prozent. Bei eidgenössischen Abstimmungen gibt es also große Schwankungen, je nach Urnengang.

In der nachfolgenden Tabelle sind Urnengänge über eidgenössische Sachvorlagen aufgeführt, die in den letzten zwanzig Jahren entweder hohe Beteiligungsquoten erreicht haben, oder ausgesprochen tiefe. Als Kriterium der Aufstellung wurden Abstimmungen mit mehr als 50 % Stimmbeteiligung und mit weniger als 30 % gewählt.

Jahr	Art der Vorlage	Stimmbeteiligung in %
1965	Inflationsbekämpfung	59,7
1970	Schwarzenbachinitiative	74,7
1971	Frauenstimmrecht	57,7
1972	Einführung der zweiten Säule der beruflichen Altersvorsorge und Assoziationsvertrag mit der europäischen Wirtschaftsgemeinschaft	52,9

1974	Volksbegehren gegen Überfremdung und Übervölkerung	70,3
1977	Mehrwertsteuer	50,0
1984	Schwerverkehrsteuer und Autobahnvignette	52,8
1986	UNO-Beitritt	50,4

1972	Inflationsbekämpfung durch Stabilisierung des Baumarktes und Schutz der Währung	26,7
1973	Bildungswesen und Förderung der wissenschaftlichen Forschung	27,5

Im Hinblick auf unsere Delegationstheorie offenbaren diese Extremwerte des Mobilisierungsgrades der Bürgerschaft für das System charakteristische Elemente. Je technischer und fachlich komplexer eine Vorlage ist, desto niedriger ist die Beteiligung. Diese Regel ist durch alle Urnengänge der letzten zwanzig Jahre bestätigt. Wird eine solche Vorlage einzeln vorgelegt, liegt die Beteiligungsquote immer unter dem langjährigen Durchschnitt. Wird sie jedoch in einem Bündel von gängigeren Vorhaben eingepackt, bleibt die Mobilisierungskraft der politisch zügigeren Geschäfte bestimmend.

Die Übereinstimmung von Abstimmungsparolen und Abstimmungsresultaten nimmt mit zunehmender Technizität der Vorlagen zu. Dies kann als Indiz gelten, daß der Delegationsreflex sowohl auf dem Gebiet der Meinungsbildung als auch bei der Abstimmung selbst spielt: Der Durchschnittsbürger läßt Parteien und Interessenorganisationen Streite austragen, die ihn in seiner Fachkompetenz überfordern.

Ein beredtes Beispiel dafür ist die Abstimmung von 1972, bei der es im Rahmen der Überhitzung der Konjunktur und der Inflationsbekämpfung um sehr technische Maßnahmen im Bau- und Währungswesen ging. Ein dringlicher Bundesbeschluß, der vom Bundesrat 1971 durchgesetzt wurde, mußte durch das Volk 1972 ratifiziert werden. Nun hatte das Volk aber unter ähnlichen Voraussetzungen schon 1964/65 Gelegenheit, sich zum Prinzip der Inflationsbekämpfung auszusprechen, und an diesem Volkswillen hatte sich in der Zwischenzeit nichts verändert: darum die ausgesprochen schlechte Stimmbeteiligung.

Am Anfang der sechziger Jahre hingegen konnte die öffentliche Auseinandersetzung um die Opportunität einer wirksamen Inflationsbekämpfung die öffentliche Meinung noch stark mobilisieren. Das ersieht man aus dem sehr hohen Stimmbeteiligungssatz bei der ersten dieser Frage gewidmeten Abstimmung. Sie lockte 1965 fast 60% der Bürger in die Urne; 1972 waren es nur noch 26,7%. Das Universitäts- und Forschungswesen kam der Schweizer Bevölkerung offensichtlich 1973 auch zu kompliziert vor; das Stimmvolk ließ sich vom Gefühl leiten, daß man diese Frage ohne weiteres den Fachleuten und Fachpolitikern überlassen konnte.

Die großen Vorhaben

Sobald jedoch ein großes staatspolitisches oder gesellschaftspolitisches Problem zur Diskussion steht, ist es aus mit der Delegation. Ein Blick auf die Liste der stark mobilisierenden Vorlagen genügt, um feststellen zu können, was den Schweizer Bürger wirklich bewegt. Es kommt ganz klar zum Ausdruck, daß das Schweizer Volk, ab 1965, mit dem von der Regierung und von der Wirtschaft eingeschlagenen Expansionskurs große Mühe hatte: Überfremdungsängste und Verdruß mit der Inflation fingen an, das Stimmungsbild zu prägen.

Eine erste Sensibilisierungsschwelle wurde anfangs der sechziger Jahre auf dem Gebiet der Geldentwertung überschritten, obwohl die damaligen Inflationsraten von unter 5% heute nicht nur relativ bescheiden, sondern auch sozial akzeptierbar erscheinen. Aber weil die Schweiz damals weder Umgang noch Erfahrung mit der Inflation hatte und sich generell mit der Hektik der Wirtschaftsentwicklung nicht so ganz abfinden konnte, erreichte eine überaus technische Vorlage eine sehr hohe Beteiligungsquote.

Damit war das Buch der Geschichte auf der Seite des überbordenden Wirtschaftswachstums aufgeschlagen. Bald wurde auch eine der Ursachen der Überkonjunktur entdeckt: die Überfremdung. Nach einem anfänglichen Rückzug kommt 1970 die Volksabstimmung der Schwarzenbach-Initiative mit einer Rekordbeteiligung von 75%. Obwohl diese Initiative verworfen wurde, konnte die folgende Überfremdungsinitiative 1974 immer noch 70% der Stimmbürger mobilisieren. Dieses zweite imponierende

Resultat hat dann schließlich den Bundesrat dazu geführt, seine Ausländer- und Fremdarbeiterpolitik vollkommen zu revidieren. Die Initianten dieser Volksbegehren dürfen sich dabei auf einen Erfolg berufen, der in der jüngeren schweizerischen Geschichte seinesgleichen sucht: Unter dem Druck der gesamten Wählerschaft, wie der hohe Mobilisierungsgrad des Schweizer Volkes zeigt, haben Bundesrat und Wirtschaftsmacht eine sehr empfindliche Niederlage einstecken müssen. Diese Erfahrung belegt, wie wirksam die direkte Demokratie sein kann. Wenn sich das Schweizer Volk von einer Problematik wirklich angesprochen fühlt, und wenn es sich voll mobilisiert, kommen im Vergleich zur Routine ungefähr doppelt so viele Bürger zur Urne. Unter solchen Umständen bilden Stimmbürger, die nur sehr sporadisch ihren Bürgerpflichten nachgehen, und Neuankömmlinge in der aktiven Bürgerpolitik eine ausschlaggebende Rolle.

Es ist auch interessant festzustellen, daß seit 1977 wirtschafts- und fiskalpolitische Anliegen die gesellschaftspolitischen Themen überrundet haben. Hängt das mit einem Lernprozeß zusammen, den die Bevölkerung durchgemacht hat, und der es ihr erlaubt, bei auch technischen Fragen verstärkt mitzureden? Diese etwas weit hergeholte Hypothese stimmt wahrscheinlich nicht. Eher zeigt sich hier eine Reaktion der Stimmbevölkerung gegen die sich rasch entwickelnden und immer schwerer wiegenden Fiskalbelastungen. Genauso, wie ab 1965 die Volksdiskussion und das überbordende Wirtschaftswachstum und die Inflation eine historische Volksdebatte über die demographische Entwicklung des Landes eingeleitet hat, kündigt die plötzliche Mobilisierungsfähigkeit von Steuervorlagen seit Mitte der siebziger Jahre die Auseinandersetzung der Schweizer mit ihrem Staat an, die 1979 in der Forderung «weniger Staat» gipfelt.

Viele Zeichen deuten darauf hin, daß das Wichtigste in der schweizerischen Demokratie nicht nur das Abstimmungsergebnis ist, sondern das Mobilisierungsvermögen der Abstimmung selbst. Eine wichtige Vorlage ist eine Vorlage, die das Stimmvolk mobilisiert. Anders gesagt, kann man der schweizerischen Demokratie nicht nur ein ausgesprochenes Feingehör für Anliegen von Minderheiten zugestehen, sondern auch für die Vorstellung der schweigenden, aber stimmenden Mehrheit.

Schließlich bleibt noch die Frage zu beantworten, ob der

Beizug des Bürgervolkes als Ratifikationsinstanz nicht die Gefahr des Strukturkonservatismus in sich birgt. In Fällen, wo ausgesprochen problembezogene Sachvorlagen dem Souverän nicht passen und wo das Volk Vorhaben verwirft, die in mühsamer Kleinarbeit von der politischen Klasse ausgehandelt worden sind, ist das wohl für die Politiker sehr ärgerlich, aber kaum je von entscheidender Bedeutung für das Land. Parlament und Regierung können ja wiederkommen. Sind sie zu einem bestimmten Zeitpunkt ihrer Zeit voraus gewesen, dann werden sie das Volk beim nächsten Urnengang von der Richtigkeit ihrer Anliegen überzeugen können. Das Risiko, daß dabei nicht wiedergutzumachende Zeit verlorenginge, ist recht bescheiden. Die helvetische Politik hat sich daran gewöhnt, daß Vorhaben viel Zeit brauchen, um im Bewußtsein der Bevölkerung auszureifen. Sämtliche Prozeduren sind sogar darauf ausgelegt, dem Bürger viel Zeit einzuräumen. Grund dafür ist es erstens, daß das System der direkten Demokratie einfach an sich zeitaufwendig ist, und zweitens will man ganz bewußt der Öffentlichkeit die Möglichkeit geben, kollektiven Enthusiasmus oder kollektive Wallungen auszuleben, bevor man sie in Verfassung oder Gesetz verankert.

Tatsache ist und bleibt jedoch, daß das Volk sehr konservativ reagiert. Der oben beschriebene subtile Delegationsmechanismus trägt darüber hinaus das Seine zu dieser konservativen Grundtendenz bei. Man kann sich darum fast überhaupt nicht vorstellen, wie das Stimmvolk seiner Zeit vorauseilen könnte. Sicher aber ist es dazu fähig, Gelegenheiten zu verpassen. Am wahrscheinlichsten ist dies auf dem internationalen Parkett, wie es das Beispiel der Volksabstimmung über den UNO-Beitritt in voller Klarheit zum Ausdruck bringt.

Der im Volk sehr beliebte Mythos einer neutralen Schweiz, das Gefühl, man täte schon genug für den Frieden in der Welt mit dem Internationalen Komitee des Roten Kreuzes, Befürchtungen um die Unzulänglichkeit unserer Diplomatie in der Generalversammlung oder gegebenenfalls im Sicherheitsrat der UNO, das Gefühl der Bedrängnis der kleinen Schweiz durch Dritte-Welt-Länder und den Ostblock haben die Stimmbürger von der Notwendigkeit eines Nichtbeitrittes zur UNO überzeugt. Daß diese Absage an die UNO zu einem Zeitpunkt erfolgte, wo die Schweiz seit bald zwanzig Jahren im wirtschaftlichen Bereich ganz auf Internationalisierung und Multinationalisierung ihrer Industrie- und Dienstleistungssektoren setzt, ist sehr paradox. Allem Anschein nach hat sich in der Volksmeinung die wirtschaftliche Zeitauffassung von der politischen gelöst. Aber Uhren können politisch nicht einfach anders laufen, als sie es wirtschaftlich und sozial tun. Darum erachten wir die Absage an die UNO als einen kollektiven politischen Fehler.

Die Partei, eine Schule der Macht

Die politische Partei ist der Ort «par excellence», wo sich eine kollektive Überzeugung und Anstrengung strukturiert mit dem Ziel, politische Macht zu erreichen. Die Bürger, die an der Macht teilhaben wollen, versammeln sich in Parteien. Nun stellt sich aber gleich die Frage, um welche Macht sich die Parteien überhaupt schlagen. Macht im Sinne eines Machtverhältnisses oder Macht im Sinne eines Attributs. Machtanspruch im Sinne der Beeinflussung der Gesellschaft entspricht der Lust nach öffentlichem Schalten und Walten und der Fähigkeit, Projekte durchzuführen. Demgegenüber entspricht Macht als Attribut eher einem Bedürfnis nach Geltung, dem Vergnügen an symbolischer Ehre, einer Machtform, die unter Umständen vom konkreten Einfluß auf Leute und Dinge unabhängig ist. Anstatt wirksame Sachpolitik zu betreiben, läßt man es beim Symbolischen bewenden und sonnt sich in der Repräsentation. Hinter dieser Differenzierung verbergen sich Unterschiede, auf die wir schon eingegangen sind, wie etwa die Unterscheidungen zwischen Staatsmann und gewöhnlichem Politiker oder zwischen als Projekt betriebener Politik und Verwaltungspolitik.

Wie dem auch immer sei, kann natürlich ein Kollektiv nicht einfach mit dem baren Zugeständnis seiner Machtgier vor die öffentliche Meinung treten. In der Demokratie ist das unvorstellbar. Auch kollektiver Ehrgeiz und die Lust am Politisieren müssen in der Demokratie verständlich gemacht werden, um annehmbar zu bleiben. Das heißt, eine Partei muß sich sowohl in den Augen des Publikums als auch, und vielleicht vor allem, in den Augen der Parteigänger selbst legitimieren. Die Tatsache, daß der Machtanspruch von einer gewissen Prüderie und von einem Hauch sozialer Legitimität umgeben sein muß, ist charakteristisch für die Demokratie, denn diese ist auf reine Machtprotzerei kaum ansprechbar. Die demokratische Regel setzt also bei den Parteien eine noble Zielsetzung voraus, eine Forderung, die ihnen eine ideologische Dimension abverlangt, und die sie auf eine weltverbessernde Zielsetzung festlegt. Im Programm aller demokratischen Parteien müssen Lösungsvorschläge stehen, die die Sorge um die Zukunft der Gesellschaft ansprechen, und die ein Minimum an Kohärenz aufweisen.

Hier kann es weder Aufgabe sein, die ideologischen Wurzeln der verschiedenen politischen Parteien der Schweiz zu erörtern und miteinander zu vergleichen, noch ihrem Legitimitätsanspruch nachzugehen. Ziel dieses Kapitels ist es lediglich, ein Bild des Funktionsmodus der politischen Parteien zu entwerfen, und die von ihnen übernommenen Rollen zur Sprache zu bringen. Wir werden auch Gelegenheit haben, die Rahmenbedingungen ihres Erfolges darzustellen, und die Sachzwänge zu erklären, die ihre Rückschläge verständlich machen.

Die Motivierung

Die erste Aufgabe einer Partei oder einer politischen Bewegung besteht darin, Bürgern, die sich durch Ausrichtung und Programm angesprochen fühlen, den Beitritt nahezulegen. Jede Partei lebt nämlich von ihren Mitgliedern. Die Partei ist es ihrer Basis schuldig, Bedingungen zu schaffen und Möglichkeiten zu bieten, die es den Mitgliedern erlauben, durch ihren Einsatz für ein politisches Projekt ein kollektives Abenteuer zu erleben. Der militante Basispolitiker begnügt sich nämlich nicht einfach mit dem Vergnügen, die Politik, das heißt die Ausübung der politischen Macht, miterleben zu können. Er will seine persönlichen Ansichten und Interessen vertreten und auch einen Traum verwirklichen, den Traum der Gestaltung einer Gesellschaftsordnung, in der er aufgehen kann, und die für ihn sorgt.

Einige, aber wohl eine Minderheit, machen bei einer Partei mit, weil sie das politische Leben von innen beobachten wollen, und weil es ihnen daran liegt, Politik mitzuerleben und mitzugestalten ohne Absicht auf eine politische Karriere oder materiellen Gewinn. Aber wie beim Essen kommt der Appetit sozusagen von selbst. Mythos, Neugier und Wissensdrang sowie Lust und gutverstandenes Interesse am Mitmachen vertragen sich sehr gut mit dem Aufkommen eines persönlichen politischen Ehrgeizes. In der Politik ist das wie im Sport: Zuschauen suggeriert aktives Mitmachen, und der Ehrgeiz, Erfolg zu haben, kommt mit der praktischen Tätigkeit.

Um ein breites Spektrum von Mitgliedern anzuziehen und um ihre Truppen und Strukturen auf Trab zu halten, muß die politische Partei ein Vereinsleben aufrechterhalten. Die politischen Vereine und Vereinigungen sind traditionell lokal geprägt: Quartiere in der Stadt, Gemeinden, Talschaften und Regionen bilden das Feld der territorial abgegrenzten Parteireviere. Auf diesem Unterbau stehen die kantonalen Parteistrukturen und schließlich die eidgenössischen.

Neben dieser lokal abgesicherten Verwaltungs- und Versammlungsstruktur bestehen andere berufliche und soziale Beziehungsnetze, in denen Gruppeninteressen zu ihrem Recht kommen. All diesen Beziehungsstrukturen ist eines gemeinsam: Je bürgernäher diese Vereine und Vereinigungen sind, je mehr ähneln sie freundschaftlich-kollegialen Strukturen, deren politische Zielsetzung kaum noch im Zentrum steht. Ein gewisser Machtanspruch, zum mindesten im Innern der Partei, bleibt aber trotz aller Vereinsmeierei bestehen. Das Interesse für die Besetzung von parteiinternen Posten bleibt allgegenwärtig, und falls sich Kandidaten Wahlen stellen, oder falls in der Politik Sachprobleme diskutiert werden, die maßgebliche Interessen der Gruppe tangieren, wandeln sich diese Basisstrukturen in recht wirksame politische Kräfte.

Um dieses politische Potential zu bewahren, unterziehen sich die Basisgruppierungen einer Partei einem unabänderlichen Sitzungs- und Tagungsprotokoll, einem Ritual von sehr formellem Charakter. Das politische Etiquett wird in Parteien peinlich genau eingehalten: Sitzungen werden formell einberufen, sind professionell geleitet mit Tagesordnung und sehr protokollarischem Ablauf der Geschäfte. In einer politischen Versammlung bleibt wenig dem Zufall überlassen. Spontaneität wird recht klein geschrieben, Vorsitzende, ältere einflußreiche Parteimitglieder, Respektpersonen und vor allem gewählte Politiker beherrschen das Feld.

Diese Rituale entsprechen eben dem Bedürfnis, disziplinierte und geführte Truppen für den politischen Kampf bereitzuhalten, wobei niemand vorauszusagen weiß, um was es in der nächsten Runde der politischen Auseinandersetzung gehen wird: um eine parteiinterne oder eine allgemeinpolitische Wahl oder Sachfrage. Wichtig für die politische Basisvereinigung ist es, die Mitglieder bei der Stange zu halten, und einen Konsens zu erarbeiten, der dem kollektiven Willen entspricht, und der nicht nur eine oder mehrere persönliche Meinungen darstellt.

Kollektive Wertschätzungen festzulegen und zu ordnen, ist ein überaus schwieriges Unterfangen. Schließlich haben schon Individuen Mühe, ihre persönlichen Ansichten und Vorlieben in eine Rahmenordnung einzureihen. Beim Kollektiv fällt das natürlich noch unvergleichbar schwerer. Wenn es darum geht, unter Einzelpersonen verschiedener Herkunft einen Konsens zu finden, der in einem Kompromiß den größten gemeinsamen Nenner aller darstellt, ist ein ordnungsschaffendes Protokoll unerläßlich. Denn bevor der Kompromiß zustande kommt, sind die Standpunkte oft diametral verschieden. Verhandlungen und schiedsrichterliche Bemühungen sind notwendig. Diese Prozesse sind um so komplizierter, als das politische Kollektiv aus vielfältigen Komponenten zusammengesetzt ist. Der Hang zur Ordnung und zum protokollarischen Ablauf der Sitzungen ist um so verständlicher, als in politischen Parteien recht profilierte Persönlichkeiten aneinander kommen, deren unmittelbare Interessenkonstellation oft diametral verschieden liegt. Um unter diesen Bedingungen den Lauf der Dinge überhaupt kontrollieren zu können, bedienen sich die Parteivorstände meistens einer sehr einfachen Methode: sie konfrontieren die Basis mit klar formulierten und gut vorbereiteten Vorschlägen, die für eine offene Diskussion oder für Alternativen nur noch wenig Platz übriglassen.

Heißt das, daß die politische Partei ihrer Basis einen Konsens aufzwingt? Das wäre eine übertriebene Behauptung. Allem Formalismus zum Trotz finden Debatten statt, die weit über schlichtes und ratifizierendes Jasagen hinausgehen. Die Kommunikationsmechanismen bleiben aber immer sehr subtil. Das Wesentliche wird nur sehr selten offen vorgebracht. Wichtiges wird oft nur angetönt und auf komplizierten Umwegen in die Stimmung, die die Versammlung beherrscht, eingebracht. Die Stimmung im Versammlungssaal wird so zum Hauptinstrument der Konsenssuche. Erst wenn sie einmal festliegt, wird sie durch die Rhetorik aufgegriffen und suggestiv ausgesprochen.

Dazu ist es nicht notwendig, daß sich die Redner auf Anhieb einer gutstrukturierten und gezielten Rhetorik bedienen. Wichtiger ist es für die Willensbildner, der politischen Versammlung Ausdrücke ihres Willensstandes oder ihrer Willensfähigkeit abzulocken: hinterbänklerisches Murren und Kopfschütteln, mehr oder weniger spontaner Applaus, Zwischenrufe und zustimmendes Gelächter. Diese Art des kollektiven Ausdrucks der Stimmungslage im Saal gibt dem im Reden begriffenen Politiker ein Bild der Grenzen des Möglichen und verleitet den routinierten Parteipolitiker sogar oft dazu, Sinn und Richtung seiner Worte der Lage anzupassen. Sobald das Feld des Möglichen einmal abgesteckt ist, findet sich immer irgendein, wenn möglich, naiver Teilnehmer, der den Versuch wagt, den Konsens in Worte zu fassen. Solche Freiwillige sind darum immer zur Stelle, weil sie glauben, daß derartige Eingriffe in die Debatte erlauben, sich beim Parteivolk bekanntzumachen. Ob sie bei solchen Interventionen eine eigene selbstempfundene Ansicht vertreten oder einfach im Sinne der Saalstimmung mitreden, spielt keine Rolle. Für die Verantwortlichen der Versammlung sind solche Stimmungszusammenfasser in jedem Fall sehr nützlich. Meistens reagiert nämlich die Versammlung spontan auf solche Beiträge. Liegt der Redner richtig, um so besser, dann weiß der Parteivorstand, was er aus der Debatte machen kann. Haut einer daneben, dann wird er vom Saal sehr schnell zensuriert, was den Parteinotablen die Möglichkeit gibt, den Konsens in einer anderen Richtung zu suchen.

Es stellt sich natürlich die Frage, ob unter diesen Umständen überhaupt eine wirkliche Diskussion stattfinden kann, und ob es möglich ist, in Versammlungen sich widersprechende Standpunkte näherzubringen. Prinzipiell ist das sicher möglich, aber es stellt eigentlich eher die Ausnahme als die Regel dar. Entgegen den Vorstellungen des breiten Publikums, das mit dem Parteileben nicht vertraut ist, stellt eine politische Versammlung normalerweise nicht einen Ort vehementer politischer Debatten dar, wo sich grundlegende Ansichten aneinander messen. Die politische Versammlung findet meistens erst dann in einer Partei statt, wenn die leitenden Ausschüsse ungefähr wissen, was passieren kann. Die Parteiversammlung ist also eher eine Art Testbank für Ansichten und Richtungen, die schon weitgehend festgelegt sind und bereits vor der Versammlung über Konsultationen bereinigt wurden.

Ist ein Geschäft wirklich kontrovers, finden in der Regel vor der Schlußversammlung Vorversammlungen statt. Da die Meinungsbildner verschiedenartiger Vorstellungen die Parteimechanik aus

Erfahrung bestens kennen, bestehen sie in der Regel darauf, nicht schon bei Beginn des Entscheidungsprozesses gegeneinander auftreten zu müssen. Vorversammlungen sind dazu angetan, den profiliertesten Vertretern der verschiedenen Lager die Rolle der Hauptredner zuzuspielen. Auf diesem Weg wird es den verschiedenen Tendenzen ermöglicht, ihren Standpunkt publikumswirksam darzulegen und sich in Ehren aus der Polemik zurückzuziehen, falls ihnen ihr Standpunkt aussichtslos erscheint.

Die Routine

Wie schon weiter oben bemerkt, braucht der demokratische Prozeß Zeit. Vor allem in der direkten Demokratie darf es nie pressieren. Diese in der Schweiz besonders ausgesprochene politische Behaglichkeit bringt es mit sich, daß eine Partei kaum je von einer Sachfrage oder von einem Wahlgeschäft überrascht wird. Parteivorstände haben meistens genug Zeit, sich die Dinge, die auf sie zukommen, ruhig zu überlegen und die notwendigen Abklärungen vorzunehmen. Geschieht dann doch einmal etwas Unvorhergesehenes, so werden die Geschäfte fast immer durch die Parteileitung abgewickelt, die über entsprechende Verwaltungs- und Entscheidungsbefugnisse verfügt.

In diesem Zusammenhang ist es wichtig, Wahlgeschäfte von Sachgeschäften zu unterscheiden. Wahlen fallen kaum je vom Himmel. Die Parteien wissen ungefähr, welche Posten wann frei werden, und haben Zeit, die notwendigen Konsultationen zu führen. Weil eine Partei politisch ehrgeizige Elemente anzieht und heranzieht, fehlt es auch nie an Kandidaten. Erweist sich eine Konsenssuche als unmöglich, dann schreitet die Partei schließlich zur Kampfwahl unter den Kandidaten, und damit ist die parteiinterne Auseinandersetzung um die Postenverteilung gelöst.

Bei Sachfragen liegen die Dinge oft etwas komplizierter. Parteien sind es ihrer Wählerschaft schuldig, Parolen auszugeben, eine oft recht schwierige Angelegenheit. Erstens können Abstimmungen über Sachfragen parteiintern zu großen Auseinandersetzungen führen, je nachdem, wessen Interessen auf dem

Spiel stehen, und zweitens ist es nicht unbedingt klar, daß ein einmal gefundener Konsens mit den Vorstellungen der der Partei nahestehenden Wählerschaft übereinstimmt.

Unabhängig von dieser Frage der Repräsentanz des Standpunktes der Partei, kommen den gewählten Politikern solche Sachabstimmungen meistens sehr gelegen. Sie erlauben es ihnen nämlich, sich vor dem Parteivolk zu profilieren, eine äußerst wichtige Notwendigkeit für sie, denn sie wollen ja schließlich wiedergewählt werden.

Nicht unterrichtete Beobachter von Redeschlachten, die sich Befürworter und Gegner von Sachvorlagen vor der Delegiertenversammlung einer Partei liefern, können den Eindruck gewinnen, der jeweils potenteste Rhetoriker zwinge der Versammlung seinen Standpunkt auf. Dieses etwas naive Bild des talentierten Redners, der es versteht, eine Versammlung umzuwerfen, hat aber nur einen sehr losen Bezug zur politischen Wirklichkeit. Redegewalt steht viel eher im Dienst der vorherrschenden Meinung, als sie in der Lage ist, diese zu brechen. Da Erfolgsredner sehr intuitive Persönlichkeiten sind, hängt ihre Redegewaltigkeit sehr oft mit dem Anklang zusammen, den sie beim Parteivolk finden. Das erklärt die Versuchung, gute Rhetorik und Zustimmung der Versammlung in Beziehung zu bringen.

In der Praxis kann es oft geschehen, daß eine Parteileitung aus allgemein politischen Überlegungen gezwungen ist, in einer Sachfrage eine den Delegierten nicht genehme Entscheidung der Parteiversammlung abzuringen. Solche Vergewaltigungsversuche sind sehr fragwürdig und, falls sie gelingen, sehr kurzlebig. Die Generalstäbe der Parteien können nämlich sofort nach dem Urnengang feststellen, ob sie ihre Delegierten und ihr Parteivolk wirklich überzeugen konnten. Jede Partei kennt diejenigen Wahlbezirke bestens, wo sie in der Mehrheit liegt. Es genügt, die Resultate dort auszuwerten, um festzustellen, daß es einem Parteivorstand kaum je gelingen wird, einen Einfluß auf die Stimmfreiheit seiner Mitglieder auszuüben. Parteivorstände unternehmen also solche Bemühungen nicht, weil sie glauben, sie hätten bei ihren Mitgliedern Erfolg, sondern weil sie davon ausgehen, daß eine bestimmte Stimmparole außerhalb der Partei schlecht ankommen und einen negativen Einfluß auf das Publikum ausüben könnte.

Politische Versammlungen haben also etwas mit Ritus, Traditionen und Schauspiel zu tun. Sie bedürfen einer sehr sorgfältigen Vorbereitung, damit sie nicht aus den Fugen geraten. Die Teilnehmer an einer politischen Versammlung wollen auch in Sachen Spektakel auf ihre Rechnung kommen. Sie verlangen eine gut geführte Regie und reagieren im allgemeinen ausgesprochen kritisch, rasch und unwirsch auf jedes Zögern der Parteileitung.

Das Parteiritual wird durch die Anordnung des Versammlungsraumes, durch das eingehaltene Protokoll und die vorgesehene Dekoration bestimmt. Der offizielle Tisch mit den Parteinotablen steht unweigerlich im Zentrum des Geschehens. Ihnen gegenüber sitzen, an Tischen geordnet, die verschiedenen lokalen Parteigruppen und Interessenvereinigungen. Eine gewisse dialektische Spannung ergibt sich schon rein aus dieser Gegenüberstellung von parteiinternen Machtgruppen. Man überwacht und mißt sich gegenseitig. Delegierte und Mitglieder einer Partei kommen eben nicht nur, um sich zu informieren, sondern auch, und vielleicht vor allem, um individuelle und kollektive Anliegen anzubringen. Ob diese latent vorhandenen Ansprüche oder die vorgebrachten Forderungen mit der Tagesordnung der Versammlung etwas zu tun haben oder nicht, spielt in den Augen des Parteivolkes eine untergeordnete Rolle. Für das Parteimitglied ist die Versammlung in erster Linie dazu da, einen Kontakt mit der Parteileitung und mit den Gewählten herzustellen. Schließlich geht es den Mitgliedern auch darum, ein politisches Fest abzuhalten; eine gelungene Parteiversammlung wird immer von allen Beteiligten wie ein volkstümlicher Anlaß erlebt.

Auch spielt die Anzahl der Beteiligten eine recht große Rolle. Politische Versammlungen, die unterhalb einer kritischen Masse bleiben, erfüllen ihre Rolle nicht. Es ist unmöglich, eine Zahl festzulegen, die das Quorum der politischen Meinungsbildungs- und Entschlußfähigkeit ein für allemal darstellen würde. Je nach Geschäft und Umständen kann diese Zahl sehr verschieden sein. Qualitativ ist die kritische Masse jedoch dadurch bestimmt, daß sie der Versammlung die notwendige Repräsentativität und damit Legitimität verleiht. Obwohl die Rituale und das Protokoll der Parteien durch große Formalität geprägt sind, bleiben die gefaßten Beschlüsse immer an den Nachweis der Repräsentativität gebunden. Da hilft kein Durchpauken von Beschlüssen, da die Partei ja schließlich kein politisches Entscheidungsgremium ist, sie macht nur Vorschläge zuhanden der Parlamente und der Exekutivbehörden, die ihre volle Entscheidungsfreiheit behalten. Darüber hinaus wird die Macht der Parteien in der Schweiz sehr stark durch den Pluralismus und die ungebrochen starke Position der Wirtschaftsorganisationen gemindert.

Cliquen und Gruppen

Wahrscheinlich erklärt das Postulat der Repräsentativität der Entscheidungsgremien, warum politische Parteien kleine machtvolle Gruppierungen so ungern sehen. Was im kleinen Komitee in der Partei bestimmt wird, wird vom Parteivolk instinktiv abgelehnt, und damit hat das Parteivolk recht, denn exklusive Cliquen sind mit dem Gebot kollektiver Repräsentativität nicht vereinbar. Hier wachsen Partikularinteressen, ohne daß Gewähr besteht, daß sie von anderen neutralisiert werden.

Natürlich wissen politische Parteien genau, daß es unmöglich ist, Partikularinteressen aus der Welt zu schaffen. Auch weiß man aus Erfahrung bestens, daß individuelle Interessen und spezifische Gruppeninteressen zu Auseinandersetzungen führen müssen. Eine Partei leiten heißt also, ein waches Auge für die Entstehung und Entwicklung solcher Gruppen haben und sich die institutionellen Möglichkeiten geben, im Bedarfsfall einzugreifen. Dabei spielen Schiedsrichtsverfahren eine große Rolle. Aber das Hauptaugenmerk der Parteileitung muß der Verhinderung einer Gruppenoligarchie gelten. Dem sinnigen Wort folgend, daß die Moral in der Politik den Leitsätzen entspricht, denen man nachlebt, wenn kein persönliches Interesse im Spiel steht, muß die Partei dafür besorgt sein, daß ihre Entscheidungsstrukturen offenbleiben, und daß möglichst viele Tendenzen daran teilhaben. Denn schlußendlich gelingt es in der demokratischen Politik nur dann, kollektive Interessen zu vertreten, wenn man es fertigbringt, einen relativ hochstehenden gemeinsamen Nenner für die schon in der Partei bestehenden gegensätzlichen Tendenzen, Ansichten und Interessen zu finden.

Die Parteiversammlung ist nicht nur der Ort von Schiedssprüchen und Entscheidungsfindung, sie gibt auch Gelegenheit, Parteimitglieder politisch auszubilden und die Auswahl der künftigen Mandatsträger zu treffen. Politische Talente offenbaren sich in der Parteiversammlung, und die für den Aufstieg junger Politiker notwendigen Allianzen können ebenfalls in diesen Versammlungen eingegangen werden. Weil sämtliche politischen Ämter parteiintern durch Wahlen oder zum mindesten durch Vorwahlen belegt werden, kommt diesen Allianzen eine ganz besondere Rolle zu. Weder eine parteiinterne Wahl noch die Berücksichtigung einer Kandidatur auf einer Liste für Volkswahlen sind ohne solche Bündnisse denkbar. Politik ist eben die Kunst des Kompromisses, nicht nur in Sachfragen sondern auch bei der Auswahl von Persönlichkeiten. Interessenkoalitionen, die sich parteiintern hinter Kandidaturen stellen, sind also notwendige und systembedingte Erscheinungen. Nichts ist nämlich falscher, als sich vorzustellen, eine Partei sei ein monolitisches Ganzes. Das Meinungsspektrum ist sowohl auf der Ebene der Ideologie wie auch der materiellen Interessen, die auf dem Spiel stehen, ganz unerhört weit, auch wenn die Partei nach außen hin den Anschein erweckt, sie bilde ein sehr kohärentes Ganzes.

Alle Parteien von links nach rechts kennen ihre in sich geschlossenen Gruppen, die Parteien in der Partei bilden, und die wie Parallelstrukturen die offenen Ortsgruppen und Interessenverbände überlagern. Parteien müssen mit solchen Zirkeln und Cliquen leben. Die Praxis zeigt, daß man ihnen gewisse Vorteile nicht absprechen kann. Zwischen solchen Gruppen besteht nämlich eine ausgesprochene Rivalität, die dem Kaderwechsel und der Ablösung der Generationen im Innern der Partei förderlich sein kann. Wie schon gesagt, spielt die Rivalität zwischen Gruppen und der Bündniszwang die Rolle einer entscheidenden Triebfeder in der internen Dynamik einer Partei. Und ein solcher Ansporn ist bitter notwendig, denn die Inhaber eines politischen Mandates können mit einer fast unumstößlichen Treue der Parteigänger und der Wählerschaft rechnen. Die Partei als Institution und die Wählerschaft halten nämlich den einmal Gewählten fast ausnahmslos die Stange. Das mag wohl damit zusammenhängen, daß die Gewählten und die Wähler miteinander älter werden, was es erlaubt, fast unzertrennbare Bande zu knüpfen. Zwar befleißigen sich alle Parteien, gegen diese Tendenz mit Mandatsbeschränkungsregeln anzukämpfen, aber ohne viel Erfolg. Der harte Konkurrenzkampf zwischen potenten Gruppen in der Partei stellt oft einen effizienteren Weg dar, Ablösungen im Personalbereich durchzusetzen, als Reglemente oder Prinzipien.

Es ist von einem gewissen Interesse, unter solchen Gruppen zwischen denjenigen zu unterscheiden, die sich um Persönlichkeiten scharen, und denjenigen, die wirtschaftliche oder teilweise soziale Interessengruppen darstellen. Natürlich ist eine solche Unterscheidung ein wenig künstlich, denn beide Aspekte können mit im Spiel sein. Aber im Hinblick auf die uns wichtig erscheinende Abgrenzung der staatsmännischen Politik von der Tages- und Verwaltungspolitik, hat die vorgeschlagene Trennung eine gewisse Berechtigung.

Durchsetzungskraft und Ausstrahlung einer Partei sind stark mit der Dosierung zwischen diesen beiden Grundtypen verbunden. Eine Gefolgschaft, die sich geschlossen hinter starke Persönlichkeiten stellt, und potente Interessengruppen sind für das Überleben einer Partei unabdingbare Voraussetzungen. Würde eine Partei ganz auf die Kante von Interessengruppen setzen, wäre ihr jedoch bald das Schicksal der Zerstrittenheit sicher, denn Interessengruppen haben, wie gesagt, immer divergierende Ansichten. Es braucht darum im Innern jeder Partei charismatische Persönlichkeiten, die ein geschlossenes Segment des Parteivolkes hinter sich haben, erstens, um Ausgleich zu schaffen, und zweitens, um Interessenkonflikte zu schlichten.

Kaderauswahl

Eine Partei muß nicht nur wissen, wo sie ideologisch steht, und was für eine Sachpolitik sie betreiben will, sie muß auch in der Lage sein, diejenigen Persönlichkeiten zu fördern, die das Programm in die Praxis umsetzen können. Die Partei kommt also nicht darum herum, Personalpolitik zu betreiben. Dieser Ausdruck mag ein wenig eigenartig tönen, aber er trifft die Problematik sehr genau. Die Tatsache, daß sich die Parteigewaltigen öffentlichen Wahlen stellen müssen, ändert nämlich nichts an der Tatsache, daß immer nur die gewählt werden, die von der Partei dazu bestimmt sind. Ganz einfach darum, weil die Parteien den Wählern Listen vorlegen, und weil auf diesen Listen nur diejenigen Kandidaten figurieren, die der Partei genehm sind.

Dieses System bedingt, daß die Partei der Wählerschaft gegenüber für die Auswahl ihrer Kandidaten verantwortlich ist. Ob die Kandidaten sich einer Volkswahl stellen müssen, oder ob sie durch Parlamente oder Exekutivbehörden in außerparlamentarische Ämter eingesetzt werden, spielt dabei keine Rolle. Der Ruf der Partei steht in jedem Fall auf dem Spiel und mit ihm ihre von der Wählergunst abhängige Zukunft. Sorgfältig und statutarisch abgesicherte Strukturen und Instanzen im Innern der Partei haben dafür zu sorgen, daß die Auswahl der Exponenten der Partei sowohl den parteiinternen Gegebenheiten gerecht wird als auch der Erwartung der Bevölkerung.

Meistens werden Kommissionen eingesetzt, die in einem ersten Schritt eine Kandidatenauswahl treffen. In einer zweiten Phase wird über informelle Konsultationen eine engere Auswahl getroffen, die dann von der zuständigen Parteiversammlung legitimiert wird. Dieser Vorwahlmechanismus spielt vor allem im Proporz eine ausschlaggebende Rolle, denn die Proporzwahl durch das Volk segmentiert die Wählerschaft nach Parteizugehörigkeit oder Parteisympathie. Das bringt es mit sich, daß die Partei einen entscheidenden Einfluß auf die Wahlchancen der von ihr vorgeschlagenen Kandidaten ausüben kann. Die Rolle des Züngleins an der Waage bilden jedoch bei Volkswahlen meistens diejenigen Stimmen, die ein Kandidat von außen auf sich zu vereinigen mag. Andererseits ist es jedoch auch sehr populären Persönlichkeiten nicht möglich, ohne eine Parteimehrheit auszukommen. All das zeigt, daß die Partei nicht nur die Verantwortung für die Auswahl ihrer Exponenten übernehmen muß, sondern daß sie dies auch in der Praxis tut.

Vor Volkswahlen geht es also im Innern der Partei sehr hektisch zu. Die Anlaufzeiten sind recht lang: gut ein oder eineinhalb Jahre. Während dieser Zeit findet ein kompliziertes Hin und Her zwischen der Exekutivführung der Partei und den machtgewaltigen Parteinotablen statt, das heißt denjenigen Persönlichkeiten und Kreisen, die Wahldirektiven ausgeben und durchsetzen können. Über diese Mittelsmänner findet auch der Kontakt mit der Basis der Partei statt. Dieses Hin und Her und die dadurch entstehenden Konkurrenzsituationen und Interessenauseinandersetzungen, kombiniert mit hemdsärmeligen Intrigen, finden schließlich in Kandidaturvorschlägen Ausdruck.

Je nach politischer Tendenz der Partei ist der Kandidaturenfächer mehr oder weniger breit: auch in soziologisch gesehen homogenen Parteien und Bewegungen bleibt es recht offen. In unserer arbeitsteiligen und fragmentierten Gesellschaft ist es eben wichtig, möglichst viele Berufsgruppen und Einkommensschichten zum Zuge kommen zu lassen. Natürlich spielen dabei berufliche Kompetenz, Fachausbildung und politische Anziehungskraft eine gewisse Rolle. Auch müssen Politiker, die sich um Wahlmandate bemühen, über ein rhetorisches Talent verfügen, damit sie sich später vor den Parlamenten durchsetzen können. Weil das theoretische Anforderungsprofil der Parteien an die Kandidaten so hoch ist, daß es nur von sehr wenigen oder gar keinen Einzelkandidaten erfüllt ist, wird die Prozedur sozusagen von selbst demokratisch: Weil die Partei nicht alles auf Einzelpersonen setzen kann und darum versuchen muß, ein wirksames Kollektiv aufzubauen, kommen auch Kandidaten zum Zug, die nur einigen der sehr vielfältigen Kriterien entsprechen, wobei auch das Geschlecht eine Rolle spielt. Seit der Einführung des Frauenstimmrechts müssen die Parteien dafür sorgen, daß Frauen nicht nur auf die Liste kommen, sondern daß sie auch gewählt werden. Letzteres ist im bürgerlichen Lager eine noch nicht gut beherrschte Kunst.

Die Frage, wer an den Startblock einer politischen Karriere kommt, ist also Aufgabe der Partei. Das Rennen muß aber der einzelne Politiker machen, dem es auch anheim steht, wenn er einmal gewählt ist, seine Karriere zu führen. Er muß herausfinden, wie er seinen persönlichen politischen Ehrgeiz am besten mit den übergeordneten Zielen der Partei und den Erwartungen seiner Wählerschaft in Einklang bringt. Im Parlament muß er sich bei seinen Kollegen der anderen Fraktionen bemerkbar machen. Er wird nämlich schnell herausfinden, daß in einem pluralistischen politischen System nichts von einem einzelnen Politiker oder von einer einzelnen Partei verwirklicht werden kann, ohne die Unterstützung anderer Parteien und Politiker verschiedener Observanz. Das subtile Bündniswesen im Innern der Partei, das bestenfalls zur Wahl führt, wird also später von einem ebenso subtilen Bündniswesen zwischen gewählten Politikern abgelöst, ein Zusammenspiel, dem sich übrigens auch die Parteien selbst nicht entziehen können. Diese Notwendigkeit, Allianzen einzugehen, wird vom Publikum kaum verstanden und oft als Kompromißmeierei und als Ausdruck mangelnder politischer Durchsetzungskraft abgetan.

Diesem Vorurteil müssen Politiker und Parteien entgegenwirken. Die an die Adresse des Parteivolkes gerichtete Rhetorik kann dabei behilflich sein. Sie genügt aber nicht angesichts einer gut geschulten und kritischen Wählerschaft, wie die in der Schweiz. Um dem Wählerwillen nach markanter Politik zu entsprechen und um der politischen Sensibilität von Parteigängern und Sympathisanten gerecht zu werden, müssen Parteien und Gewählte politische Sparten und Reviere finden, in denen sie ihre Politik glaubhaft machen können. Anders gesagt, muß jede Partei einer politischen Sensibilität der Bevölkerung gerecht werden. Wie in der Dramaturgie gilt es nicht nur, Stücke zu finden, die beim Publikum ankommen, sondern auch die Akteure auf Chargen zu verteilen, die gut zu ihnen passen. Die öffentliche Meinung drängt also dem Politiker, aber auch den Parteien gewisse Rollen auf, die der Erwartung und den Vorurteilen der Wählerschaft entsprechen. Ein Politiker, der diesem Erwartungsdruck nicht gerecht wird, und der eine allzu originelle und selbstsichere Politik führt, wird nicht nur mit seiner um ihr «Image» bemühten Partei in Konflikt kommen, sondern sich auch der Gefahr aussetzen, von seinen Wählern desavouiert zu werden.

Die subjektiven Erwartungen und stereotypen Auffassungen der Bevölkerung machen sowohl Parteien wie auch Politikern zu schaffen. Von der politischen Rechten erwartet die öffentliche Meinung viel Pragmatismus und Effizienz. Das beschneidet die Möglichkeiten der bürgerlichen Politiker, Ideen und neue Auffassungen in die Politik einzubringen. Die Volksmeinung verpflichtet Rechtspolitiker und ihre Parteien ein für allemal zur Tradition. Geht es dabei um die Verteidigung von Wertvorstellungen, ist das recht und gut. Der Tradition verpflichtete Politiker und ihre Parteien sind aber sehr schnell der Gefahr ausgesetzt, der Strukturerhaltung das Wort zu reden, und das ist in unserer schnellebigen Zeit sehr problematisch. Der politischen Linken geht es dabei aber nicht unbedingt besser. Sie muß dem Bedürfnis der Bevölkerung nach großmütigen und großzügigen Würfen gerecht werden und dem Kult der Innovation huldigen. Dabei scheut sich die gleiche Wählerschaft dann nicht, die Linke der Utopie und der Regierungsunfähigkeit zu bezichtigen. Stereotypen und systematische Erwartungen, mit einem Wort das Partei-Image, beherrschen also weitgehend die individuelle Gesinnungs- und Handlungsfreiheit der Politiker und ihrer Parteien.

Überzeugen und Gradstehen

Nicht nur Politiker sondern auch Parteien sind einem großen politischen Sachzwang ausgesetzt. Weil ihnen gerade auch von Seiten der Volksmeinung her enge Grenzen gesetzt sind, entsprechen Parteien den in sie gesetzten Erwartungen oft nicht. Mindestens drei Zwangslagen machen Parteien schwer zu schaffen: Erstens müssen sie mit dem Bild leben, das man sich von ihnen macht. Zweitens müssen sie sich mit dem politischen Personal durchschlagen, das sie haben, das heißt mit Politikern, deren fachliche Kompetenz durchschnittlich ist, die keine Übermenschen sind, auch was ihre Integrität und Überzeugung anbetrifft nicht. Und drittens haben alle Parteien große finanzielle Sorgen.

Wir haben schon mehrmals darauf hingewiesen, daß sämtliche Parteiprogramme an einer gewissen Ideologie anknüpfen. Damit sind sie einer bestimmten politischen Linie verpflichtet, der ihre politische Tätigkeit entsprechen muß. Die Ausrichtung des politischen Handelns auf eine Ideologie ist aber nicht absolut bindend. Fast alle Parteien und politischen Bewegungen, allen voran diejenigen, die eine Regierungsverantwortung tragen, nehmen es mit der Ideologie nicht so peinlich genau. Meistens wursteln sich die Parteien recht und schlecht durch und ersetzen die ideologische Referenz durch einen politischen Stil und eine Machart in Sachen Massenkommunikation. Sobald sie sich einmal auf einen solchen Stil und das zu ihm passende «Image» festgelegt haben, müssen die Parteien dieser Aufmachung treu bleiben, schon nur darum, um sich von anderen Parteien zu unterscheiden. Im Schlußeffekt kann das erworbene «Image» genauso bindend und einschränkend wirken wie eine Ideologie. Die Verbindlichkeiten der Massenkommunikation verstärken diese Einschränkungen des Handlungsspielraumes von Parteien noch. Massenkommunikation stellt ganz auf Erscheinungsbilder oder, wie man sagt, auf einen «look» ab. Ist dieser einmal erworben, bringt man ihn kaum wieder los, auch wenn er politisch nicht mehr zieht.

Weder die Fähigkeit noch die Eignung einer Partei, dem Gemeinwohl besser dienlich zu sein – das behaupten ja alle politischen Bewegungen – lassen sich nicht in einem Erscheinungsbild kodifizieren, das beim breiten Publikum gut ankommt. Als erschwerender Umstand kommt noch dazu, daß sich das «Image» einer Partei oder einer politischen Bewegung von demjenigen der Konkurrenzformationen absetzen muß. Parteien müssen sich also profilieren, in dem sie sich verschiedene Stile geben.

Bezüglich «Image» lassen sich drei Richtungen unterscheiden. Die liberalfreisinnig und konservative Rechte, aber heute auch paradoxalerweise die Linke, zeigen eine Vorliebe für charismatisches Auftreten. Sie legen in ihrem Erscheinungsbild Wert darauf, als Parteien moderner, rassiger Leute zu gelten. Damit ist die Idee verbunden, bei der Bevölkerung als eine Elite anerkannt zu sein.

Bei den Sozialisten ist diese Identifikation neu. Sie hat sich in den letzten Jahrzehnten durchsetzen können, weil auch im schweizerischen Sozialismus Intellektuelle die Oberhand gewonnen haben, auf Kosten der traditionellen Vertreterschaft der Arbeiterwelt, insbesondere der gewerkschaftlichen Strömung. Sozialismus und Sozialdemokratie als Ausdruck des politischen Willens der Arbeiterschaft und als Kampfmittel im Dienste der Arbeiterinteressen haben sich seit Ende des Krieges zu einer ganz anderen Rollenauffassung entwickelt: Die sozialistische Partei der Schweiz steht heute für eine gerechtere Regulierung der Gesellschaft als Ganzes ein. Mit dieser neuen Ausrichtung versteht sich die Linke nicht mehr nur als Bahnbrecher des sozialen Fortschritts im Sinne eines andauernden Kampfes um die Verbesserung der Arbeitsbedingungen der werktätigen Massen, sondern eher als die treibende Kraft bei der Humanisierung des gesamten Gesellschaftslebens. Das mit dieser Erweiterung des Wählerauftrages verbundene Bild der Hochherzigkeit und der Noblesse sowie die stückweise Übernahme von Postulaten des philosophischen Liberalismus haben es der Sozialdemokratie erlaubt, charismatischer und elitärer zu werden.

Formationen des politischen Zentrums, wie der schweizerische Freisinn und die christlich-demokratische Tradition, setzen ganz auf die Karte des Pragmatismus. Die Zeiten säkularer oder christlicher Utopie sind längst vergangen. Diese beiden mächtigen Zentrumsparteien pflegen mit Sorgfalt ein Bild des gouvernementalen Leistungsausweises und machen ihren Wählern glaubhaft, ihre Regierungskapazität erlaube es ihnen, auch mit unerwarteten Schwierigkeiten sozusagen professionell fertig zu werden. Zentrumsparteien sind eigentliche Regierungsparteien, die außerhalb des Regierungsgeschäftes wie aus dem Wasser gezogene Fische reagieren. Die Freisinnig-demokratische Partei der Schweiz, wie auch ihr katholisches Pendant, die Christlich-demokratische Volkspartei der Schweiz, haben in den letzten Jahren ihr «Image» mit Erfolg aufpoliert, indem sie ihre Führungs- und Regierungskapazität ins Zentrum ihrer Propaganda stellten: politisches Management-know-how und Krisenfestigkeit als Ausdruck politischen Gestaltungsvermögens. Die Betonung von Fähigkeiten der Führung, des Managements und der Überlegenheit erlaubte diesen beiden Parteien, einen Bogen zwischen der wirtschaftlichen und technologischen und der politischen Wirklichkeit zu spannen, die unsere Zeit beherrscht.

Die dritte Sparte des politischen Spektrums wird schließlich von den dogmatischen und doktrinären Parteien ausgefüllt. Diese Parteien setzen ganz auf die Treue zu einer Ideologie oder auf eine etwas sektiererische Lebensweise. Die Partei der Arbeit, teilweise der Landesring und heute die Pazifisten und die Grünen gehören zu dieser Richtung. Im schweizerischen Konkordanzsystem, wo jedermann peinlich darauf bedacht ist, alle möglichen und unmöglichen Kreise mit in die Meinungsbildung einzubeziehen, und wo sich alle großen Parteien in die Regierungsverantwortung teilen, kommt diesen dogmatischen Randparteien die Rolle der eigentlichen politischen Opposition zu. Diese Oppositionsrolle verstärkt den Zugzwang der Dogmatik, denn schließlich werden ihnen in der schweizerischen Kompromißlandschaft die Wähler nur die Stange halten, wenn sie sich etwas ausgefallen geben.

In der Schweizer Parteilandschaft sind also die Rollen recht gut und effizient verteilt, was aber noch nicht bedeutet, daß den Parteien keine Möglichkeit mehr geboten ist, sich weiter zu profilieren. Zwar stimmt es, daß die Parteien unendlich Mühe haben, aus dem vorgefaßten Meinungsspektrum ihrer Kostgänger auszuscheren. Aber sie müssen es trotzdem immer wieder versuchen, wenn sie nicht Gefahr laufen wollen, von Randgruppen und politischen Bewegungen überrollt zu werden. Man denke dabei nur an den ungeheuren Einfluß, den heute die grüne Mentalität der Bevölkerung und die rechte Besorgnis um das ökologische Gleichgewicht auch auf die strukturkonservativen Rechts- und Zentrumsparteien ausüben.

Das große Hindernis, das sich jedem Linienwechsel von Parteien entgegenstellt, stammt aus der konservativen Haltung ihrer eigenen Reihen. Gleichgültig ob im rechten oder linken Lager, weiß jede Partei von Wählerverlusten ein Lied zu singen, die ihr irgendeinmal ein notwendig gewordener Kurswechsel eingebracht hat. Darum ist es für Parteien so wichtig, am Regierungsgeschäft beteiligt zu sein. Ein Bundesrat kann nämlich immer die Karte des Landesvaters oder heute der Landesmutter ausspielen, wenn es darum geht, die Parteipolitik in neue Bahnen zu lenken. Von dem profitieren alle Bundesratsparteien und sie ziehen denn diesbezüglich auch alle möglichen Register, wenn es sich darum handelt, ihre Parteigänger zum Umdenken zu bringen. Aber auch unter solch günstigen Voraussetzungen bleibt es für die Partei unendlich schwierig, den Konservatismus und die aus der Routine stammende Überzeugung des Parteivolkes, Recht zu haben, zu überwinden. Es geht hier um eine Tatsache, von der die öffentliche Meinung oft keine Ahnung hat.

Der Nachwuchs

Im Personalwesen kämpfen die Parteien mit anderen Schwierigkeiten. Wie schon erklärt, brauchen Parteien recht viel Kaderleute, schon nur, um intern funktionstüchtig zu bleiben. Dazu kommt noch der Bedarf an fähigen Leuten, mit denen man die unzähligen politisch zu besetzenden Posten in den sehr zahlreichen öffentlichen und halböffentlichen Ämtern belegen kann. Und schließlich braucht die Partei fähige aktive Politiker, die bei den Wahlen gut abschneiden. Die Suche nach guten, möglicherweise sogar selbstlosen Leuten, die vorbildliche Politiker, Beamte, Richter, Aufsichts- und Verwaltungsräte und Kommissionsmitglieder werden könnten, ist eine schwere Kunst, um so mehr als es allen Parteien immer wieder an fähigen, pflichtbewußten und tüchtigen Männern und Frauen fehlt.

Parteiintern kommt noch ein erschwerendes Moment dazu, denn sämtliche Chargen sind Ehrenämter, wo die Kandidaten außer harter Arbeit und ewiger Kritik recht wenig erwartet. Die wenigen professionellen Politiker mit großer Erfahrung sind zudem mit internen und externen Geschäften derart überlastet, daß die Partei selbst ihnen nicht zuviel zumuten kann. Verglichen mit dem wirtschaftlichen Bereich, mutet der Aufbau der Parteiapparate vollkommen amateurhaft an. Das bringt es mit sich, daß vor dem Berg der anstehenden Sachfragen und der sozialen Verpflichtungen nur wenig oder überhaupt keine Zeit für generalstabsartige Tätigkeit übrigbleibt. Das Denken, das Vermögen der Weitsicht und strategischen Überlegungen kommen dabei ganz eindeutig zu kurz. Parteien sind jeweils froh, wenn sie mehr oder weniger zeitgerecht die Alltagsgeschäfte hinter sich bringen. Sie hetzen sich also von Tag zu Tag übers Jahr. Kein Wunder, daß bei all dieser Improvisation der oft bemühte Pragmatismus zum Leitgedanken wird. Man wirft heute dem wirtschaftlichen Machtbereich einen Exzeß an Technokratie vor. Dieser Vorwurf bleibt dem politischen Bereich erspart. Hier läuft man eher Gefahr, daß Überlastung und Amateurismus den Weg zur Politokratie ebnen. Politokratie beschäftigt sich mit dem Zerreden offensichtlicher Probleme. Politokraten gibt es darum im Überfluß, weil sich auch schlecht Vorbereitetes oder falsch Verstandenes immer in Rhetorik packen läßt. Politokratie und Mediokratie sind Auswüchse einer überbelasteten und unterdotierten Milizdemokratie.

So wird die Politik zum Spielball der Besserorganisierten, einerseits der wirtschaftlichen Macht und andererseits, und vielleicht vor allem, der öffentlichen Verwaltung. Letztere beherrscht die Parlamente immer mehr, und oft hat man auch das Gefühl, daß sich Exekutivbehörden ihrem maßgebenden Einfluß nicht mehr entziehen können. Die wichtigsten Fäden der Politik laufen schließlich im Beamtenstaat zusammen; hier wird Information gesammelt und aufgearbeitet, aber auch blockiert. Die Beamtenschaft verfügt überdies meistens exklusiv über das notwendige Fachwissen, das bei der Auswertung politisch relevanter Information notwendig ist. Auch bringen heute nur noch die öffentliche Beamtenschaft und die mächtigen Sekretariate wirtschaftlicher Organisationen die notwendige Zeit auf, die hängigen Dossiers der Politik überhaupt zu verfolgen und im Laufe ihrer Bearbeitung zu beeinflussen.

Das Unvermögen der Parteien, dieser Entwicklung zu folgen und mit den mächtigen Politapparaten von Staat und Wirtschaft Schritt zu halten, bringt es mit sich, daß sich die Parteipolitik ins zweite Glied der politischen Tätigkeit versetzt sieht.

All dies muß für die Parteien Grund sein, sehr auf die Qualität der Leute zu achten, die sie für die Besetzung der zahlreichen Mandate, die ihr zukommen, vorsieht. Die Amtsträger der Partei, sei es in den Parlamenten, in den Exekutiven oder in den zahlreichen extraparlamentarischen Beiräten und Kommissionen, oder schließlich in der Justiz, müssen für das Ansehen der Partei sorgen und darüber hinaus in der Lage sein, der Partei die notwendige Information zu vermitteln, die es ihr erlaubt, ihr politisches Projekt zu aktualisieren. Leider haben diese Mandatsträger aber oft die Gewohnheit, Information nicht zu vermitteln sondern zurückzuhalten, mit dem Ziel, ihre persönliche Machtbasis zu stärken, was jedoch der Partei sehr abträglich ist.

Natürlich sind sich die Parteien der Wichtigkeit der Qualität ihrer Mandatsträger voll bewußt. Aber auch hier ist der Qualitätswilligkeit eine enge Grenze gesetzt. Weder sind Parteivorstände in der Lage, frei zu wählen, noch haben sie immer eine glückliche Hand. Die Aufgabe ist auch wirklich schwer lösbar. Denn entweder fehlt es an kompetenten und pflichtbewußten Leuten, vor allem wenn es darum geht, fachlich anspruchsvolle Posten zu bekleiden, oder die Sorge um eine nach parteiinternen Kriterien gerechte Verteilung der Mandate gewinnt die Oberhand, was die Partei veranlaßt, Posten an verdiente Mitkämpfer zu vergeben, obwohl diese nicht unbedingt in der Lage sind, den gestellten Anforderungen gerecht zu werden.

Solche Auflagen, denen die Partei nachleben muß, stoßen bei der Bevölkerung auf wenig Verständnis und bringen oft harte Kritik ein. Trotzdem gibt es für dieses für die Parteien typische Verhalten mindestens zwei gute Erklärungen. Erstens ist eine Partei nicht eine Versammlung von Technokraten und Fachleuten. Politische Kompetenz in der demokratischen Auffassung, heißt das Volk vertreten zu können. Fachwissen steht also hinter politischer Repräsentanz. Zweitens müssen die politischen Parteien verhindern, daß einige wenige, besonders gut ausgewiesene

Parteimitglieder allzu viele Ämter kumulieren. Ämter weit streuen erlaubt, eine möglichst große Zahl von Parteimitgliedern an der Macht teilhaben zu lassen, und stellt damit eine Garantie gegen den Mißbrauch von Macht durch eine beschränkte Anzahl Machthungriger dar. Auch ermöglicht die weite Streuung der Mandate, einen unformellen sozialen Kontrollmechanismus in die Demokratie einzubauen, da die verschiedenen Mandatsträger recht effizient aufeinander achten, und die Kollisionsgefahr zwischen ihnen um so geringer ist, als sie von verschiedenen Horizonten herkommen.

Die finanzielle Sorge

Probleme der finanziellen Mittelbeschaffung gehören zu den Alltagssorgen von Parteileitungen. Das Wahlsystem und das Abstimmungswesen erfordern heute ganz beträchtliche Mittel und einen steten publizistischen Aufwand. Die moderne Demokratie greift immer mehr auf die Technik der Massenkommunikation zurück, und diese zeichnet sich durch besonders hohe Kosten aus. Obwohl wir in der Schweiz, verglichen mit dem demokratischen Ausland, in fast idyllischen Verhältnissen leben, zeichnet sich auch bei uns ein Hochschaukeln der notwendigen professionellen Ressourcen ab, ein Vorgang, der die Parteien finanziell sehr stark belastet.

Natürlich kann eine Partei relativ einfach auf ihr nahestehende, finanziell gut dotierte Kreise zurückgreifen, aber damit verliert sie natürlich ihre Unabhängigkeit. Um das zu verhindern, obliegt es den Parteien, für ihre Eigenfinanzierung zu sorgen: Bettelbriefe und Bettelgesuche bei gutsituierten Parteimitgliedern oder Gönnern gehören dazu. Aber die wirkliche finanzielle Unabhängigkeit geht über Mitgliederbeiträge und die systematische Besteuerung eines Prozentsatzes der entlöhnten Mandate der Parteimitglieder.

Der administrative Aufwand der Parteien ist sehr bescheiden, höchstwahrscheinlich zu bescheiden, wie wir weiter oben ausgeführt haben. Der Propagandaaufwand verschlingt die weitaus größten Mittel. Und hier sind wir auch in der Schweiz auf dem besten Wege zur Übertreibung. Das Publikum steckt auch in

Parteien ungeheure Erwartungen, weil es heute so verwöhnt ist durch die Markenartikelpropaganda, die Firmenreklame und das ausgesprochen hohe Niveau des graphischen Gewerbes.

Die sogenannte Bandwerbung, das heißt, das was die Parteien fast unterbruchslos bieten müssen, um ihre Wähleranteile zum mindesten zu halten, kostet heute nach unserem Dafürhalten und nach unseren Berechnungen ungefähr zwanzig bis dreißig Franken pro Wähler und Jahr! Setzt sich eine Partei in den Kopf, Neuwähler zu finden, dann werden Ausgaben notwendig, die dieses Niveau um ein Mehrfaches überschreiten. Wegen der großen Stabilität der schweizerischen Wählerschaft braucht es Propagandainvestitionen von hundert Franken und mehr für jede neue Wählerstimme, die eine Partei der Konkurrenz abnehmen will, ohne daß diese sehr hohen Investitionen natürlich irgendeine Garantie des Erfolges geben.

Man kann nur hoffen, daß die Parteien dieser Zuspitzung des Propagandaaufwandes Herr werden, denn schlußendlich hat keine Partei ein Interesse, ihre finanzielle Eigenständigkeit vollkommen aufzugeben, und die Schweizer Demokratie als Ganzes wird darauf angewiesen bleiben, ehrenamtlich und nicht kommerziell zu funktionieren, wenn sie nicht in den Bereich der Oligarchie abgleiten will. Hohe Propagandakosten führen darüberhinaus Parteien in die Versuchung, noch weniger Mittel in die Erarbeitung seriöser politischer Grundlagen zu investieren, eine Entwicklung, die ihrerseits dem Funktionieren der Demokratie nur abträglich sein kann.

Der Staat, Standort der politischen Macht

Der Staat ist ein Vorort der Macht. Das gilt auch für die Schweiz, obwohl das Volk hier über besonders stark ausgebaute Rechte verfügt. Das Schweizer Volk bestimmt sozusagen dank der Bürgerrechte über den Einklang in der politischen Machtausübung. Der Staat übt im weitesten Sinne die politische Macht aus und gestaltet sie funktionell.

Politik und Staat sind untrennbar. Ob sich die Politik für die Ausweitung des Staates und seiner Macht einsetzt oder nicht, wie das heute der Fall ist, spielt dabei keine Rolle. Sämtliche politischen Tendenzen unseres Landes haben sich über eine sehr lange Zeitspanne für die Entwicklung des modernen Staates eingesetzt und es ihm erlaubt, das zu werden, was er heute ist: ein gigantischer Apparat, der in sämtliche Bereiche des öffentlichen und privaten Lebens eingreift.

Seit zehn Jahren findet jedoch ein Umdenkprozeß statt. Die Gewissensfrage wurde erstmals mit der «Proposition 13» in Kalifornien aufgeworfen. Diesseits des Atlantiks stellt die Wahl der Regierung Thatcher in Großbritannien ein wichtiges Stichdatum dar, während die Bewegung in der Schweiz vom freisinnigen Wahlslogan «weniger Staat, mehr Freiheit» ausging, ein Slogan, der die eidgenössischen Wahlen von 1979 prägte, und der seither unvermindert weitermodert. Die Freisinnig-demokratische Partei der Schweiz hat seinerzeit ihren Ukas gegen den Staat sorgfältig in eine Reihe von etwa zwanzig zügigen Wahlsprüchen eingereiht. Außer dem Schlagwort «weniger Staat» ist von diesen Slogans keiner im öffentlichen Bewußtsein hängengeblieben. «Weniger Staat» hingegen entwickelte sich zum eigentlichen Wahlschlager und später zum geflügelten Wort.

Der Ruf nach weniger Staat ist Ausdruck des Mißtrauens der Bevölkerung gegenüber der Effizienz der öffentlichen Hand. Wirksamkeit und Wirtschaftlichkeit des Staates sind in Frage gestellt. Darüberhinaus zeigt der unwahrscheinliche Erfolg des Slogans «weniger Staat» auch in die Richtung der Streitfrage, ob die unzähligen Eingriffe des Staates in das Leben der Bürger überhaupt legitim seien. Das moderne Staatswesen ist also in Frage gestellt.

Der moderne Staat ist auf zwei Hauptpfeilern begründet: die Gewaltentrennung und die systematische Kodifizierung der Kompetenzen der öffentlichen Hand. Nach heutigem Rechtsverständnis bedingt die Kodifizierung der Kompetenzen der öffentlichen Hand eine Unzahl von je nach Sachbereich geordneten Normen, die jeweils die Rechte und Pflichten der öffentlichen Hand und der Beamteten, daß heißt der Bürger, im Detail abgrenzen.

Vom Nachtwächter zum Versorgungsstaat

Natürlich ist der moderne Staat nicht auf einen Schlag entstanden. Er hat sich langsam aber stetig zu dem entwickelt, was er heute ist. Im 19. Jahrhundert, Geburtsstunde der parlamentarischen Demokratien und der modernen Staatswesen, war die Aufgabe des Staates noch stark an die Idee der Erhaltung der nationalen Einheit und Sicherheit gebunden. Unter Sicherheit verstand man damals vor allem die Aufrechterhaltung der militärischen Integrität des nationalen Raumes sowie die Sicherung von Ruhe und Ordnung im Innern, beides im Hinblick auf die bestmögliche Gewährung des wirtschaftlichen Wohlstandes. Die Armee, die Polizei und eine wirksame bürokratische Verwaltung bildeten die Hauptinstrumente einer auf Ruhe und Ordnung ausgerichteten Politik, deren Ziel es war, das Arbeitspotential und das materielle Kapital der Nation bestmöglich einzusetzen und zu mehren. Anders ausgedrückt ging es dem Nachtwächterstaat darum, dem Kapital und dem Gesellschaftsvermögen eine möglichst große Sicherheit vor internen und externen Gefahren einzuräumen. Vom Ziel her gesehen unterscheidet sich der Nachtwächterstaat sehr wenig vom vorrevolutionären Fürstenstaat. Zwar hatte man formell mit der Vergangenheit gebrochen, in dem man den recht willkürlichen Machtanspruch der Adeligen durch die Bürgerrechte ablöste, was politisch gesehen ein gewaltiger Schritt war. Aber funktionell kam der eigentliche Durchbruch erst später.

Die Idee der Demokratie als System läßt mehrere Auslegungen zu. Die liberale Tradition ist dem Grundgedanken des freien Zutritts verpflichtet. Ihr geht es darum, die Diskriminierung beim Eintritt in eine Karriere zu verhindern. Nach unserem Demokratieverständnis ist jedoch der Kampf gegen jegliche Diskriminierung ein immerwährendes Gebot, um dessen Verteidigung der Demokrat mit Wort und Tat bemüht sein muß. Dazu braucht er ein soziales Ideal, nach dem er sein politisches Handeln ausrichtet: die Chancengleichheit.

Der systematische Aufbau der Chancengleichheit wurde mit dem Übergang zur industriellen Produktion möglich, daß heißt gegen Anfang des 19. Jahrhunderts, als sich mit der industriellen Revolution die Ablösung des landwirtschaftlich-handwerklichen durch den industriellen Produktionsmodus abzuzeichnen begann. Die mechanisch-industrielle Revolution steigerte den Bedarf und die Nachfrage nach Kader- und Führungsleuten (um eine zeitgenössische Ausdrucksart zu verwenden) in bis anhin unvorstellbarem Maße. Auf Anhieb war es unmöglich, diese neuen Arbeitsmöglichkeiten und Karrieren gerecht zu verteilen. Dazu fehlte das notwendige Wissen bei den zwar intelligenten, aber unausgebildeten breiten Massen von Anwärtern auf diese neuen Stellen und Ämter. Die damalige Bevölkerung hatte noch nicht oder nur in beschränktem Maße das erforderliche technische Verständnis, das schulmäßige Wissen, die berufliche Kompetenz, ja zum Teil konnte sie sogar weder schreiben noch lesen. Die jungen Demokratien mußten also bei der Realisierung des Postulates der Chancengleichheit mit der Demokratisierung des Schulwesens beginnen. Es galt, den Zugang zu Wissen und Kultur zu öffnen, nicht nur, um eine lebensfähige Demokratie zu schaffen, sondern – und vielleicht vor allem – um die wirtschaftliche Auswertung des rasch ansteigenden Produktionspotentials, das sich aus dem Übergang zum Maschinismus ergab, sicherzustellen. Die erste große Aufgabe der neugeborenen Demokratie bestand also in der Öffnung der Schule. Der freie Zugang zur Schulbank nach Kriterien der Intelligenz und der Motivation zählt auch heute noch zu den Hauptpfeilern des demokratischen Staates.

Tiefe Mutationen im Sozialwesen, wie zum Beispiel der Übergang zur Demokratie und zum industriellen Produktionsmodus, bringen immer Rückschläge mit sich. So hat auch die Industrialisierung im 19. Jahrhundert zu einer dramatischen Verschlechterung des Sozialstatus der Arbeiterschaft geführt. Die Ausbeutung des Industrieproletariats im 19. Jahrhundert war quasi systematisch: tiefe, zu tiefe Löhne, unwahrscheinliche Arbeitsbelastung, Verallgemeinerung der Kinder- und Frauenarbeit und vieles andere mehr belegen diesen Exzeß. Um überleben zu können, mußte der demokratische Staat eingreifen.

Der Übergang zum Sozialstaat

Unter dem Druck der Ereignisse und vor dem Unvermögen des industriellen Kapitalismus, die Not der Arbeitschaft durch Selbstregulierung auszumerzen, wird die soziale Gesetzgebung und Regulierung zu einer Zentralaufgabe des modernen Staates. Der demokratische Staat wird mehr und mehr zum Beschützer der Schwachen; der Staat wird Schiedsrichter zwischen den wirtschaftlichen und technischen Sachzwängen, zwischen dem Hang des Industriekapitals zur Ausbeutung der Arbeiterschaft und dem politischen Willen, den sozialen Fortschritt zu fördern. Fabrikgesetze, Arbeitsinspektorate, Kodifizierung der Rechte der Arbeiterschaft usw. sind Ausdruck dieser neuen Rolle der öffentlichen Hand. Die Grenzen des Machtbereichs des Staates und diejenigen seiner Aufgaben weiten sich schnell aus. Der Staat drängt in die Sphäre der Wirtschaft ein und wird langsam aber sicher zum Sozialstaat.

Diese Entwicklung mündet in einen dritten Schritt. Vor allem in der zweiten Hälfte des 20. Jahrhunderts wird der Staat zum eigentlichen Garanten des sozialen und makroökonomischen Gleichgewichts. Auf der sozialen Ebene findet ein Übergang von der Reglementierung der Arbeitsbedingungen zur Umverteilung der Einkommen statt. Der Sozialstaat verpflichtet sich der sozialen Sicherung und der Umverteilung von Wohlstand. Krankenversicherung, Bekämpfung der Arbeitslosigkeit und Altersfürsorge bilden die Grundpfeiler der sozialen Sicherung. Die Umverteilung von Wohlstand erfolgt darüber hinaus über die Steuerprogression und die Verstaatlichung von Produktionsprozessen, die einen großen Einfluß auf das Wohlstandsniveau der Bevölkerung ausüben.

Parallel dazu wird der Staat zum eigentlichen Garanten des makroökonomischen Gleichgewichts. Die Krise der dreißiger Jahre macht ihn zum Verantwortlichen der Konjunktur, die Nachkriegszeit schiebt ihm die Verantwortung der Preisstabilität zu. Im Zuge der wachsenden Internationalisierung der Weltwirtschaft übernimmt der Staat schließlich die Kontrolle der Zahlungsbilanz und wird ganz allgemein zum Hauptverantwortlichen eines optimalen wirtschaftlichen Wachstums. Diese neuen Aufgaben des Staates sind um so komplexer, als die Zahl der Widersprüchlichkeiten und Interdependenzen ins fast Uferlose wächst. Inflation, Zahlungsbilanz, Arbeitslosigkeit und Wachstum lassen sich nur schwer auf einen Nenner bringen. Auch das Wirtschaftswachstum als Grundziel verstrickt den Staat und seine Bürger in neue Widersprüchlichkeiten.

So gleitet denn auch der moderne Staat unversehens in eine vierte Etappe, die Etappe der schnellen Zunahme der staatlichen Regulierungstätigkeit. Staatliche Regelung wird zum Gebot der Stunde, und dies in einem unwahrscheinlich weitgezogenen Fächerbereich: Orts- und Landesplanung, Transportwesen, Fernmeldewesen, wissenschaftliche und angewandte Forschung, neue Technologien, Umweltschutz. Von dem Unvermögen der Marktwirtschaft, gewisse Auswüchse selbst zu regulieren, sieht sich der Staat gezwungen, bis tief ins Innere der Wirtschaftsmacht vorzustoßen; Konsumregelung, Landschaftsschutz, Freizeitgestaltung werden zu öffentlichen Aufgaben: Der Sozialstaat entwikkelt sich zum Vormundschaftsstaat.

Die Omnipräsenz

Diese letzte Mutation in der Rolle des modernen Staates zeitigt drei Konsequenzen. Statt wie früher subsidiär einzugreifen, tritt der Staat als Vorplaner und Konkurrent auf. Dies bringt es mit sich, daß auch die Produktion öffentlicher Güter und Dienstleistungen richtiggehend explodiert. Sowohl bei der Verteilung der produktiven Ressourcen wie bei der Verteilung der Früchte der wirtschaftlichen Tätigkeit verdrängt der Staat die Marktwirtschaft und die Unternehmungen progressiv aus ihrer Führungsrolle. Die Marktwirtschaft gleitet in Richtung einer Gemischtwirtschaft ab, in der der administrierte Sektor heute praktisch die Hauptrolle spielt.

Die zweite Konsequenz dieser Entwicklung liegt in der Tatsache begründet, daß gewisse sozialrelevante Produktionen fast gänzlich in den Aufgabenbereich des Staates fallen. Diese Tatsache läßt sich vor allem an den Beispielen der Bildung, der Ausbildung und des Gesundheitswesens aufzeigen. Es ist klar, daß diese Ausweitung der Staatsquote, das heißt des Anteils des Staates am Bruttosozialprodukt oder zum mindesten sein Allokationseinfluß auf dieses, eine starke Zunahme des Drucks auf die Steuerpflichtigen zur Folge hat: die Steuerlast nimmt rapid zu. Auch wenn man immer wieder naiv daran glaubt, öffentliche Güter und Dienstleistungen sind natürlich keineswegs billig oder billiger als privatwirtschaftliche Alternativen. Das einzige, was die öffentliche Produktion von der privaten unterscheidet, ist, daß erstere nicht nach Maßgabe der Preise und somit nach Maßgabe der finanziellen Potenz der Nachfrage verteilt wird, sondern aufgrund von Bedürfnissen, denen die Gesellschaft einen sozialen Charakter zuschreibt.

Dritte Konsequenz: Mit dem Ausbau des Fächers der Eingriffe verstrickt die öffentliche Hand den privaten Machtbereich und die Initiative der Bürger in ein Netz von Normen, Gesetzen und Regeln mit enger gewordenen Maschen. Unter dem Gesichtspunkt «Regeldichte» bedeutet der Ruf nach weniger Staat eine Kriegsansage der Wirtschaftsmacht und des Freiheitsbedürfnisses der Bürger an den Staatsapparat. Es geht also auch um den Machtkampf und den Machtanspruch zwischen dem Staat als abstraktem Gebilde, der Wirtschaft und dem Privatbereich, eine Auseinandersetzung, in dem sich Individuen gegen den Machtanspruch des Kollektivstaates auflehnen, einen Staat, der sich anmaßt, überall mit- und vorreden zu müssen. Darum die Forderung nach Entregelung und nach Abbau der öffentlichen Macht.

Es entspricht den Spielregeln der Demokratie, politische Probleme kategorisch und einschneidend aufzuwerfen. Zur Lösung einer aufgeworfenen Frage gehört aber ein sorgfältiges Abwägen der gestellten Forderungen, mit dem Ziel abzuklären, ob diese überhaupt legitim sind, und ob realistische Alternativen bestehen, wie beispielsweise im Fall der staatlich inszenierten Regeldichte.

In der Schweiz zeichnet sich die Einflußnahme der öffentlichen Hand durch eine ausgesprochene Zersplitterung aus. Sie ist einerseits im Föderalismus begründet, andererseits in der Sorge, das Gleichgewicht zwischen Gemeinden, Kantonen und Eidgenossenschaft zu erhalten. Darüber hinaus halten wir Schweizer viel vom Rückgriff auf privatrechtliche Formen, wenn es darum geht, Institutionen und Unternehmungen von öffentlichem Interesse rechtlich abzusichern. So ist beispielsweise die Schweizerische

Nationalbank eine, wenn auch besondere, Aktiengesellschaft. Unter diesen Umständen fällt es schwer, sich in den offiziellen Statistiken zurechtzufinden, denn diese unterschätzen bis zu einem gewissen Grad die wirkliche und wirksame Staatsquote, sei es im Bereich der Abhängigkeit der Arbeitskräfte vom Staat, oder sei es im Bereich des Einflusses der öffentlichen Hand auf die Schaffung des Sozialproduktes oder dessen Verwendung.

Neuere Forschung hat ergeben, daß ungefähr 22% der Arbeitsplätze in der Schweiz unter direktem Einfluß des öffentlichen Sektors stehen. Die eigentlichen Beamten der mit der öffentlichen Verwaltung betrauten Behörden sind in dieser Zahl nicht inbegriffen. Fast ein Viertel der Arbeitskräfte steht also nicht nur unter dem Einfluß der öffentlichen Hand, sondern auch in einer Art Konkurrenzsituation gegenüber der Privatwirtschaft. Die Beamtenquote im hergebrachten Sinn, wie sie von der OECD berechnet wird, ist jedoch bedeutend niedriger: ungefähr 15% des gesamten Arbeitspotentials.

Vergleicht man diese Größenordnungen mit denjenigen anderer OECD-Länder, stellt man fest, daß sich die Schweiz bezüglich der Abhängigkeit des Arbeitsmarktes von der öffentlichen Hand im Mittelfeld befindet. Sie liegt ungefähr zwischen Schweden, mit einem Anteil der öffentlichen Hand von 31%, und Japan ganz hinten, mit nur 7% des Arbeitsangebotes, das vom Staat her kommt. Verglichen mit den Nachbarländern Frankreich, Bundesrepublik Deutschland und Italien, liegt der Anteil der Arbeitsplätze, die mehrheitlich der öffentlichen Hand unterstellt sind, in der Schweiz eindeutig unter dem Durchschnitt. Von diesem Standpunkt aus gesehen, gäbe es also weniger Grund zur Aufregung, als es in den Nachbarländern der Fall ist. Der Sensibilisierungsgrad der Bevölkerung scheint jedoch in der Schweiz tiefer zu liegen.

Die starke Reaktion der Schweizer gegen ein Wuchern und Weiterwachsen des Staates läßt sich also nicht auf einen besonders hohen Grad der Beamtung zurückführen. Eher scheint es, daß das Schweizer Publikum besonders empfindlich reagiert, wenn es das Gefühl bekommt, sein Lebens- und Freiheitsraum werde bedrängt, und wenn Zweifel an der Legitimität der Eingriffe des Staates entstehen. Die Empfindlichkeit der Schweizer Bevölkerung scheint größer zu sein, als diejenige der amerikanischen und englischen Bürger. Erst bei Beamtenquoten von 17% im Falle

Amerikas, und 22% im Falle Großbritanniens begannen diese, durch die Einsetzung der Regierungen Reagan und Thatcher, der Vormachtstellung des Staates den Krieg anzusagen.

Bedrängnis durch den Staat

Um besser zu verstehen, warum das Volk plötzlich gegen seinen Staat Sturm läuft, ist es notwendig zu begreifen, in welchem Ausmaß die öffentliche Hand den privaten Bereich tangiert, und welche Interessen dabei beeinträchtigt werden. Es versteht sich von selbst, weshalb sich der Bürger von der juristischen Normenflut betroffen fühlt. Wir werden darum nicht weiter auf diesen Aspekt eingehen. Überprüfen wir lieber im Rahmen des Begriffes der Regulierung und der Regelung, wie die öffentliche und private Sphäre aneinander geraten und in Konflikt kommen.

Die soziale Regelung erstreckt sich auch auf die Vermögens- und Einkommensumverteilung, und diese Funktion schneidet tief in die Mehrwertschöpfung und -verteilung ein. Ungefähr 15% des Bruttoinlandproduktes werden umverteilt, wobei der Anteil des Staates bei ungefähr 10% liegt. Auch auf diesem Gebiet liegt die Schweiz unter dem OECD-Durchschnitt von 19%. Aber man darf bei diesen Vergleichen die sprichwörtliche Gründlichkeit der Schweizer und deren Pedanterie nicht vergessen. Beide Eigenschaften bringen es mit sich, daß eine zwar unterdurchschnittlich soziale Regelung überdurchschnittlich empfunden werden kann.

Es ist klar, diese Umverteilung stellt nicht einfach eine soziale Kostenkomponente dar: Es handelt sich um Transferzahlungen. Die mit diesen Transfer- und Subventionsumlagen verbundenen administrativen Kosten und der mit ihnen betriebene Beamtenaufwand machen einen recht kleinen Anteil der umverteilten Mittel aus, ungefähr 5 bis 10%. Diese direkten Kosten der Verwaltung spielen also keine große Rolle, vor allem wenn man sie mit denjenigen vergleicht, die das Umverteilungssystem auf den privaten Sektor abwälzt, insbesondere die Unternehmungen. Die privaten Unternehmungen, aber auch die Haushalte, spüren nämlich ganz konkrete Rückwirkungen, die sich in einen hohen administrativen Aufwand umsetzen; einen Aufwand, der nicht nur den Nutznießern der Umverteilung abverlangt wird, sondern auch in großem Maße denen, die die Beiträge abliefern müssen. Hier scheint sicher eine Schwelle überschritten worden zu sein. Die soziale Annehmbarkeit des Umverteilungssystems ist dadurch in den Augen der öffentlichen Meinung stark angeschlagen worden.

Zum natürlich unpopulären administrativen und finanziellen Druck kommen noch einige perverse Effekte der Umverteilung. Das Subventions- und Umverteilungswesen wirkt beispielsweise dann pervers, wenn bei den Unternehmungen nicht überwälzbare Kosten anfallen. Dies ist der Fall, wenn Unternehmungen die ihnen angelasteten Sozialbeiträge nicht oder nicht gesamthaft über die Preise ihrer Güter oder Dienstleistungen überwälzen können. Idealerweise sollten eigentlich Transferleistungen ausschließlich auf physischen Personen oder auf Haushalten lasten, welche vom Staat je nach ihrer finanziellen Leistungskraft als Beitragsleistende beigezogen werden, um, am Schluß der Umverteilung, denjenigen Haushalten oder Personen gutgeschrieben zu werden, welchen der gleiche Staat aus sozialen oder politischen Überlegungen ein Bezugsrecht zuspricht. In Wirklichkeit kommt es in der Praxis durchaus dazu, daß Unternehmungen im Rundlauf zwischen den Beitrags- und Steuerpflichtigen und den Subventions- und Rentenbezügen mehr als nur eine Vermittlerfunktion ausüben. Ein Saldo bleibt immer dann bei den Unternehmungen hängen, wenn diese den erbrachten Vorschuß nicht vollumfänglich auf die Preise überwälzen können, sei es wegen der Konkurrenzsituation im Inland, oder weil die Überwälzung auf die Preise zum Verlust der Kundschaft zugunsten ausländischer Unternehmungen führt.

Es ist ein Irrtum zu glauben, daß dies nur im Falle von Grenzunternehmungen stattfinden kann, das heißt bei Unternehmungen, deren Ertragslage so schlecht ist, daß sie ohnehin den nächsten Konjunktureinbruch nicht zu überleben vermöchten. Dies stimmt um so weniger, als die internationale Konkurrenz heute vielfach die Karte der Soziallasten ausspielt; niemand bestreitet mehr, daß es auf diesem Gebiet weltweit Unterschiede von ganz bedenklichem Ausmaß gibt.

Diese Aspekte der Umverteilungsproblematik interessieren uns hier aber eigentlich weniger. Vielmehr geht es uns darum, an diesen Beispielen darzulegen, warum sich der Umverteilungs- und Bevormundungsstaat so viele solide Kritik gefallen lassen muß.

Diese Kritik ist um so verständlicher, als der Sozialstaat nicht nur Einkommen zwischen Reichen und Armen umverteilt. Ganz im Gegenteil, das Umverteilungskarussell betrifft auch, oder sogar vornehmlich, die Mittelklasse. Das heißt, einen Mittelstand, der den Eindruck nicht los wird, der Staat nähme ihm mit großem administrativen Aufwand immer gleich das aus der Tasche, was er ihm gerade an Versprechungen und Zahlungen zugeschoben hat. Im Falle der Altersvorsorge ist die Zeitdifferenz zwischen Beitragsleistung und Bezugsrecht derart lang, daß der Durchschnittsbürger die Tatsache aus dem Auge verliert, daß er zum mindesten teilweise mit seinen Beiträgen die ihm zugute kommenden Bezüge vorfinanziert.

Gruppeninteressen und Interesse der Allgemeinheit

Gehen wir nun zur Regulierungsfunktion des Staates über, insbesondere im makroökonomischen Bereich. Auf diesem Gebiet sind die direkten, mit der Regulierung verbundenen Kosten noch viel geringer als im Falle der Umverteilung. Es besteht aber eine politisch sehr relevante Ausnahme: die statistische Auskunftspflicht, die sowohl in den Augen der Unternehmungen als auch der Haushalte schwer wiegt. Die aus der Aufarbeitung der Statistik entstehende Mißstimmung zeigt sich immer wieder, einmal im steten Kampf der Berufsorganisationen und der Unternehmungen gegen den Ausbau der allgemeinen Wirtschaftsstatistik, zum anderen bei den nun jahrzehntelang laufenden Diskussionen über die Notwendigkeit der Bevölkerungs- und Unternehmungszählungen.

Kann man sich andere negative Reaktionen gegenüber der Konjunktur- und Strukturpolitik vorstellen? Auf den ersten Blick scheinen die Verstetigung des Wirtschaftswachstums, die Ausmerzung der Inflation, die Pflege der Zahlungsbilanz und der Kampf gegen die Arbeitslosigkeit Vorhaben zu sein, die keine großen Diskussionen und keine kollektive Ablehnung mehr hervorrufen. Obwohl die makroökonomische Regelung an sich nicht mehr in Frage gestellt wird, ist sie bei den potentiell oder effektiv betroffenen Individuen – und solche wird es immer geben – sicherlich nicht sehr beliebt. Nehmen wir das Beispiel der Inflation. Wäre die Inflation eine Landplage wie die Pest, gäbe es kaum je eine politische oder wirtschaftspolitische Diskussion um die Frage, ob sie zu bekämpfen sei oder nicht. Weil unter diesen Umständen niemand aus der Inflation Nutzen ziehen könnte, wäre es ein Leichtes, die Inflationsbekämpfung auf einen sozialen Konsens abzustellen. Nun trifft dies aber nicht zu, denn die Inflation begünstigt nicht nur eine kleine Zahl von Einzelpersonen, sondern sehr weite Kreise. Natürlich gibt es im Spiel um die Inflation auch viele Verlierer, aber diese sind sich sehr oft nicht bewußt, daß sie die Rolle der systematisch Beungünstigten spielen, vor allem, wenn die Inflation relativ bescheiden bleibt und sich hinter der Euphorie der Hochkonjunktur versteckt. Diese Tatsache erklärt, warum sich die Nutznießer der Inflation so effizient und jeweils so lange gegen eine kräftige Konjunkturstabilisierungspolitik wehren können, und warum breite Kreise der Bevölkerung immer wieder mit der Inflation liebäugeln, auch wenn diese sie unweigerlich um einen Teil ihrer Ersparnisse bringt.

Der Fall der Rezession liegt nicht sehr anders. Natürlich läßt sich aus einer Rezession nicht viel Profit schlagen. Die Unternehmungen machen jedoch auch bei schlechter Konjunktur die Opportunitätsrechnung, um festzustellen, ob die beziehbaren Beiträge über die Arbeitslosenversicherung und die Exportrisikogarantie für sie mehr ausmachen, als die anfallenden Mehrbelastungen, die mit der Wiederankurbelungspolitik verbunden sind.

Wie vorsichtig und mißtrauisch Arbeitgeberorganisationen in Sachen Konjunkturpolitik sind, zeigt der seit zwanzig Jahren dauernde Wortkrieg, den das Patronat dem Konjunkturartikel in der Bundesverfassung gemacht hat. Sei es in der Inflation, der Rezession oder gar der Krise, die Vertreter der Wirtschaftsmacht bevorzugen sporadische und punktuelle Eingriffe des Staates gegenüber einer verfassungsmäßig abgesicherten Rahmenkompetenz, die der politischen Macht eine Generalbefugnis einräumt. Es ist sicher nicht verwegen zu behaupten, daß der schlußendlich 1979 von der Wirtschaftsmacht verlorene Kampf um den Konjunkturartikel in der Bundesverfassung dem «weniger Staat» den Weg maßgeblich geebnet hat.

Der moderne Staat ist nicht nur zum Garanten einer möglichst stabilen Konjunktur geworden, er soll es der Wirtschaft auch erlauben, ein langfristig optimales Wirtschaftswachstum zu erzielen. Anders ausgedrückt ist der Staat nicht nur Regulator von Kräften und Entwicklungen im sozio-ökonomischen Bereich, die sich spontan ergeben. In vielen zentralen Bereichen ist er zum eigentlichen Regisseur und Produzenten von Rahmenbedingungen geworden, die es der Wirtschaft und dem Sozialwesen erlauben sollen, sich optimal zu entwickeln.

Auch diese Entwicklung, die sich vor allem in den Nachkriegsjahren abzeichnete, ist nicht von einem Tag auf den andern gekommen. Seit jeher war der Staat mit der Idee der physischen Sicherheit der Bevölkerung verbunden. Das haben wir weiter oben gesehen. Aber auch gewisse Infrastrukturen, wie Straßen, und viele Dienstleistungen von öffentlichem Interesse sind immer Bestandteil des traditionellen Einflußbereiches der öffentlichen Hand gewesen. Der erste Hauptschritt in Richtung einer Verantwortung für die optimale Wirtschaftsentwicklung fand jedoch erst im 19. Jahrhundert statt, in dem Moment, als der moderne Staat der Kirche die Führungsrolle im Bereich der Bildung abnahm. Heute ist die öffentliche Hand Hauptproduzent und -vermittler von Bildung, Ausbildung und grundlegender Forschung. In der Schweiz sind 85% der Lehrer und Forscher Beamte. Auf dem Gebiet der Post und der Telekommunikation liegt die Produktion ausschließlich bei der öffentlichen Hand.

Der produzierende Staat

In zahlreichen anderen Gebieten tritt der Leistungsstaat als Konkurrent in Märkten auf, die er mit privaten Unternehmungen teilt. Dies trifft fast in allen Bereichen des Wirtschaftslebens zu. Der Staat betreut Wälder, unterhält landwirtschaftliche Pilot- und Forschungsbetriebe, hält 60% der Energieversorgung in der Hand, wo er, mit Ausnahme der flüssigen Brenn- und Treibstoffe, alles kontrolliert. Die Hälfte der Gesundheitsproduktion liegt bei der öffentlichen Hand. Der Staat bewältigt 40% des Transportaufwandes und rund einen Drittel der Sozialarbeit. Auch im Banken- und Versicherungswesen ist der Staat in hohem Maße aktiv, denn 16% der Bank- und 18% der Versicherungsangestellten stehen im Sold der öffentlichen Hand.

Die Theorie der öffentlichen Güter hält elegante Erklärungen zu der Frage bereit, warum die Marktwirtschaft gewisse Produktionsaufgaben dem Staat übergibt. Die Gründe dazu sind vielfältig; einmal die sich oft ergebende Unmöglichkeit, die Nutznießer eines Gutes oder einer Dienstleistung zu identifizieren, eine absolute Notwendigkeit, wenn man sie zur Kasse bitten will. Schulbeispiele dafür bilden die Landesverteidigung und die öffentlichen Parkanlagen. Bei der Landesverteidigung ist es technisch unmöglich, die Nutznießer vernünftig zu eruieren; bei den öffentlichen Parkanlagen wäre dies zwar technisch möglich, aber sozial undenkbar. Ein zweites Argument, das bei der Erklärung der Eigendynamik des Leistungsstaates eine große Rolle spielt, ist das vermeintliche Unvermögen der Marktwirtschaft, langfristige Dispositionen zu treffen. Schulbeispiele dafür sind die Sektoren Energie und Telekommunikation, wo die Anlaufzeiten der Investitionen sich über Generationen erstrecken.

Das stete Wachstum des Leistungsstaates läßt sich aber nicht nur auf technische und ökonomische Momente zurückführen. Es entspricht auch dem politischen Willen, gewisse Produktions- und Verteilungsaufgaben der Marktwirtschaft zu entziehen.

Der Widerstand, auf den der Staat im Zuge dieser Entwicklung stößt, ist mindestens zweierlei Art: Erstens spielen kommerzielle Erwägungen eine große Rolle, vor allem dort, wo der Staat als Konkurrent privatwirtschaftlicher Unternehmungen auftritt. Zweitens sind ideologische Gegensätze und Überzeugungen von großer Bedeutung. Daß diese beiden Ansätze dialektisch miteinander verbunden sind, ist klar.

In kommerziellen Bereichen, wo sich Unternehmen und öffentliche Hand vielfach gegenüberstehen, geht es nicht nur um die unmittelbare Konkurrenzsituation auf den Märkten selbst, indem der private Sektor und der Staat sich gegenseitig um Marktanteile bemühen. Typische Beispiele dazu sind der Bankensektor oder der Gesundheitsmarkt, und schließlich – weil das immer wieder aufgeworfen wird – das Bestattungswesen sowie auch das Druckereigewerbe, wo staatsintern viel produziert wird. Der wichtigere Zankapfel im Streit zwischen privater und öffentlicher Wirtschaftsmacht liegt auf einer anderen Ebene, insbesondere auf den Arbeits- und Kapitalmärkten.

Auf dem Arbeitsmarkt sieht sich der Staat immer wieder dem Vorwurf ausgesetzt, er übertrumpfe die Privatwirtschaft auf dem

Gebiet der leistungsbezogenen Saläre und der Sozialleistungen. Dabei wird aber oft übersehen, daß es bei der wirklich öffentlich organisierten Produktion mehrheitlich um Dienstleistungen geht, die meistens nicht an Dritte weitergegeben werden können. Für herkömmliche Produktionsaufgaben, wie beispielsweise der Bau eines Verwaltungsgebäudes, zieht der Staat die Privatwirtschaft bei. Die vom Staat exklusiv gewährleistete Produktion und Verteilung von Dienstleistungen setzt gerade wegen der Beamtenverantwortung relativ hohe Qualifikationsanforderungen voraus, selbst dann, wenn es sich um bescheidene, administrative Dienstleistungen handelt. Dieser hohe Qualifikations- und Verantwortungsstandard des Beamten rechtfertigt sowohl wirtschaftlich wie auch sozial die Tatsache, daß die Durchschnittsgehälter in der öffentlichen Hand über denjenigen des privaten Sektors liegen. Auch die Unterschiede der allgemeinen Arbeitsbedingungen gegenüber den Sektoren Industrie und Gewerbe lassen sich zum mindesten teilweise auf diesem Weg erklären.

Nun kommt man aber mit keiner Erklärung um die Tatsache herum, daß die sich im Zuge der allgemeinen Wirtschaftsentwicklung benachteiligt fühlenden Wirtschaftssektoren und Branchen mit dem Lohngefälle zugunsten des Staates nicht abfinden. Solange das Produktivitätsgefälle zwischen Beamten und gewerblichen und industriellen Arbeitnehmern anhält, wird die hemdsärmlige Diskussion um verschlafene und überbezahlte Beamte andauern. Dies ist ein politisches Faktum.

Was heißt staatliche Effizienz?

Im Zusammenhang mit dieser Problematik stellt sich die Grundfrage, ob es überhaupt möglich ist, die Produktivität der Beamten mit derjenigen der Arbeitnehmer im privaten Sektor zu vergleichen. Politisch relevant ist diese Vergleichsfrage vor allem bezüglich der Klein- und Mittelbetriebe mit gewerblichem Charakter, denn aus diesen Kreisen kommt die vehementeste Kritik.

Auch hier ist es notwendig, Kritik von Kritik zu unterscheiden. Da ist einmal die Kritik aus dem Lager der Partisanen, die sich wirtschaftlich vom Staat bedrängt fühlen. Dazu kommen die generelleren und ideologischen Bedenken. Schließlich wird Kritik laut, die der öffentlichen Hand technisches und ökonomisches Unvermögen anlastet und behauptet, der Staat haushalte aus systembedingten Gründen verschwenderisch.

Der Ruf nach weniger oder besserem Staat ist nur dann legitimierbar, wenn wirksame Alternativen der staatlichen Produktion und Verteilung zur Verfügung stehen, oder wenn auf dem Weg von Reformen die Eigenproduktivität der öffentlichen Hand effektiv erhöht werden kann. Um die Debatte einigermaßen übersichtlich zu gestalten, ist es notwendig, die Regelungsaufgaben des Staates klar von der Produktion von Gütern und Dienstleistungen zu unterscheiden. Das Abwägen der Legitimität der Forderung nach weniger und besserem Staat hängt sehr eng mit dieser Unterscheidung zusammen.

Der Staat als Produzent von Gütern und Dienstleistungen ist eine der beliebtesten Zielscheiben derjenigen, die dem Staat systembedingte Ineffizienz vorwerfen. Leider sind nun aber gerade auf diesem Gebiet die Möglichkeiten alternativer Produktion ausgesprochen beschränkt. Bei sachlicher und ruhiger Abklärung zeigen die Erfahrungen in den Vereinigten Staaten und in Großbritannien wenig signifikante und beispielhafte Verwirklichungen. Weder die oft zitierten Beispiele der Verteilung von Postpaketen in den Vereinigten Staaten oder die Privatisierung der British Telecom, noch das Exempel der Abfallverwertung sind umwerfende Ereignisse.

Aus den oben erwähnten technischen und sozialen Gründen ist eben der Fächer der privatisierbaren Produktionen der öffentlichen Hand enttäuschend klein. Wahr an der ganzen Debatte ist eigentlich einzig die Tatsache, daß es im ureigensten Interesse der «weniger Staat»-Politiker liegt, die Privatisierungsmöglichkeiten hochzuspielen, und es frägt sich lediglich, ob dieses politische Poltern mit relativ wenig Leistungsausweis nicht schließlich das Publikum schneller überdrüssig machen wird, als es sich die Anti-Staat-Politiker vorstellen. Das Beispiel des Nationalisierungs- und Entnationalisierungsreigens im Großbritannien der fünfziger und sechziger Jahre und heute in Frankreich zeigt, wie sehr Rufe nach mehr oder weniger Staat im Sande unnötiger Polemik verlaufen können.

Viel wichtiger erscheint, was auf dem Gebiet der Effizienzforschung und -entwicklung im Innern der öffentlichen Betriebe und

Verwaltungen vorgeht. Hier liegt noch ein ungeheures Effizienzpotential brach. Wie jegliche Unternehmung brauchen der Staat und seine Arbeitnehmer Ansporn, es besser, schneller und billiger zu machen. Weil der Staat außerhalb des Marktes und der Konkurrenz liegt, entfällt der systeminterne Antrieb weitgehend. Dazu kommt, daß der Effizienzehrgeiz im öffentlichen Betrieb überhaupt nicht entlöhnt wird, weil praktisch kein Beamter je für effiziente und fachmännische Exzellenz anders als mit einer Beförderung belohnt werden kann. Dabei gilt es noch zu bedenken, daß die Beförderungsentlöhnung immer dann zu einem Rückschlag in der Produktivität des Beamten führt, wenn dieser von einer anspruchsvolleren Aufgabe überfordert wird: das berühmte «Peter-Prinzip».

Die Forderung nach mehr Effizienz im Sinne eines besseren Staates geht also in erster Linie an die Adresse der Manager öffentlicher Betriebe und Verwaltungen, und damit schließlich an die gewählte Exekutivbehörde. Dieser fällt die Aufgabe zu, die betriebswirtschaftlichen Grundsätze des öffentlichen Sektors von Grund auf neu zu durchdenken. Grundlagen müssen erarbeitet werden, die es erlauben, die Produktivität der Beamten besser zu messen. Auch geht es darum, neue verbesserte Kontroll- und Überprüfungstechniken einzuführen. Auf keinen Fall kann es genügen, einfach Methoden des privaten Managements zu übernehmen. Auch wenn das noch so oft postuliert wird, ist ein solches Vorgehen aufgrund der systembedingten Eigenheiten der öffentlichen Produktion weder möglich noch erfolgversprechend. Auf der anderen Seite kann es natürlich auch nicht darum gehen, mit den bestehenden öffentlichen Produktionstechniken einfach fortzufahren, mit dem Hinweis darauf, daß diese die einzig möglichen seien und man es immer so gemacht habe. Die Erforschung und Entwicklung von effizienteren Managementmethoden im öffentlichen Bereich gehört wohl zu den größten Herausforderungen unserer heutigen Zeit.

Vergleicht man nämlich den enormen Aufwand, der in den fünfziger und sechziger Jahren auf dem Gebiet der Betriebswirtschaftslehre und des privaten Managements geleistet worden ist, mit den spärlichen Versuchen, gleiches auf der Ebene der öffentlichen Körperschaften und des Staates zu tun, so kommt man zum Schluß, daß wir hier noch ganz am Anfang einer neuen Entwicklung stehen: die Hauptarbeit bleibt noch zu tun. Die Tatsache, daß im Bereich Staat vom Markt her keine objektiven Leistungsindikatoren gegeben werden, erklärt höchstwahrscheinlich den aufgestauten Wissensrückstand. Erklären heißt aber nicht entschuldigen. Obwohl es klar ist, daß die öffentliche Wirtschaft nicht einfach wie die Privatwirtschaft auf den Vergleich zwischen Einstands- und Verkaufspreisen zurückgreifen kann, um die Produktivität der Arbeitskräfte zu bestimmen, gibt es ansatzweise eine Fülle von Vorschlägen, wie diesem Problem beizukommen ist.

Es stimmt zwar, daß der Rückgriff auf abstrakte Produktions- und Produktivitätsnormen kaum ergiebig ist. Die Erfahrung der zentral geplanten sozialistischen Länder zeigt das deutlich. Mindestens zwei Alternativen bleiben jedoch offen. Die erste besteht in der Einführung einer Quasi-Konkurrenz zwischen den einzelnen Segmenten der öffentlichen Produktion. Diese läßt sich durch eine vermehrte Verselbständigung der öffentlichen Produktionsstrukturen in kleinere Einheiten erreichen, wobei man natürlich jede dieser Einheiten in direkte Beziehung mit seinem entsprechenden Nachfragesegment bringen muß. Abzuklären bleibt in diesem Zusammenhang die Frage, wie man effizientere Einheiten belohnen kann, und ob es überhaupt möglich ist, unproduktive Einheiten oder Beamten produktionseffizient zu machen oder gegebenenfalls zu bestrafen.

Ein anderer, vielleicht realistischerer Weg geht über den Arbeitsmarkt. Auf diesem stehen schließlich, zum mindesten zur Zeit der Berufswahl, Beamte und übrige Arbeitnehmer in Konkurrenz. Es geht bei dieser Alternative darum, diese Konkurrenz auch nach der Beamtung aufrechtzuerhalten. Anders ausgedrückt würde das bedeuten, daß die Forderung nach besserem Staat auf die Verminderung von beruflichen Mobilitätsbarrieren zwischen öffentlicher und privater Wirtschaftssphäre hinauszielt. Vermehrte Mobilität im Innern öffentlicher Betriebe und Verwaltungen sowie auch nach außen wie nach innen sollte das erstrangige Postulat einer effizienzsteigernden Politik in Sachen Staat sein. Mehr Spielraum bei der Bemessung der Gehaltsskalen und der Karrieremöglichkeiten sind dafür Voraussetzung.

Die Bürokratiefalle

Noch ein Wort zur Regeldichte, einem Problem, das, wie wir gesehen haben, in der Animosität gegen den Staat und im Slogan «weniger Staat» eine große Rolle spielt. Gibt es auf dem Gebiet der Deregulation überhaupt Alternativen diesseits der Utopie? Eines ist sicher, das Einzirkeln des Bürgers durch öffentliche aber auch private Bürokratien ist in unseren zeitgenössischen Gesellschaften an einem Punkt angelangt, wo man sich über Bürgerrevolten nicht mehr wundern darf. Der Prozeß hingegen, der uns diese Unzahl von Normen, Reglementen und Prozeduren beschert hat, läßt sich nicht leicht erklären.

Sowohl in der sogenannten freien Marktwirtschaft als auch in der staatlich organisierten Produktions- und Verteilungssphäre haben große Einheiten kleine und mittlere Betriebe und Verwaltungen abgelöst. Damit war die Voraussetzung geschaffen, daß die Bürokratie Blüten trieb, und der Verkehr des Apparates mit Einzelpersonen zusehens anonymer wurde. Die zentrale Frage lautet hier, ob diese soziologisch gesehen negative Entwicklung durch einen ensprechend größeren wirtschaftlichen und technischen Effizienzeffekt aufgewogen wird. Diese Frage ist noch weitgehend offen, obwohl sich in der Volksmeinung Anzeichen mehren, die dem entgegensprechen. «Small ist beautiful» heißt der Slogan, der nicht nur die Effizienz großer Strukturen in Abrede stellt, sondern der dem großen Apparat auch Eigenrechtfertigung und Egoismus anlastet.

Weil man in den letzten Jahrzehnten schrittweise zur Überzeugung gelangen konnte, daß privatrechtlich organisierte Großunternehmer nicht in der Lage seien, sich selbst zu regulieren, hat man paradoxerweise dem ebenfalls sehr großlastigen Staat die neue Aufgabe übertragen, hier zum Rechten zu sehen. So ist der Staat langsam von seiner ursprünglichen Rolle des Garanten der grundlegenden politischen und wirtschaftlichen Freiheiten in die Rolle einer vermeintlich machtvollkommenen Autorität gedrängt worden: der Vormundsstaat.

Der Vormundsstaat ist allgegenwärtig: Er vertritt die übergeordneten Interessen der Nation. Er ist Garant des inneren Zusammenhangs und des Zusammenlebens des Landes. Er normiert im Bereich der Rahmenbedingungen des Wirtschaftslebens und der

Technik. Er übernimmt die Langzeit-Verantwortung der optimalen wirtschaftlichen und sozialen Entwicklung und führt Regie bei der Umverteilung von Einkommen und Vermögen zwischen sozialen Schichten und Altersklassen.

Der Vormundsstaat stellt schließlich die Produktion in allen jenen Gebieten sicher, wo die Marktwirtschaft nicht aktiv werden kann, oder wo man ihr aus sozialen, politischen oder kulturellen Gründen den Zutritt verwehrt. Die Eigendynamik des Vormundsstaates und die ihm innewohnende Fähigkeit, in alle Bereiche der privaten Sphäre vorzudringen, hängt mit der wachsenden Interdependenz der einzelnen Sparten des Gesellschafts- und Wirtschaftslebens der modernen Zeit zusammen. Jede abstrakte Norm des Staates, die darauf abzielt, irgendein nationales Interesse wahrzunehmen, läuft in der Regel auf einen Nachfolgezwang hinaus, in dessen Zeichen untergeordnete Normen in allen möglichen Gebieten und auf allen Ebenen der öffentlichen Macht in Kanton und Gemeinde notwendig werden.

Das einzige Mittel, um mit dieser eigendynamischen Logik der Ausweitung des Staates fertigzuwerden, besteht, von punktuellen Verbesserungen abgesehen, darin, dem Staat eine Eigendynamik des privaten Bereichs entgegenzusetzen.

Das heißt, anders ausgedrückt, die Privatwirtschaft muß dem Hang nach Bevormundung des Staates durch den Ausbau ihrer technischen, produktiven und sozialen Kompetenz und Leistungsfähigkeit zuvorkommen. Dabei genügt natürlich weder eine «weniger Staat»-Rhetorik, noch eine systematische Kritik am Beamtenstaat, die beide nicht mehr einbringen als parlamentarischen Aktivismus mit Deregulations- und Privatisierungsvorschlägen. Die einzige Möglichkeit, die Gesellschaft auf den Weg einer besseren Verteilung zwischen öffentlichem Zwang und selbstauferlegter spontaner individueller Disziplin zu bringen, führt über die Erarbeitung von neuen Grundlagen, die die Selbstregulierungsfähigkeiten des privaten Sektors verbessern helfen, und die es ihm erlauben, sein soziales und ökologisches Verantwortungsbewußtsein auszubauen.

II Ein Projekt für die Schweiz

Unser kleines Land, so ahnt man
und reibt sich verblüfft die
Augen, ist in Wirklichkeit von der
Geschichte abgetreten, als es ins
große Geschäft eintrat.

Friedrich Dürrenmatt

Die Hinterlassenschaft

Politische Stabilität ist wahrscheinlich der Ausdruck, der die Haupttugend der modernen Eidgenossenschaft am besten einfängt. Die sprichwörtliche politische Stabilität der Schweiz hat eine lange Vorgeschichte. Seit Beginn der Eidgenossenschaft im ausgehenden 13. Jahrhundert ging es bei der Verwirklichung des Projektes Schweiz immer darum, unter den teilhabenden und auf ihre Unabhängigkeit sehr stolzen Gemeinschaften einen möglichst hochstehenden Interessennenner zu finden, um dem Land Gestalt zu geben und es ihm zu erlauben, sich den Machtgelüsten seiner Nachbarn zum Trotz durchzusetzen.

Historische Wurzeln

Seit ihrem Beginn stellt die Eidgenossenschaft einen Pakt und eine Allianz dar, eine Interessenverbindung kleiner Staaten, die sich durch machtvolle Nachbarn bedroht wußten: das germanisch-österreichische Reich, die Lombardei, das Burgund und schließlich Frankreich. Der politische und soziale Zusammenschluß der Urschweiz bildete die notwendige Voraussetzung zur Unabhängigkeit, denn es galt, offensichtliche wirtschaftliche und demographische Schwächen zu überwinden.

Das politische Projekt der ursprünglichen Schweiz bestand darin, den Eidgenossen einen Freiheitsraum zu schaffen, mühsam, sachte und vorsichtig aufgebaut, mit wachem Sinn für das politisch und wirtschaftlich Mögliche. Dieses Vorgehen erlaubte es der Urschweiz, in ihrem Drang nach Selbstbestimmung besser abzuschneiden als andere Bauernrepubliken, die sich im Mittelalter um ähnliches bemühten, deren Existenz aber sehr kurzlebig war.

Natürlich spielte der Gotthard bei der Gründung der Schweiz eine ausschlaggebende Rolle. Der Brückenschlag über die Schöllenen machte den Saumpfad zu einem internationalen Verkehrsweg und öffnete die Waldstätten für die damalige Welt. Gleichzeitig brachte die neue Straße einen gewissen Reichtum in die Gegend, der übrigens nicht nur aus materiellen Erträgen, sondern auch aus immateriellen Gründen bestand. Plötzlich war es den Waldstätten möglich, am Weltgeschehen teilzuhaben und diejenige politische, wirtschaftliche und kulturelle Information zu erlangen, die für das Weiterleben der Eidgenossenschaft nicht nur nützlich, sondern ausschlaggebend war. An einer wichtigen Handelsroute gelegen, konnte die in der Entstehung begriffene Schweiz der Grenzen des Möglichen gewahr werden und ein kollektives Bewußtsein entwickeln, das es ihr erlaubte, wirtschaftliche und politische Träumereien vom Machbaren zu unterscheiden.

Als Beweis für dieses Bewußtsein der eigenen Machtgrenzen darf an erster Stelle die Tatsache gelten, daß die Eidgenossen auf Anhieb den freien Zugang zur Gotthardroute allen Kaufleuten zusicherten. Diese Geste sollte auch die umliegenden Großmächte beruhigen. Sie stellt außerdem den Vorläufer der politischen und wirtschaftlichen Neutralität dar, ein Instrument, dessen sich die eidgenössische Außenpolitik seit der verlorenen Schlacht von Marignano 1515 systematisch bedient und das erstmals anläßlich des westfälischen Friedens nach dem dreißigjährigen Krieg verbrieft worden ist, um dann sukzessive, vor allem durch den Wiener Kongreß und die Standortbestimmung im Gefolge des Zweiten Weltkrieges, seine heutige Form anzunehmen.

Aber auch für das Mögliche im Bereich der wirtschaftlichen Belange hatte die Urschweiz ein sehr realistisches Gespür. Der Beizug der Handels- und Gewerbestädte Luzern, Zürich und Bern sicherte der sich entwickelnden Eidgenossenschaft ein Hinterland, womit das politische Projekt der Eigenständigkeit sowohl territorial-militärisch als auch wirtschaftlich abgerundet war. Mit dem Beitritt von Luzern gelang es, die Situationsrente des Gotthards besser auszunutzen, Zürich brachte ein schon zu damaliger Zeit hochstehendes Gewerbewesen mit in die Eidgenossenschaft und Bern schließlich seine politische Potenz.

Die Verstetigung des Erreichten

Die Mailänder Kriege, und vor allem die Niederlage bei Marignano, setzten den durch zahlreiche Siege über die Habsburger und die Franzosen angespornten Macht- und Expansionsgelüsten der alten

Schweizer ein Ende. Die Eidgenossen mußten sich mit dem Erreichten zufriedengeben und versuchten, ihr Projekt mit den bestehenden Ressourcen weiterzulenken. Dabei ist der Schweiz der Grundgedanke der Neutralität sicher zugute gekommen, galt es doch, die kleinen Staatswesen mit all ihren Ansprüchen auf Eigenständigkeit allmählich als Kantone in der Eidgenossenschaft aufgehen zu lassen, ohne ihnen zu nahe zu treten. So entwickelte sich langsam ein freundeidgenössisches Verhältnis zwischen Zwergstaaten, das schließlich genügend stark wurde, um auch tiefe Zäsuren und Meinungsverschiedenheiten zu überleben.

Der sich im Staatswesen Schweiz langsam entwickelnde Respekt gegenüber anders lebenden und anders denkenden Eidgenossen hat sicher maßgeblich dazu beigetragen, daß die Eidgenossenschaft die für den Fortbestand ausschlaggebende Prüfung der Reformation, die Europa bekanntlich in zwei Lager zerriß, überleben konnte. Dieser Toleranz ist es schließlich auch zuzuschreiben, daß die Affäre des Sonderbundes in der hektischen Zeit des 19. Jahrhunderts nicht in einen Bürgerkrieg ausartete, und sie gab der Eidgenossenschaft wahrscheinlich auch die Kraft, sich ab 1848 die Mittel zu geben, die lose Standesverbindung durch einen modernen demokratischen Bundesstaat abzulösen.

Das Projekt Schweiz ist also langsam, aber stetig entstanden. Immer wieder konnten historische Sachzwänge und Impulse verkraftet werden. Es gelang auch jeweils, die politische, wirtschaftliche und kulturelle Umwelt mit der eigenwilligen Freiheitsauffassung und der sehr provinziell anmutenden Einstellung der Eidgenossen in Einklang zu bringen. Eine gewisse Zurückhaltung im kollektiven Ehrgeiz, aufgewogen durch eine bäuerliche Hartnäckigkeit und ein ausgesprochenes Ausdauervermögen, eine kluge, maßgeblich von Bern beeinflußte Abschätzung der politischen Gleichgewichte, eine wache Sorge um soziale Gerechtigkeit und eine immer wieder unter Beweis gestellte Integrationsfähigkeit von neuen Ständen und neuen Auffassungen haben nicht nur bei der Realisierung des Projektes Schweiz eine ausschlaggebende Rolle gespielt, sondern ihm auch den Stempel einer gewissen Originalität aufgedrückt. Die Schweiz wurde nicht zur Nation im herkömmlichen Sinne, sondern zu einem Land, in dem verschiedene Völkchen zueinanderstehen und in dem gewisse Eigenheiten, indem sie landesüblich geworden sind, den Schweizern die nationale Identifikation ermöglichen.

Diese Diagnose hört sich sehr schmeichelhaft an. Aber die Tatsache, daß die Schweiz weltweit sehr oft als Beispiel zitiert wird, darf nicht darüber hinwegtäuschen, daß die Eidgenossen weder sehr viel klüger noch einsichtiger als die meisten Menschen sind. Die moderne Schweiz und das an sich glückliche Staatsgefüge sind nicht spontan, sondern unter Druck entstanden. Druck in zweierlei Hinsicht. Erstens mußte von Anfang an jedem Schweizer klar sein, daß ein loses Staatengefüge um so mehr zentrifugalen Kräften ausgesetzt ist, als große kulturelle, sprachliche und wirtschaftliche Unterschiede zwischen den Gliedstaaten bestehen. Das politische Kaleidoskop konnte nur darum Bestand haben, weil sich die einzelnen Stände ehrlich und immer wieder darum bemühten, den anderen nicht zu nahe zu treten und ihnen gegebenenfalls Solidarität entgegenzubringen. Diese Solidarität – und das ist die zweite Fügung, die der Schweiz förderlich war – wurde dem Land praktisch aufgezwungen, weil es in den ersten fünfhundert Jahren seiner Existenz über keine wertvollen natürlichen Reichtümer verfügte. Der Mangel an Rohstoffen hat wahrscheinlich wie ein Zement zwischen den Gliedern der Eidgenossenschaft gewirkt. Dieser Mangel konnte erst im Laufe der Nutzbarmachung der Wasserenergie behoben werden, das heißt im Laufe des 19. Jahrhunderts. Im 20. Jahrhundert entpuppte sich dann mit der Entwicklung des Tourismus die bis anhin als unwirtlich und unwirtschaftlich empfundene Landschaft als eine Goldgrube; aber dies hat mit der Entstehungsgeschichte der Schweiz freilich nichts zu tun.

Politisch gesehen, hat die Erinnerung an jahrhundertelange Entsagungen und Sachzwänge maßgeblich bei der Formulierung der modernen Schweiz teilgehabt, einer modernen Schweiz, die ihre politischen Institutionen und Bräuche ganz auf die Suche eines möglichst weitgezogenen Kompromisses ausrichtete. Dabei stellt die oft mühsame, aber immer wieder betriebene und auch institutionell verankerte Suche nach Kompromissen den wohl wichtigsten integrierenden Faktor dar, mehr noch als der erreichte Kompromiß selbst. In der neuzeitlichen Schweiz stellt der

Dialog und das Abwägen von Interessen die eigentliche Methodik der politischen Arbeit dar.

Es ist klar, daß das systematische Aufspüren von Konsensmöglichkeiten und der ständige Rückgriff auf den Dialog mit Sozialpartnern der Politik ein recht unscheinbares Profil aufzwingen: Die politischen und sozialen Projekte, der Staat, ja selbst die Armee und alle anderen Institutionen nehmen sich in der Schweiz im Vergleich zum Ausland ziemlich farblos aus. Große Würfe liegen dem Schweizer nicht, genausowenig wie allzu blumige Persönlichkeiten oder Institutionen und Betriebe, die zu stark auf ihr Prestige aus sind. Was im artverwandten Alpenland Bayern möglich ist, mit Franz Josef Strauß, ist in der Schweiz schlicht undenkbar. Bei den Institutionen liegen die Dinge gleich. Das Departement für auswärtige Angelegenheiten oder sagen wir die Nationalbank sind im Vergleich zu vielen ihrer ausländischen Schwestern äußerst bescheidene Institutionen.

Der Schweizer hat also einen Hang zum Unauffälligen. Das trifft nicht nur für politische Persönlichkeiten und Institutionen zu, sondern auch für die politischen Projekte. Die großen kollektiven Entwürfe der Neuzeit sind fast ausnahmslos Ausdruck dieser Zurückhaltung. Da gibt es keine revolutionären Eskapaden, keine spektakulären Kehrtwendungen, keine militärischen Höhepunkte; auch ließ sich die Schweiz nie in kolonialistische Versuchung bringen. Und dennoch oder vielleicht gerade deswegen kann die Schweiz mit einigem Stolz auf das in den letzten zweihundert Jahren Erreichte zurückblicken. Erstens steht ein sehr großer wirtschaftlicher und technologischer Erfolg zu Buch und zweitens die Tatsache, daß sich die Schweiz dank ihrer klugen Neutralitätspolitik aus zwei mörderischen Weltkriegen herauszuhalten vermochte. Schließlich hat es die moderne Schweiz auch fertiggebracht, ein originelles Verhältnis zwischen Arbeit und Kapital zu schaffen: Der berühmte Arbeitsfrieden, der, verbunden mit einer gut ausgebauten sozialen Sicherung, der Schweiz zu einigem Ruhm gereicht.

Bestechend an diesen politischen Hauptprojekten ist die Tatsache, daß sie weitgehend apolitischer Natur sind. Das Wirtschaftliche und Soziale sowie das Technologische ragen weit über das Politische im engeren Sinn heraus, mit Ausnahme der dezidierten Absagen an den Nationalsozialismus, der mit Abstand das wichtigste politische Projekt dieses Jahrhunderts darstellt.

Der Weg zur heutigen Schweiz

Bei der Durchsicht der geschichtlichen Entwicklung der modernen Schweiz kann man sich fragen, welcher Stellenwert eigentlich der Politik zukommt. Die Politik tritt in Wirklichkeit kaum je als Triebfeder der kollektiven Projekte in Erscheinung. Die Inspiration der Projekte kommt meistens aus dem wirtschaftlichen und sozialen Bereich; Politiker treten eher als Moderatoren und Schlichter auf. Die Schweizer Politik erlaubt es auf diese Weise, die kollektiven Vorhaben so auszugestalten, daß sie für den Großteil der Bevölkerung annehmbar werden, und sie hilft dadurch mit, den wirtschaftlichen Projekten eine politische Dimension zu geben.

Heißt das, daß in der Schweiz die Macht der Wirtschaft wichtiger ist als formelle politische Macht? Vieles spricht dafür.

Erstens einmal die Geschichte anfangs des 19. Jahrhunderts. Damals standen die Geschicke Europas und der Schweiz ganz im Zeichen der napoleonischen Kriege. Als loser Staatenbund hatte die Schweiz Mühe, sich außenpolitisch durchzusetzen. Dank dem Verhandlungsgeschick eines Pictet de Rochemont und glücklicher Fügung gelang es schließlich, eine völkerrechtlich verbriefte Anerkennung der Schweiz und ihrer Neutralität zu erreichen. Spätestens zu diesem Zeitpunkt wurde klar, daß die politischen Institutionen der Schweiz den Anforderungen der modernen Welt nicht mehr zu genügen vermochten. Drei Jahre nach dem Wiener Kongreß, 1818, gibt sich die Schweiz eine eidgenössische Armee und mit ihr den modernen Ausdruck der nationalen Einheit. Abgesehen von diesem grundlegenden Ereignis bleibt aber die Initiative im wirtschaftlichen Bereich; das soziale und wirtschaftliche Projekt der Schweiz wird nämlich von einer neuen Rasse getragen: die der Wirtschaftspioniere.

Ein Waadtländer, Marc-Antoine Pellis, gründet 1801 die erste mechanische Spinnerei der Schweiz in St. Gallen. Er bescheinigt damit die wichtigste Eigenschaft der neuen Pioniere: die Mobilität. Christian Näf und Johann Kaspar Zellweger folgen mit ihrer

Spinnerei in der Hard. Caspar Escher nimmt 1808 den Bau von Webstühlen auf und wird so zum eigentlichen Gründer der mechanischen Industrie der Schweiz. Auch Rieter von Winterthur und Honegger aus Rüti gehören zur Gründergeneration der innovativen Unternehmer.

Die wechselhafte Konjunktur – der Markt wird durch den sprunghaften Anstieg der Produktivität von Textilien überschwemmt – veranlaßt die unternehmungslustigsten Industriekapitäne, in neue Gebiete vorzudringen: schon damals Diversifikation. Escher und Wyss wenden sich dem Schiffbau zu, Jakob Sulzer versucht sich in der Mechanik, Ludwig von Roll und Johann Conrad Fischer gründen Gießereien. Suchard und Kohler erfinden und fabrizieren die industrielle Schokolade. Ein ganzes Heer von Unternehmern macht es diesen Pionieren nach. Die Schweiz entwirft ihr industrielles Projekt.

Der industrielle Frühkapitalismus kommt in seiner Dynamik schnell mit den politischen Strukturen der Schweiz in Konflikt. Diese erscheinen ihm zu aufgesplittert und zu eng. Bald setzt sich in der Unternehmerschicht die Einsicht durch, daß es nicht möglich ist, ein Alpenland ohne Rohstoffe (vom Holz und der Fließwasserenergie abgesehen) in einen industriellen Werkplatz zu verwandeln, ohne die hergebrachten politischen Strukturen umzuwerfen. Der Auftrag für ein neues politisches Projekt ist gegeben.

Die politischen Strukturen der Schweiz waren ohnehin verbraucht und überholt: Progressive und konservative Strömungen zerrissen das Land. In den Jahren 1845 und '46 spitzt sich die politische Lage gefährlich zu mit der Machtübernahme durch die Freisinnig-Radikalen in Genf, Lausanne, Bern und Zürich und der Gründung des katholischen Sonderbundes. Der 1847 nur mit Mühe verhinderte Bürgerkrieg des Sonderbundes macht schließlich klar, daß es ohne einen neuen, modernen, demokratischen Bundesstaat nicht mehr geht. 1848, als Europa von Revolutionen geschüttelt wird, gelingt es der Schweiz, sich aufzufangen und mit einer neuen Verfassung die moderne Eidgenossenschaft ins Leben zu rufen. Der mit dem industriellen Projekt sehr verwandte Zürcher Freisinn spielt dabei eine hervorragende Rolle.

Der Industriestaat

So vorsichtig und rücksichtsvoll sich die neue Verfassung gegenüber den Kantonen ausnimmt, so kühn erscheint sie im wirtschaftlichen Bereich. Dem Druck der neuen wirtschaftlichen und technischen Gegebenheiten folgend, gibt sich die Schweiz eine einheitliche Währung und schafft die Binnenzölle ab. Die schweizerische Eidgenossenschaft verwandelt sich in einen gemeinsamen Markt. Die neugeschaffenen Rahmenbedingungen, die es erlauben, eine nationale Volkswirtschaft aufzubauen, müssen noch durch eine wirtschaftliche Außenpolitik abgerundet werden, denn das Industriezeitalter ist auch das Zeitalter des internationalen Handels. Schon 1855 unterzeichnet der Bundesrat seinen ersten Handelsvertrag, und zwar mit Großbritannien. Die Schweiz legt damit den Grundstein zu ihrer auf freien Welthandel ausgerichteten Wirtschaftspolitik.

Die notwendig gewordenen innen- und außenpolitischen Grundlagen des Industriestaates sind damit geschaffen. Der Strukturwandel spart aber auch die Bereiche Wirtschaft und Technik nicht aus. 1855, im Jahr des Abschlusses des Handelsvertrages mit England, findet mit der Weltausstellung in Paris eine Art technologische Apotheose statt. Als hätte der schweizerische Industriestaat aller Welt zeigen wollen, daß es auch ihm darum ging, keine Zeit zu verlieren, wird im selben Jahr die eidgenössisch-technische Hochschule in Zürich gegründet. Einer der wichtigsten Initiatoren des modernen Industriestaates, Alfred Escher, hat dabei seine Hand im Spiel.

Escher ist eine der vielseitigsten Figuren, die die Schweiz je hervorgebracht hat. Sein unglaublich wacher Sinn für das Wichtige und Wesentliche macht ihn zur treibenden Kraft in der Politik, in der Technologie als Mitbegründer der ETH und im modernen Bankwesen, denn die erste Universalbank, die Schweizerische Kreditanstalt, geht ebenfalls auf seine Initiative zurück. Aufgrund der von ihm geschaffenen Osmose zwischen Technologie, Finanz und Politik kann Escher schließlich sein Meisterwerk in Angriff nehmen; den Gotthardtunnel. Dieses gewaltige technologische Werk wird 1882 in Abwesenheit des in Ungnade gefallenen Escher als Symbol des technischen Erfolges der Eidgenossenschaft eröffnet.

Der Übergang zur modernen Schweiz ist sicher ein Kind der industriellen Revolution: Wirtschaftsdynamik und Wirtschaftsmacht halten die Politik in ihrem Sog. 1874 bringt diesbezüglich jedoch eine Korrektur. Diese erste grundlegende Verfassungsänderung entspricht zwar ihrer Natur nach politischen Entwicklungen. Unter dem Druck der Kantone, die seit 1848 ihre Volksrechte weiter ausgebaut haben, sieht sich die Eidgenossenschaft gezwungen, ein gleiches zu tun. Der erste moderne inneneuropäische Krieg von 1870/71 zwischen Frankreich und Deutschland macht den Schweizern klar, daß eine Verstärkung der Bundesverwaltung und der eidgenössischen Regierungsmacht dringend notwendig ist.

Es gelingt mit der neuen Bundesverfassung von 1874, diesen beiden politischen Notwendigkeiten gerecht zu werden. Die Machtbefugnisse des Bundes werden entschieden ausgebaut, während Volk und Kantonen zum Ausgleich der Machtverhältnisse das fakultative Referendum zugestanden wird. Die Volksinitiative, die 1891 in der Verfassung Aufnahme findet, rundet das Bild einer sich vermehrt politisch gebärdenden Schweiz ab.

Seither sind formalpolitische Höhenflüge, die auf eine Gesamtrevision der Bundesverfassung abzielen, steckengeblieben. 1935 hat das Volk eine dieser Forderung entsprechende Initiative klar verworfen. Das sehr ehrgeizige und weitreichende Vorhaben einer neuen Bundesverfassung, das seit 1977 in der öffentlichen Diskussion liegt, verstaubt offensichtlich auf dem Regal unerwünschter Pendenzen.

Der Verfassungsentwurf von 1977 kam vor allem der Wirtschaftsmacht ungeheuerlich vor. Sie fand ihn zu großzügig, zu intellektuell und zu wenig pragmatisch: mit einem Wort zu politisch. Daß die seit jeher prominente Wirtschaftsmacht dem Entwurf von 1977 nicht viel Positives abgewinnen konnte, ist nicht weiter erstaunlich. Das sich in der neuen Verfassung abzeichnende Bild eines starken, peinlich auf soziale Gerechtigkeit achtenden und leistungsfähigen Staates konnte von der konservativen und machtbewußten Wirtschaft nur als eigentliche Kampfansage empfunden werden. Das erklärt denn auch, wie es dazu kommen konnte, daß die Traumrevision der Intellektuellen der sechziger Jahre nun seit bald zehn Jahren in der Schublade liegt.

Es wäre jedoch willkürlich zu behaupten, die politische Macht sei in der Schweiz der wirtschaftlichen Macht vollkommen ausgesetzt und untergeordnet. Die Dinge liegen subtiler. Die Aufgabenteilung und die Kompetenzregelung zwischen diesen beiden Machtpolen wird nämlich durch einen dritten Machtpol moderiert, nämlich das Volk.

Es stimmt zwar, und wir haben diese Tatsache schon unterstrichen, daß das an die direkte Demokratie gewohnte Schweizer Volk des 20. Jahrhunderts sehr konservativ ist. Es nimmt heute seine Volksrechte eher als Schiedsrichter zwischen Wirtschaft und Politik wahr. Die Zeiten revolutionären Aufbegehrens des Volkes sind längst vergangen, genauso wie die wirtschaftliche Schöpfungskraft der Pioniere. Das System setzt heute ganz auf eine evolutive und sachte Dynamik. Eine Flut von Initiativen und Referenden gibt dem Stimmbürger regelmäßig Gelegenheit, seine Rolle als konservativer Souverän zu spielen. Zur konservativen Grundwelle kommt noch die Tatsache, daß die Behandlung von Initiativen in der schweizerischen Demokratie sehr zeitaufwendig ist, so daß die Versuchung für das Volk, einer Modeströmung zu unterliegen oder sich an einer Sachfrage allzu stark zu ereifern, praktisch ausgeschlossen ist. Dennoch vermag das Stimmvolk seine Anliegen gegebenenfalls gegen die Absichten beider Machtlager durchzusetzen, wie das Beispiel der Schwarzenbach-Initiative und der Folge-Initiativen zeigt oder kürzlich die Wiedereinsetzung eines Preisüberwachers.

Bei der Begutachtung der konservativen Haltung des Volkes ist jedoch eine wichtige Nuance anzubringen: Der Volkskonservatismus bezieht sich eher auf Werte als auf Strukturen. Diese Tatsache erlaubt der Schweiz die evolutive Dynamik, das heißt ein langsames, etappenweise vollzogenes Anpassen der Machtstrukturen und der Institutionen an die Gegebenheiten einer jeden Epoche. Dieser Anpassungsprozeß findet allmählich statt, oft mit recht großer Verspätung auf die nervöseren Meinungsströmungen, die die Welt beherrschen.

Der Unterschied zwischen Strukturkonservatismus und Wertkonservatismus ist subtil, aber entscheidend. Unter Strukturkonservatismus verstehen wir das steckköpfige und sich an Partikularinteressen nährende Festhalten an hergebrachten Auffassungen, Institutionen und sich selbst aufgelegten Sachzwängen. Der Strukturkonservative ist reaktionär, er steht der Idee des Fortschritts und der fortschreitenden Entwicklung negativ gegenüber, er träumt von einer Vergangenheit, die er nostalgisch verklärt, und hat Mühe, sich mit neuen Verhaltens- und Lebensformen vertraut zu machen, vor allem, wenn diese die überlieferten Machtverhältnisse in Frage stellen. Strukturkonservatismus ist also mit der Idee des Fortschritts nur schlecht vereinbar.

Wertkonservatismus hingegen steht der progressiven Entwicklung sozialer und technisch wirtschaftlicher Strukturen nicht entgegen. Der Wertkonservative nimmt auch tiefgreifende Veränderungen in Kauf, wenn er zur Überzeugung kommt, daß diese dem Allgemeinwohl förderlich sind, weil sie notwendig und unumgänglich geworden sind. Der Wertkonservative steht dem Fortschritt offen gegenüber, auch wenn er sehr darauf bedacht bleibt, nichts zu überstürzen und in diesem Bestreben oft versucht, Zeit zu gewinnen, um zu sehen, wie die Spreu sich vom Weizen trennt.

Der Unterschied zwischen Struktur- und Wertkonservatismus läßt sich an einem Beispiel erörtern, das aus der heutigen Macht- und Anspruchskonstellation ergriffen ist.

Wertkonservative bekämpfen Kartelle und stehen für freie Marktkräfte ein. Strukturkonservative hingegen reden von freier Marktwirtschaft, aber bauen Kartelle auf und unterstützen sie.

Im Sozial- und Rechtswesen kommt der Unterschied zwischen diesen beiden politischen Sensibilitäten ebenfalls klar zum Ausdruck. Strukturkonservative sind Legalisten und Bürokraten. Wertkonservative versuchen, Sinn und Zweck von Normen und Reglementen auszuloten, um diese dann im Sinne der Rechtsauffassung der Gesetzgeber auszulegen und anzuwenden.

Alles in allem genommen, hat die Schweiz mit dem Wertkonservatismus ihrer Bevölkerung gute Erfahrungen gemacht. Wirklich notwendig gewordene Veränderungen konnten schließlich immer wieder durchgesetzt werden, auch auf Gebieten, wo das soziologisch sehr schwierig war. Frauenstimmrecht und Einführung des neuen Eherechtes können als signifikante Beispiele angeführt werden. Die starke Zustimmung, die das neue Eherecht im September 1985 beim Volk gefunden hat, ist erstaunlich, wenn man bedenkt, wie weit, vor allem bei Männern, das Eherecht in die Interessensphäre eindringt. Schließlich ging es bei dieser Abstimmung um die Abschaffung der säkularen Vormachtstellung des

Mannes. Auch haben sich die Gegner dieser Vorlage eine richtiggehende Desinformationskampagne erlaubt, die aber trotz einem unerhörten Einsatz von Mitteln nicht verhindern konnte, daß sich das schweizerische Recht eines alten und anachronistischen Zopfes entledigte.

Auf dem so wichtigen Gebiet des Eherechtes und der Familienpolitik hat sich also der Wertkonservatismus gegenüber dem Strukturkonservatismus durchgesetzt. Damit hat das Schweizer Volk einmal mehr unter Beweis gestellt, daß es fähig ist, sich aus wirtschaftlicher und sozialer Entwicklung ergebende Konsequenzen zu ziehen, auch wenn sie hergebrachte Lebens- und Verhaltensweisen in Frage stellt und den Besitzstand tangiert. Das Primat des Wertkonservatismus über den Strukturkonservatismus kann aber nur so lange aufrechterhalten werden, als es gelingt, das Volk für ein kollektives Vorhaben zu begeistern. Anders ausgedrückt, wird die Institution der Volksinitiative nur dann ihrer ursprünglichen Rolle gerecht, wenn sich die Bevölkerung durch fortschrittliche und einer offenen Gesellschaft verpflichtete politische Projekte führen läßt.

Der Leidensweg Europas

Das Projekt Industriestaat Schweiz hat die geschichtliche Entwicklung von 1848 bis 1914 maßgeblich geprägt. Politik stand damals weitgehend im Dienste einer voluntaristischen Auffassung, der wirtschaftlichen Entwicklung und des technischen Fortschritts.

Diese Epoche ist von einer zweiten Phase abgelöst worden, in der das Politische eindeutig die Oberhand gewinnt: die Epoche der zwei Weltkriege. Das Doppeldrama der beiden europäischen Weltkriege erklärt diese Akzentverschiebung. Aber auch interne Faktoren spielten eine Rolle. Im Zuge der ungeheuren Veränderungen, die der Wandel einer ländlichen und handelstreibenden Schweiz in einen Industriestaat mit sich gebracht hatte, entstand eine weite Kluft zwischen Kapital und Arbeit. Im 19. Jahrhundert konnte das Kapital seine Anliegen und Interessen derart spielend durchsetzen, daß die lohnabhängige Arbeiterschaft, das heißt die Mehrzahl der Bevölkerung, in große Bedrängnis kam. Die im Verteilungskampf dem Kapital und der Arbeit zur Verfügung stehenden Spieße wurden skandalös ungleich lang. Wie in allen Industrieländern entstand ein Arbeiterproletariat, das vom Kapital oft ruchlos ausgenutzt werden konnte. In einem auf der Idee des sozialen und regionalen Gleichgewichtes aufgebauten Land wie der Schweiz konnte diese soziale Diskriminierung nicht lange währen, und es mußte Aufgabe der Polizei werden, hier rasch und effizient Abhilfe zu schaffen.

Die Ausgangslage eines auf Verbesserung der sozialen Gerechtigkeit abzielenden Projektes war außerordentlich schlecht. Europa war damals in einem Sog von politischen und wirtschaftlichen Schwierigkeiten, die es langsam, aber sicher zum Ersten Weltkrieg führte. Die Mobilmachung und der lange Kriegsdienst, zu denen noch eine recht schlecht organisierte Kriegswirtschaft kam, lasteten wiederum schwer auf der schon vorbelasteten Arbeiterschaft. Kein Wunder, daß auch in der Schweiz das Gespenst des Klassenkampfes umging. 1918 kennt die Schweiz ihren ersten Massenmachtkampf zwischen der Arbeiterklasse und dem Kapital: den Generalstreik.

Auch wirtschaftlich gesehen waren die Dinge im argen. Von 1910 bis 1923 lag die Wirtschaftsdynamik infolge von Krisen und Krieg brach. Nach einem kurzen Aufflackern einer Hochkonjunktur in den verrückten zwanziger Jahren glitt die Schweiz 1931 in die Weltkrise, und dann kam praktisch nahtlos der Zweite Weltkrieg. Wen kann es da wundern, daß unter solch widerlichen Umständen die Politik der Wirtschaft den Rang ablief.

Die Aufgabe des Majorzsystems zugunsten des Proporzes bei den Nationalratswahlen bildet den ersten markanten Schritt in dieser Richtung. Nach zwei Fehlschlägen in den Jahren 1900 und 1910 geht diese der nationalen Versöhnlichkeit förderliche Vorlage 1918 durch. Die erste Proporzwahl des Nationalrates findet 1919 statt und greift tief in die Struktur der Volkskammer ein. Die Vorherrschaft der Freisinnigen wird abgebrochen. Anstatt 60% der Sitze kann der Freisinn nur noch ungefähr 30% für sich beanspruchen. Diese historische Redimensionierung hängt zwar auch mit der Abspaltung der Bauern-, Gewerbe- und Bürgerpartei zusammen, aber vor allem mit dem massiven Einzug der Sozialisten, die ihre Fraktion auf einen Schlag verdoppeln konnten. Einmal mehr bestätigte sich damals das Anpassungsvermögen des politischen Systems der Schweiz. Übrigens nicht das erste Mal, denn schon 1891, das heißt 44 Jahre nach dem Sonderbundskrieg, nahmen die Katholisch-Konservativen neben den Freisinnigen Einsitz im Bundesrat.

Natürlich reichte die Einführung des Proporzes nicht, um die politischen Spannungen abzubauen. Der Kampf zwischen den durch die Sozialisten vertretenen Arbeiterbewegungen und dem dem Bürgerblock nahestehenden Kapital ging weiter. Das bürgerliche und das sozialistische Lager versöhnen sich nur sehr langsam in zwei markanten Schritten, wobei der eine wirtschaftlicher und der andere politischer Natur ist. Wiederum geht die Wirtschaft der Politik voraus. Mit dem Arbeitsfrieden, auf den wir noch zu sprechen kommen, wird die Grundlage einer Allianz zwischen Kapital und Arbeit geschaffen. Mit der Wahl eines Sozialisten in den Bundesrat, mitten im Krieg 1943, öffnet sich die schweizerische Exekutivpolitik der Sozialdemokratie. Das Schema der Konkordanzdemokratie ist gefunden und findet dann schließlich 1959 seine Krönung mit der Einführung der Zauberformel: fünf bürgerliche und zwei sozialistische Bundesräte.

Im Rückblick auf die seit 1919 angeschnittene Epoche kann festgestellt werden, daß das Kräfteverhältnis in der Schweiz zwischen den maßgeblichen Parteien von fast unglaublicher Stabilität gekennzeichnet ist. Seit der Einführung des Proporzes teilen sich Freisinnige und Sozialisten in ungefähr zwei Drittel der Sitze im Nationalrat, gleich gefolgt von der Konservativ-katholisch-christlich-demokratischen Fraktion. Die Bauern-, Gewerbe- und Bürgerpartei, heute Schweizerische Volkspartei, konnte sich über all die Jahre im Bereich von 15% bis 18% der Nationalratsmandate halten. Die Katholisch-Konservativen und Christlich-Demokraten schießen diesbezüglich den Vogel ab, weil sie seit 1848 ungefähr ein Fünftel der Sitze im Nationalrat belegen, eine ganz einmalige Erscheinung, weil nicht einmal der Übergang zum Proporz diese Stabilität zu unterbrechen vermochte.

Die politisch notwendige Vorarbeit zur Versöhnung zwischen Kapital und Arbeit konnte also geleistet werden, aber natürlich genügte sie nicht. Gewerkschaften und Arbeitgeberverbände mußten dazu noch den Weg an den grünen Tisch finden, und das in einer Zeit, die einem solchen Dialog weder wirtschaftlich noch politisch förderlich war. Auch fehlte es beiderseits an einer institutionellen Praxis: Niemand wußte genau, wie verhandeln. In dieser

Beziehung war die Politik der Wirtschaft um einige Runden voraus, denn die Politik hat ihre Verhandlungsmethoden und Instanzen langsam entwickeln und ausprobieren können, während die Wirtschaftsorganisationen und die Gewerkschaften nur schwer von ihrem Kollisionskurs abzubringen waren. Schließlich beherrschte die Auffassung der Notwendigkeit des Klassenkampfes über lange Zeit die Gemüter weiter Kreise der Bevölkerung.

Die Verhandlungsdemokratie

Der Übergang von einem Kollisions- zu einem Verhandlungsschema konnte, wie gesagt, nicht von einem Tag auf den anderen bewerkstelligt werden. Zuerst war es notwendig, in mühsamer kollektiver Kleinarbeit den legitimen und viel zu lange aufgeschobenen Forderungen der Arbeiterschaft gerecht zu werden. Die tiefer liegenden Gründe des Generalstreiks mußten aus der Welt geschafft werden. Wenn man bedenkt, daß ungefähr 400000 Arbeitnehmer am Streik mitgemacht haben, begreift man, um was es damals ging.

Verhandlungstechnisch war die Erstarkung der Gewerkschaften eine wesentliche Voraussetzung. Der Generalstreik hat natürlich vor allem den Gewerkschaften sozialistischer Obedienz einen großen Aufschwung gegeben. Der schweizerische Gewerkschaftsbund vertritt vor dem Ersten Weltkrieg rund 50000 Arbeitnehmer, 1919 sind es 200000. An diesen Zahlen läßt sich der Aufschwung der politischen Linken in der Schweiz ablesen. Kein Wunder, daß die Linke nach dem Krieg und dem Generalstreik nicht nur den Proporz durchsetzen konnte, sondern auch ihr jahrzehntealtes Postulat des 8-Stunden-Tages.

Die Weltpolitik spielte ihrerseits bei der Öffnung der schweizerischen Gesellschaftspolitik mit. 1920 beschließen Volk und Stände, dem Völkerbund beizutreten, und demonstrieren damit ihren Willen, die Außenpolitik weltoffener zu betreiben. Zwar erwies es sich bald als falsch, bei der Sicherung des Weltfriedens auf den Völkerbund zu setzen, aber die Auseinandersetzung mit der Weltpolitik hat es der Schweiz sicher erlaubt, die Gefahr des Nationalsozialismus frühzeitig und besser zu erkennen.

Der politische Konsens, der sich schon in den frühen dreißiger

Jahren abzeichnete und der der systematischen Bekämpfung der Nazis galt, kam dem Arbeitsfrieden sehr gelegen. Viele der wichtigen Vertreter der Wirtschaft und fast die ganze Arbeiterschaft teilten ab Beginn der Nazi-Herrschaft in Deutschland nicht nur die ernste Sorge um den Fortbestand des Landes, sondern auch den Willen, dem Nationalsozialismus zu widerstehen. Diese gemeinsame Einstellung und die Absicht, eine allgemein erkannte Gefahr zu bekämpfen, hat den Willen zur Dialogaufnahme zwischen Kapital und Arbeit sicher gestärkt und war auch der Dialogfähigkeit sehr förderlich.

Der am 19. Juli 1937 unterzeichnete Gesamtarbeitsvertrag in der Maschinen- und Metallindustrie stellt den Übergang vom konfliktuellen zum kontraktlichen Verhältnis zwischen Arbeit und Kapital dar. Dieses «Friedensabkommen» zwischen Arbeitgeberorganisationen und Gewerkschaft ist ein Pakt, eine Art Bündnis zwischen Arbeit und Kapital, mit dem Ziel, die widerlichen politischen und wirtschaftlichen Geschicke des Landes im Einverständnis und Kompromiß zu lösen, eine Bündnisbereitschaft, bei der die Erinnerung an die Gründerjahre der Eidgenossenschaft mitschwingt.

Die eidgenössische Politik hatte bei dieser historischen Vereinbarung zwischen Arbeit und Kapital ihrerseits entscheidend mitgewirkt. Der Bundesrat hat nämlich im Frühjahr 1937 einen Beschluß gefaßt, der eine staatliche Zwangsschlichtung von Arbeitskonflikten ermöglicht hätte. Er tat dies unter dem Eindruck der 100000 Arbeitslosen, die es im Gefolge der Wirtschaftskrise in der Schweiz damals gab, und der über 200000 durch Streiks verlorenen Arbeitstage pro Jahr. Der damals führende Gewerkschaftsvertreter Konrad Ilg, Präsident des Schweizerischen Metall- und Uhrenarbeiterverbandes, hat darauf aus eigener Initiative dem Präsidenten des Arbeitgeberverbandes Schweizerischer Maschinen- und Metallindustrieller, Ernst Dübi, den Vorschlag für ein vertraglich geregeltes Schlichtungsverfahren unterbreitet.

Damit wollte er den Sozialpartnern ihre Autonomie erhalten und die Wirtschaft von den Eingriffen des Staates fernhalten. Dieser von Ilg erfundenen Schlichtungsprozedur sollte eine große Zukunft beschieden sein. Noch heute bildet sie den Grundstein eines historischen Kompromisses: der Arbeitsfriede.

Hier erscheint es wichtiger, auf die soziale und politische

Bedeutung des Paktes zwischen Arbeit und Kapital einzugehen, als einmal mehr den wesentlichen Inhalt des Friedensabkommens in Erinnerung zu rufen, das heute derart bekannt ist, daß man sich eine Schweiz ohne Kollektivverträge überhaupt nicht mehr vorstellen kann. Politisch und sozial gesehen ist der Arbeitsfriede für die neuere Geschichte der Schweiz deshalb so ausschlaggebend, weil damit die Basis der Konkordanz- und Verhandlungsdemokratie geschaffen wurde, die es den kollektiven Kräften der Schweiz erlaubt, zwar nicht immer versöhnliche Lösungen zu finden, aber diese doch systematisch zu ergründen.

Notwendige Voraussetzung dieser steten Suche nach einem allen mehr oder weniger genehmen Kompromiß war nämlich nicht nur die politische Verständigungsbereitschaft zwischen Arbeit und Kapital, sondern vor allem auch die Institutionalisierung des Verteilungskampfes am grünen Tisch. Der Zweite Weltkrieg hat dann Gelegenheit geboten, den Arbeitsfrieden zu verfestigen, was es der politischen Nachkriegszeit erlaubte, darauf aufbauend das Vernehmlassungsverfahren zu verstetigen. Das Vernehmlassungsverfahren ist sozusagen die politische Konsequenz des Arbeitsfriedens. Parteien, Kantone, Interessengruppen und vor allem Sozialpartner werden im Vernehmlassungsverfahren eingeschaltet, in einer Art Meinungstest sämtlicher wichtiger Vorhaben der eidgenössischen Politik. Diese Vorhaben stammen überdies meistens nicht aus der Politik selbst, sondern sind das Ergebnis technokratischer Kommissionen, an dem die Sozialpartner, das heißt die Vertreter der Arbeitgeber und Arbeitnehmer, ebenfalls sehr tatkräftig und einflußreich teilhaben.

In unserem Zusammenhang erscheint vor allem die Tatsache sehr wichtig, daß in einer Zeit des Primats der Politik über die Wirtschaft das gesellschaftspolitische System der Schweiz so reagiert hat, daß de facto der Wirtschaftsbereich wieder zum ausschlaggebenden Wort kommen konnte, eben dank der Einführung von technokratischen und recht wirtschaftslastigen Expertenkommissionen und einem vorparlamentarischen Vernehmlassungsmechanismus, der den gleichen Kreisen ein gewichtiges Wort zuerkannte. Im Laufe dieser Entwicklung ist das Parlament in seiner Funktion als Triebfeder des politischen Lebens um einen großen Schritt zurückgetreten. So hat sich, eigentlich in jüngster Vergangenheit, ein polit-ökonomisches System entwickeln können, das im internationalen Vergleich gesehen eigenständig und originell ist und das der weiteren politischen und wirtschaftlichen Entwicklung der Nachkriegsjahre förderlich war, weil diese Entwicklung ganz im Zeichen eines breiten Wirtschaftsaufschwunges stand.

Der Pakt zwischen Arbeit und Kapital

Die staats- und gesellschaftspolitische Tragweite des Friedensabkommens ist so wichtig, daß wir bei seiner Bedeutung noch verweilen müssen. Grundsätzlich können sich Arbeitnehmer und Arbeitgeber nur dann verständigen, wenn sie es fertigbringen, sich über einen Verteilungsmodus der Früchte der Produktion zu einigen. Grundvoraussetzung dafür ist die formelle Anerkennung der Organisationsbefugnisse des Kapitals und des von im eingesetzten Managements seitens der Arbeitnehmer, das heißt der Lohnbezüger.

Natürlich ist ein solches Einverständnis an die Erfüllung einer ganzen Anzahl von Bedingungen gebunden, um dauern zu können. Damit es überhaupt zu Verhandlungen kommen kann, muß ein Vertrauensverhältnis zwischen den Vertretern der Arbeitnehmer- und Arbeitgeberschaft vorhanden sein. Es war also notwendig, daß die sich gegenseitig anfeindenden und argwöhnisch bekämpfenden Welten der Arbeit und des Kapitals zu einer Art Partnerschaft zusammenfanden: Aus den Feinden der ersten hundert Jahre des industriellen Zeitalters mußten «Sozialpartner» werden, die am Verhandlungstisch hart, aber institutionalisiert ihren Teil am Kuchen aushandeln.

Natürlich geht es bei solchen Verhandlungen vor allem und allem voran um die respektiven Anteile von Löhnen und Dividenden, also um Geld und um Ansprüche in Sachen Lebensstandard, was bedeutet, daß das Seilziehen zwischen Sozialpartnern von der Sache her ausgesprochen konfliktuell ist. Das stimmt um so eher, als keine Theorie und keine Doktrin zu Hilfe geholt werden kann, um objektiv darzulegen, wer Anspruch auf welchen Anteil des erarbeiteten Sozialproduktes hat. Sowohl die Arbeit als auch das Kapital beanspruchen weitgehend ein und dieselbe Rendite dessen, was sie gemeinsam geschaffen haben. Diese Tatsache stimmt für die Volkswirtschaft als Ganzes und vielleicht noch mehr für die einzelne Unternehmung.

Ilg und Dübi, die Begründer des Arbeitsfriedens, waren sich dieser Ausgangslage wohl bewußt und haben darum die Verhandlungsverantwortung im ersten Grad bei den Firmen gelassen. Hier auf dem untersten Niveau sollten sich Arbeitgeber und Arbeitnehmer mit ihrer branchenspezifischen gegenseitigen Lage auseinandersetzen und einen tragbaren Kompromiß finden. Von Anfang an war zwar vorgesehen, daß dieser Firmenkompromiß zwischen Arbeit und Kapital den Rahmenbedingungen der Branche entsprechen mußte, aber es bestand kein Nivellierungszwang. Dieser Grundsatz konnte bis heute beibehalten werden.

Das zweite Merkmal des Arbeitsfriedens besteht darin, daß die, wie wir gesehen haben, immer konfliktuellen Auseinandersetzungen zwischen Arbeit und Kapital nicht mehr von Fall zu Fall und von Gelegenheit zu Gelegenheit ausgetragen werden, sondern, dank institutioneller Verankerung, mittel- und langfristig angegangen werden. Das erlaubt es den Verhandlungspartnern, eine langfristige Strategie zu entwickeln und sich von punktuellen und konjunkturbezogenen Sachzwängen loszulösen.

Die Arbeitnehmerschaft konnte sich darum dazu bewegen lassen, mittel- und langfristig zu denken, weil die Arbeitgeberschaft, das heißt das Kapital, ihren Vertretern gegenüber Zusicherungen abgab, einen substanziellen Teil der Kapitalerträge wieder in die Betriebe zu stecken. Indem die Arbeitgeber glaubhaft machen konnten, daß es ihnen darum ging, die erzielten Erträge auf dem Weg von Investitionen wieder in den einzelnen Firmen zu investieren, erleichterten sie die Aufgabe der Gewerkschaften. Diese konnten unter diesen Umständen mit ihren Forderungen ein wenig zurückhalten, weil Gewähr bestand, daß auf dem Wege der Produktivitätssteigerung von Firmen und Branchen die zukünftige Lohnentwicklung positiv vorbestimmt war. Unter diesem Gesichtswinkel gesehen beruht der Arbeitsfriede also auf gegenseitigem Vertrauen in Sachen Geld und Arbeit. Die Gewerkschaften vertrauen auf die Investitionswilligkeit der Arbeitgeber und auf deren Vermögen, diejenigen Investitionen zu finanzieren, die den Unternehmungen zu den größtmöglichen Produktivitätsgewinnen gereichen. Die Arbeitgeber setzen ihr Vertrauen in den

Arbeitswillen der Werktätigen, von denen sie erwarten, daß sie Arbeitsdisziplin und Fleiß großschreiben.

Aus diesem gegenseitigen Vertrauen ergibt sich die Möglichkeit, vorausgesetzt, daß die Investitionspolitik der Unternehmer gut ist, größtmögliche Produktivitätsgewinne zu erzielen mit dem Resultat, daß das Lohnniveau langfristig optimal ansteigt. Der auf diese Art bewerkstelligte historische Kompromiß zwischen Arbeit und Kapital war der damals einem extremen Druck ausgesetzten Schweiz ebenso förderlich wie das auf Ausgleich ausgerichtete politische System mit seinem Hang zu Föderalismus und Pluralismus. Der Arbeitsfriede schaffte auch die Voraussetzungen für den Widerstand gegen den Nationalsozialismus während des Krieges und später für den Wirtschaftsaufschwung in den Nachkriegsjahren.

Das politische Projekt der Selbstbehauptung im Zweiten Weltkrieg wurde nämlich unmittelbar danach durch ein wirtschaftliches und soziales Projekt abgelöst, das der Verwirklichung einer Konsumgesellschaft gewidmet war. Sämtliche verfügbaren Kräfte und die gesamte Intelligenz des Landes haben sich gleich nach Kriegsende in den Dienst der Errichtung einer Konsumgesellschaft gestellt, als wäre es der Schweiz darum gegangen, die lange Zeit der Krise und der Entbehrungen des Krieges durch ein besonders schnelles Wirtschaftswachstum wiedergutzumachen.

Die Konsumgesellschaft

Dieser neue Zeitabschnitt im Buch der kollektiven Projekte der Schweiz – und übrigens der letzte – ist ebenfalls nicht plötzlich angebrochen. Auch hier gab es lange vor seiner Verwirklichung Anzeichen dafür, daß etwas im Tun war. Vielleicht ließ das Projekt Konsumgesellschaft darum besonders lange auf sich warten, weil die politischen und wirtschaftlichen Umstände nichts anderes zuließen. Wie schon beim Projekt der Industrialisierung der Schweiz hatte auch hier wieder eine besonders markante Persönlichkeit die Hand im Spiel: Gottlieb Duttweiler. Seine Persönlichkeit und sein Schicksal erinnern an Henry Ford, den Bahnbrecher der Banalisierung des Automobils, dem es gelang, aus einem Spielzeug für Reiche einen Massenkonsumartikel zu schaffen.

Im Gegensatz zum Industriellen Ford ist Duttweiler mit Leib und Seele Kaufmann. In der Schweiz hätte es übrigens auch gar keinen Platz für einen Industriellen vom Format Fords gegeben. Ein kaufmännisches Genie konnte sich aber schlußendlich durchsetzen. Als einer der ersten hat Duttweiler begriffen, daß auch die Schweiz in der Lage sein mußte, das Lebens- und Konsumniveau seiner Bevölkerung um Größenordnungen zu steigern. Der Zweck dieses Projekts konnte zwar nicht in der Massenfertigung von Industriegütern liegen; aber ein geschicktes Ausnutzen der hochwertigen Arbeitskraft und der Vorteile des internationalen Handels mußte es auch der Schweiz erlauben, zu großem und weit gestreutem Reichtum zu gelangen. Das war die Grundüberzeugung Gottlieb Duttweilers. Von diesem Geist beseelt, schuf er 1925 die Migros.

Vom Symbol zur Wirklichkeit

Der Aufstieg der Migros und die persönliche Entwicklung Duttweilers gleichen einer für schweizerische Verhältnisse fast unglaublichen Sage. Duttweiler verstand seine Unternehmung von Anfang an nicht nur als ein Symbol des Strebens seiner Landsleute nach Konsummacht und auch nicht als eine Wiedergeburt des in der Schweiz weit verbreiteten konsumgesellschaftlichen Kooperatismus: Duttweiler sah in seiner Migros vor allem eine «Bewegung». Er hat seinem Betrieb also von Anfang an den Anstrich eines kollektiven sozialen Vorhabens gegeben, eines Projektes, in dem sich Ideologie mit Unternehmungslust vermischt.

In seinen 1950 geschriebenen Thesen erklärt Duttweiler sein Vorgehen. Er tut dies in Form eines Vermächtnisses an die zukünftigen Leiter seiner Unternehmung, damit sich diese bei der Verfechtung des Migros-Ideengutes auf etwas berufen können.

Da steht unter anderem zu lesen, die Grundidee der Migros sei das Dienen im Glaubenssinne, der Glaube an das Gute im Menschen. Grundlage des Fortbestandes der Genossenschaft sei ihr organisatorischer Leistungsvorsprung, heißt es weiter. Die Migros müsse auf das Volk abstellen, und ihre Anstrengungen müßten dahingehen, das «innerste Wesen der Bewegung zu vervollkommnen und zu erhalten». Der gewöhnliche Mann, und vor allem die Frau, sei vom Gedankengut der Migros zu überzeugen, einer Migros, die dem Verbrauchervolk mindestens so unentbehrlich bleiben müsse, wie dieses für die Migros ist. Und schließlich heißt es in diesen Thesen auch: «Das Frauenherz ist der sicherste Aufbewahrungsort für unser Ideengut (...), Männer in der Leitung die sichersten Ausführenden und Organisatoren.» Auch wollte Duttweiler das Allgemeininteresse höher gestellt wissen als das Migros-Genossenschafts-Interesse.

Duttweiler sieht also seine Migros sowohl als Betrieb wie auch als Bewegung und stattet sie darum mit einer expliziten Ideologie aus. Mit der Übergabe seines Unternehmens an das Verbrauchervolk macht er es zum kollektiven Projekt. So kommt Duttweiler denn auch nicht etwa durch den Erfolg seiner Unternehmung in Berührung mit der Politik, sondern er sieht sich der Politik gleichsam von Anfang an verpflichtet.

Seine ersten politischen Auftritte gelten dem Kampf der Monopole und Kartelle. Diese machen sich in der Zwischenkriegszeit im Zuge der internationalen Entwicklung auch in der Schweiz breit; ihr Einfluß wird durch die Krise der dreißiger Jahre und anschließend durch die Kriegswirtschaft noch verstärkt. Der Migros gegenüber bedienen sie sich des Boykotts.

Um seinen Kampf zugunsten einer offenen Marktwirtschaft, frei von monopolistischer Bewegung und mit wachem Auge für die sozialen Belange der Bevölkerung, durchsetzen zu können, wagt Duttweiler 1936 die Gründung seiner eigenen Partei: der Landesring der Unabhängigen. Dem wortgewandten Gründer gelingt es wiederum, ein suggestives Wortbild zu finden, das diesmal seinem politischen Ehrgeiz gerecht wird: «Landesring» mahnt nämlich an Rettungsring, während «Migros», in geschickter Wortwahl, eine Mittelstufe zwischen Engros- und Detailhandel suggeriert.

Auf Anhieb ist dem Landesring eine nationale Dimension beschieden. Schon 1936 zieht er mit sieben Sitzen in den Nationalrat, als eine eigentliche Konsumentenpartei, eine Art dritte Kraft zwischen Bürgerlichen und Sozialisten, die seither als Anregungsfaktor in der eidgenössischen Routine wirkt. Wie viele andere durch den Krieg in seiner Expansionslust gelähmt, beschließt Duttweiler 1940, seine Tätigkeitsbereiche Politik und Wirtschaft endgültig zu verschmelzen. Er bringt seine Aktiengesellschaft in eine Genossenschaft ein und vermacht damit die Migros den Schweizer Konsumenten.

Duttweiler verkörpert wie wahrscheinlich keiner seiner Zeitgenossen die Gabe, das latent vorhandene Projekt der kommenden Generation nicht nur zu ahnen, sondern auch in die Wege zu leiten. Krise und Weltkrieg haben zwar die Realisierung dieses Vorhabens um Jahrzehnte verzögert, aber ab 1950 sind die notwendigen wirtschaftlichen, politischen und sozialen Bedingungen erfüllt. Die Schweiz stürzt sich mit einem unerhörten Tatendrang in ein einem spektakulären Wirtschaftswachstum gewidmetes Projekt.

Frustration aus der Krise und der Mobilmachungszeit beflügeln die Bevölkerung richtiggehend. Man wollte endlich leben und versprach sich aus dem Aufbau eines möglichst großen materiellen Reichtums die Möglichkeit, zwanzig Jahre Entsagung gutzumachen. Sämtliche damals werktätigen Generationen setzten sich mit Entschiedenheit und praktisch bedingungslos für den Aufbau einer möglichst produktiven und lukrativen Wirtschaft ein, die die Grundlage einer Konsumgesellschaft nach amerikanischem Modell sein sollte. Das durch den Krieg induzierte Zwangssparen ließ es damals zu, eine überdurchschnittliche Investitionstätigkeit zu entfalten. Die harte Schweizer Währung erlaubte es, Kapitalien aus aller Welt, aber vor allem aus Amerika, zu importieren. Der durch den Krieg verschonte Produktionsapparat kam dadurch anfangs der fünfziger Jahre auf bisher unerreichte Touren.

Die im Zusammenhang mit dem Kampf gegen das Dritte Reich aufgebauten Dialog- und Verhandlungsstrukturen konnten mühelos zur Durchsetzung des neuen wirtschaftlichen Projektes aktiviert werden. Kapital und Arbeit erneuerten ihren Vorkriegspakt, jetzt mit dem Ziel, die Wirtschaft rasch und pragmatisch voranzutreiben, um das Lebensniveau der Bevölkerung zu erhöhen. Allen alarmistischen und pessimistischen Konjunkturprognosen zum Trotz – vor allem die professionellen Ökonomen glaubten fest an die Möglichkeit einer Rückkehr der Krise – gelang es der Schweiz, ihr reales Bruttosozialprodukt pro Einwohner innert zwanzig Jahren zu verdoppeln. Dies stellt eine große wirtschaftliche Leistung dar, denn schon am Ende des Krieges gehörte das Pro-Kopf-Einkommen der Schweizer zu den höchsten der Welt.

Die Kehrseite

Wie alle kollektiven Großprojekte barg das Abenteuer der Einrichtung einer Konsumgesellschaft namhafte Nachteile in sich. Schon in den ersten Nachkriegsjahren wurde klar, daß für die Realisierung der hochfliegenden Wirtschaftspläne das einheimische Arbeitspotential nicht auszureichen vermochten. Wie schon hundert Jahre vorher, griff die Schweiz auf die Immigration zurück. Zuerst mit dem Hintergedanken, die ausländischen Arbeitskräfte im Bedarfsfall wieder abzuschieben, dann, im Zuge der Hochkonjunktur der fünfziger Jahre, um ein immer rascheres Innenwirtschaftswachstum erreichen zu können, ohne an die Grenzen der realen Produktionskapazität zu stoßen. Der Zuzug von Fremdarbeitern nahm schließlich solche Proportionen an, daß die Bevölkerung anfing zu reagieren: Anfangs der sechziger Jahre war das Integrationsvermögen schließlich vollkommen überfordert. Die Auswirkungen dieser wirtschaftlichen und sozialen Überbeanspruchung waren beachtlich. Außer den schon erwähnten sozialen und politischen Spannungen, die die Überfremdung auslöste, erlebte die schweizerische Wirtschaft ihre ersten Inflationsschübe. Das Projekt Wirtschaftswachstum überbordete und führte zur konjunkturellen Überhitzung.

Plötzlich wurde es dringend notwendig, neue Regulierungsmethoden und -techniken einzuführen. Diesmal handelte es sich darum, die Prosperität in vernünftige Bahnen zu lenken, eine Kunst, in der niemand viel Übung hatte, ganz im Gegensatz zur Politik des Konjunkturantriebs. Man stand damals vor einer sehr komplexen Lage. Um so mehr als das Projekt der wirtschaftlichen Prosperität mit einem sehr ambitiösen Vorhaben der Errichtung eines modernen Sozialstaates einherging; mit dem systematischen Ausbau der Sozialversicherung, allem voran im Bereich der Krankheitssicherung und der Altersvorsorge. Um dem Postulat des sozialen Fortschritts Genüge leisten zu können, war die Wirtschaftspolitik ganz auf Wachstum ausgerichtet, und man nahm auch eine gewisse Dosis von Inflation in Kauf. All das belegt, wie stark der kollektive Konsens damals war. Über alle Schichten der Bevölkerung hinweg glaubte man fest an die Realisierungsmöglichkeiten einer immerdauernden Wirtschaftsprosperität unter stetem Ausbau der sozialen Sicherung. Den Anhängern von konjunktureller Stabilisierungspolitik brachte man darum nur Mißtrauen entgegen, ein Mißtrauen, das durch die Schwierigkeit weiter Kreise, das Funktionieren der Stabilisierungsinstrumentarien überhaupt zu verstehen, noch verstärkt wurde.

Anders ausgedrückt ist das von Duttweiler angekündigte Verbrauchervolk in den fünfziger und sechziger Jahren tatsächlich zur Wirklichkeit geworden. Nicht nur war man sich durch alle Schichten der Gesellschaft einig, daß die Wirtschaft die treibende Kraft sein und bleiben müsse, mindestens unter den Schweizern, und daß ein jeder Anspruch auf ein Maximum von sozialer und individueller Sicherheit habe.

1947 nehmen Volk und Stände die AHV an, nachdem drei Volksbegehren in der Richtung einer Alters- und Hinterlassenen-Versicherung aus den Jahren 1920, 1931 und 1942 an der Volksmehrheit gescheitert waren. Dank der guten Wirtschaftslage konnte sich die AHV sehr schnell entwickeln. Die Krankenversicherung und Spitalsubventionierung folgte zügig. Die Kantone übernahmen sukzessive und problemlos die immer größer werdenden Betriebsdefizite des Spitalwesens und begannen, den Investitionsbedarf allmählich ganz zu tragen. Der Bund schüttete immer mehr Subventionen in den sozialen Bereich, und weil das Geld leicht floß, wucherte das Subventionswesen mehr und mehr. Durch Anpassung des Arbeitsrechtes konnte die Sicherheit der Arbeitnehmer verbessert werden, und im Zuge der allgemeinen Prosperität sank die Zahl der Arbeitsstunden und verlängerten sich die Ferienansprüche.

Das Wettrennen um ein materielles Besserleben und um vermehrte Sicherheit setzte schließlich den Wirtschaftsstrukturen zu. Strukturverschiebungen und Strukturbrüche traten auf. Das Preisniveau kam in Bewegung; wie alle Länder machte die Schweiz Bekanntschaft mit hartnäckiger Inflation. Die soziale Sensibilität der Bevölkerung wurde durch die Überfremdungsproblematik bis aufs Äußerste strapaziert. Mit einem Einwohnergewinn von einer Million Menschen seit Kriegsende schien die Schweiz immer enger zu werden. Stadtagglomerationen breiteten sich weit aus, die Zersiedlung der Landschaft begann, der Ausbau des Straßennetzes und anderer Infrastrukturen machte sich mehr und mehr bemerkbar. Raum und Landesplanung wurde notwendig, das Problem der Umweltverschmutzung offensichtlich. So breiteten sich in der Bevölkerung langsam, aber sicher Zweifel an der Legitimität eines Projektes aus, das der Wirtschaft freie Zügel läßt. Unter dem Einfluß dieses kritischen Überdenkens der gesellschaftspolitischen Ziele glitt die Schweiz langsam, aber sicher in eine neue Epoche des Primats der Politik.

Der Übergang

Die Übergangszeit, in der wir übrigens immer noch stecken, beginnt ungefähr 1965 mit der Eingabe der ersten Fremdarbeiterinitiative. Diese wird 1968 aufgrund von Versprechen des Bundesrates zurückgezogen, aber schon 1969 meldet sich James Schwarzenbach wieder mit einer Initiative. Die historische Schwarzenbachabstimmung findet 1970 statt und bildet eine wichtige Zäsur in der neueren schweizerischen Geschichte: Der Charme der Wirtschaftsgläubigkeit ist gebrochen. Die Frage jedoch, welches neue Projekt das alte ablösen soll, bleibt seit fünfzehn Jahren gestellt, und noch sieht niemand eine klare Antwort.

Deswegen erscheint die jüngste Zeit als eine des Übergangs, denn kein kollektives Projekt hat genug Enthusiasmus auf sich vereinigen können, um eine Grundwelle auszulösen. Nichts, was den in den fünfziger Jahren begonnenen Wirtschaftsaufschwung und den Ausbau der sozialen Sicherung als breitabgestütztes Vorhaben erreichen könnte, zeigt sich am Horizont. Es gelang zwar der Schweiz, einer tiefen industriellen Krise zum Trotz, ihre Prosperität zu retten. Aber der Hochkonjunktur-Mythos ist verschwunden. Seither ist die Suche nach neuen kollektiven Vorhaben noch nicht abgeschlossen: Skepsis macht sich immer noch breit und beherrscht die Volksmeinung. Es fehlt an Begeisterung für ein kollektives Ziel.

Ohne Überzeugung geschmiedete Gesetze

Seit rund zwanzig Jahren steht der Staat im Mittelpunkt des Geschehens, aber die Zuflucht zum Staat geschieht ohne tiefere Überzeugung und sicherlich ohne den Konsens zu schaffen, der kollektive Projekte auszeichnet. So hat man den Staat als obersten Hüter in allen möglichen Gebieten beigezogen und ihn beauftragt, hier und dort regulierend zu wirken, nachdem die externen Kosten der Marktwirtschaft allzu offensichtliche Spuren in Gesellschaft und Natur hinterließen. Der Rückgriff auf den Staat wurde zwar in breiten Kreisen als Notwendigkeit anerkannt, ohne jedoch auf irgendwelche Begeisterung zu stoßen und ohne daß es möglich wurde, dieser auf den Staat zentrierten Politik eine dynamische Gestalt und einen kohärenten Inhalt zu geben. Es hat zwar nicht an Versuchen gefehlt, dieses Ziel zu erreichen. Alle Anstrengungen sind jedoch bis jetzt gescheitert, wie das Beispiel des Mißerfolges der neuen Bundesverfassung zeigt. Die Schweiz ist offensichtlich nicht bereit, sich einer Restaurationsbewegung anzuschließen, von der die Autoren des Verfassungsentwurfes von 1977 geträumt haben.

Der Verfassungsentwurf besticht durch die Kohärenz der politischen Philosophie, auf dem er aufgebaut ist. Wie ein roter Faden zieht ein neues Staatsbild durch den Entwurf, ein aufgeklärter Staat, ein wirksamer, freigiebiger und gerechter Staat, der dem Individuum das zusichert, was zu seinem Schutz und seiner Entfaltung notwendig und nützlich ist und der Bund und Kantonen eine lange Reihe von Aufgaben und Kompetenzen zuweist, die die moderne Gesellschaftsordnung menschlicher werden lassen sollte.

Die damit vorgeschlagene Neuverteilung der Macht zwischen Wirtschaft und Staat ist auf Anhieb auf großen Widerstand gestoßen. Der neue Verfassungstext legt bekanntlich den Akzent auf einen Bundesstaat, der als Obrigkeit auftritt, sowohl auf dem Gebiet der Wirtschaft als auch im Bereich der Politik. An dieser Einstellung ist der Entwurf gescheitert. Nicht nur die Wirtschaft, sondern auch ein Teil der Politik, nämlich die Föderalisten, liefen gleich nach Veröffentlichung des Entwurfes Sturm und brachten es mit ihrer Kritik schnell fertig, die politische Dynamik der neuen Verfassung zu brechen. Diese Tatsache läßt letztlich nur die Feststellung zu, daß es heute unmöglich ist, die zur Gewohnheit gewordene, ungeschriebene Machtteilung zwischen Staatswesen und Wirtschaft und zwischen den verschiedenen Staatswesen und den Bürgern in einem für das Land verpflichtenden Text langfristig festzulegen. Um solches bewerkstelligen zu können, brauchte es ein kollektives Projekt, und das fehlt eben.

Die Autoren des Verfassungsentwurfes haben ein ihrem Weltbild entsprechendes Staatsverständnis dargestellt und ein Bild von Aufgaben und Pflichten des Staates und seiner Bürger entworfen, das durch seine Kohärenz und intellektuelle Schärfe besticht: ein fast vollkommener Verfassungsentwurf für eine unvollkommene

Schweiz, die ihre Demokratie lieber pragmatisch als logisch erleben will. Als Konsequenz unzähliger punktueller Verfassungsänderungen seit 1874 nimmt sich das heute geltende Grundrecht wie ein zufällig zusammengewürfelter Haufen von recht schlecht redigierten Kompetenzen und Kompetenzeinschränkungen aus. Jeder gescheite Jurist muß bei der Lektüre der schweizerischen Verfassung der Versuchung erliegen, Ordnung in das Gewirr bringen zu wollen. Politisch gesehen ist aber auch das schon in den Augen potenter Machthaber suspekt. Ein gutredigierter Text, der systematisch artverwandte Bundeskompetenzen in klar strukturierten Kapiteln unterbringt, läßt in vielen Kreisen Feindbilder aufkommen. Erstens aufgrund der Tatsache, daß der Bundesstaat schon heute, wenn er die in der Verfassung stehenden Kompetenzen voll ausschöpft, ein sehr mächtiger Staat ist. Zweitens, weil in der geltenden Verfassung dieses und jenes gar nicht steht, aber, dank des Wirrwarrs, nicht als ein Mangel erscheint. Zum Beispiel das Recht auf Eigentum, ein Anspruch, auf den die Wirtschaft immer wieder pocht. Nun sind aber die Autoren weit über den Versuch einer Reinschreibung der Verfassung hinausgegangen. Sie haben beispielsweise aus der Handels- und Gewerbefreiheit eine in sich mit Rechten und Pflichten geschlossene Wirtschaftsfreiheit gebildet, ein Gespenst für die Wirtschaftsmacht.

All das erklärt, warum der schöne Entwurf politisch nicht zum Tragen kommen konnte. Übrigens nicht nur wegen der Opposition aus Machtkreisen, sondern auch, weil die Bevölkerung eben lieber von Tag zu Tag mit ihrem System dahinlebt, als daß sie sich vom Versuch angesprochen fühlt, all das, was sie tut, in seiner letzten Logik in eine formvollendete Verfassung zu schreiben.

Die Schweiz blieb also ihrer Routine treu, einer Routine, die in Wirklichkeit sehr viel auf den Staat setzt, ihn tagtäglich mit neuen Aufgaben und neuer Verantwortung überhäuft, die aber immer so tut, als brauche man den Staat im Grund genommen nicht. Ein weiteres Merkmal dieser Routine ist es, daß die an und für sich sehr harte Auseinandersetzung zwischen politischer und wirtschaftlicher Macht kaum öffentlich debattiert wird. Das trifft auch für den Überdenkprozeß zu, der seit rund fünfzehn Jahren in der Schweiz im Gange ist und der Frage der Wertigkeit unserer sehr materialistischen Gesellschaftsordnung gewidmet ist.

Das Unvermögen, die Dinge klar auszusprechen und in die

Tagespolitik einzubringen, gilt jedoch nicht für alle Beteiligten. Einige verstehen es, diese Rolle stellvertretend für weite Kreise zu übernehmen, etwa ein James Schwarzenbach oder ein Franz Weber. Diese beiden charismatischen Persönlichkeiten, die sich übrigens über die letzten zwanzig Jahre in einem gewissen Sinne abgelöst haben, verkörpern die latente Infragestellung und bringen aufgrund des Erfolges, den sie bei der Bevölkerung haben, die Machtstrukturen in Vollziehungszwang. Solange die Machtstrukturen allerdings ganz auf Wirtschaftswachstum eingestellt waren, fiel es ihnen unendlich schwer, solchen Bewegungen entgegenzukommen. Und wegen des Erwartungsdruckes der Bevölkerung blieb dann schließlich gar keine andere Möglichkeit mehr übrig, als den Staat mit der Schlichtung der neuen Spannungen zu beauftragen, und zwar nicht irgendeinen Staat, sondern die Eidgenossenschaft.

Von allen Seiten neuen Erwartungsdrücken ausgesetzt, begann die Eidgenossenschaft schließlich, sich selbst Fragen zu stellen. Mit der Motion Schürmann forderte das Parlament 1967 den Bundesrat auf, seiner Tätigkeit Prioritäten zu setzen und darüber am Anfang jeder Legislaturperiode zu berichten. Beim Überlegen, wie er diesem Gebot nachkommen könnte, stellte der Bundesrat schnell fest, daß die wichtigsten Vorhaben nicht nur technisch sehr anspruchsvoll sind, sondern daß sie auch der öffentlichen Meinung weitgehend entsprechen. Diese Einsicht veranlaßte die Landesregierung anfangs der siebziger Jahre, den Weg der Technokratie einzuschlagen, mit noch mehr und vor allem größer angelegten und publizistisch besser ausgeschlachteten Fachkommissionen.

Die Epoche der «Gesamtkonzeptionen» bricht an. Auf dem Gebiet des Transport- und Verkehrswesens, in der Energie und in den Medien. Dann kommt der Schweizerische Nationalfonds an die Reihe mit den nationalen Forschungsprogrammen. Ziel der letzteren ist es, das in den Universitäten und Hochschulen vorhandene Fachwissen zu aktivieren und politisch nutzbar zu machen. Darüber hinaus bemüht man sich, in jahrelanger Kleinarbeit, die Kompetenzordnung zwischen Kantonen und Bund und die Aufgabenverteilung zu verbessern. Das geschieht auch aus dem Grunde, weil man mit fortschreitender Regulierung feststellt, wie teuer die Inbetriebnahme dieser neuen Politiken ist. Teuer im doppelten Sinn, einmal wegen der Ausweitung des Beamtenapparates, zum anderen aber auch im Sinne sozialer Kosten, weil die Bevölkerung zunehmend auf die Regulierungsdichte reagiert.

Zusammenfassend läßt sich über diese neueste Phase unserer Geschichte etwa folgendes sagen: Im Bewußtsein, daß eine stetig wachsende Wirtschaft der Verbesserung des kollektiven und privaten Wohllebens auch abträglich sein kann, sei es, weil die Wirtschaft sich in der Gesellschaftspolitik oder in der Natur zu breit macht, hat die Bevölkerung der politischen Autorität das Mandat übergeben, die Entwicklung in vernünftigen Schranken zu halten. Dem mußte der Staat, und vor allem der Bundesstaat, entsprechen, ohne genau zu wissen, wie weit er in diesem neuen Leistungsauftrag gehen soll.

Der Aufstand der Wirtschaft

Es ist klar, daß die Wirtschaft an dieser Entwicklung keine Freude haben konnte. Immer mehr Aufgaben wurden dem Staat zur Lösung übergeben. Damit vergrößerte sich dessen Kompetenzbereich zusehends. Nach und nach mußte in Kreisen der Wirtschaftsmacht das Gefühl aufkommen, die Wirtschaft werde vom Staat bevormundet und kontrolliert. Durch den Ausbruch der Industriekrise 1975 wurde das Gefühl der Bedrängnis der Wirtschaft durch den Staat noch verstärkt. Wirtschaftsverbände pochten auf ihre Fähigkeit, mit der Krise selbst fertig zu werden, ein Anspruch, der kaum glaubwürdig war, denn sowohl die Eidgenossenschaft wie die Kantone mußten der bedrängten Industrie zur Hilfe eilen. So kam es, daß die schwere Strukturkrise der Industrie und die tiefgestörte Weltkonjunktur den Staat schließlich in seiner Regulierungsrolle vollends bestätigte.

Ist es möglich, dieser Übergangszeit eine zentrale Logik abzugewinnen? Wo liegen überhaupt die wichtigsten Sorgen und Nöte der Gesellschaft? Antworten auf solche Fragen sind komplex. Die heutigen Generationen sind an wirtschaftlichen Wohlstand und soziale Sicherung gewöhnt und erleben sie nicht mehr als Vorhaben, sondern als erworbene Selbstverständlichkeit. Die Hauptsorge gilt nun den negativen Auswirkungen der Prosperität, allem voran der Umwelt. Umwelt im weitesten Sinne des Wortes, nämlich die Natur, der umbaute Raum, der Arbeitsplatz, die

Familie, der gesellschaftliche Raum, kurz das gesamte Öko-System des Menschen. Mit der ganzen kultivierten und industrialisierten Welt gilt die Sorge der Schweiz also der Ökologie und nicht mehr nur traditionellen wirtschaftlichen, sozialen und politischen Belangen. Um diesen neuen Erwartungshorizonten gerecht zu werden, müssen die Machthaber neue Politiken und Tätigkeiten entwickeln, die den systembedingten Interdependenzen besser gerecht werden und die es ermöglichen, die vielseitigen Sachzwänge und Widersprüchlichkeiten, die dem Öko-System zusetzen, auf einen gemeinsamen Nenner zu bringen. Wie schwierig das ist, zeigen die folgenden Beispiele.

Die Raum- und Landesplanung und das Bemühen des Umweltschutzes sind Grundkomponenten ökologischer Politik. Über sehr lange Zeit war es Aufgabe der Landwirtschaft, für die Regulierung der Natur zu sorgen. Ihr verdankt die Schweiz weitgehend ihr heutiges Erscheinungsbild: eine saubere, säuberlich geordnete und räumlich gutgegliederte Landschaft. Die Landwirtschaft sorgte auch für das biologische Gleichgewicht. Das ist alles so selbstverständlich geworden, daß man vergißt, daß eine wohlgeordnete und leistungsfähige Landwirtschaft nicht unbedingt dem Bild einer gesunden Natur entspricht. Überbeanspruchter Boden, auch im Bereich der Landwirtschaft, Wasser- und Produktverschmutzung durch Kunstdünger und Pestizide stellen genauso gefährliche Eingriffe ins ökologische Gleichgewicht dar wie die externen Effekte der industriellen Tätigkeit, im besonderen die Luftverschmutzung und sämtliche anderen Abfallerscheinungen. Luft-, Land- und Wasserverschmutzung, saurer Regen und vieles andere mehr sind eben die Kehrseiten einer rücksichtslosen wirtschaftlichen und technischen Entwicklungspolitik, die nun in Europa seit bald 200 Jahren andauert.

Das Ökologiebewußtsein setzt sich auf eidgenössischer Ebene anfangs der siebziger Jahre durch. Anstoß dazu gab der beunruhigende Stand der Wasserverschmutzung. Mit dem sich explosiv entwickelnden Umweltbewußtsein der Bevölkerung folgen eine ganze Reihe neuer Bundeskompetenzen in allen Bereichen des Schutzes des Menschen und der Natur vor schädlichen und belastenden Auswirkungen des Wirtschaftslebens. Bund und Kantone beginnen, riesige Investitionen im Abwasserwesen vorzunehmen. Industrie und Verbraucher müssen sich in die Kosten der Beseitigung der Luftverschmutzung teilen.

Auf dem Gebiet der Raum- und Landesplanung laufen die Dinge weit harziger als bei der Wassersanierung. Zwar erhält die Eidgenossenschaft schon 1969 eine Rahmenkompetenz in der Verfassung, aber das entsprechende Gesetz kann erst 1979 in Kraft treten, nachdem ein erstes dirigistischeres Gesetz 1974 verworfen wurde.

Obwohl heute auch in der Schweiz kein vernünftiger Mensch die Notwendigkeit von Raumplanung und Kampf gegen jede Art von Umweltverschmutzung und Umweltbeeinträchtigung, auch durch den Lärm, mehr bestreitet, haben die Gemeinwesen große Mühe, entsprechende Vorlagen durchzubringen. Wegen der großen materiellen Interessen, die auf dem Spiel stehen, und wegen Interessenkoalitionen zwischen Verbrauchern, Unternehmern und Institutionen fällt es unglaublich schwer, den für die Gesetzgebung, und dann vor allem auch den für die Gesetzdurchsetzung, notwendigen Konsens zu finden.

Besonders heikel ist die Landesplanung, weil es dabei um den Grundbesitz und seine Bestimmungsfreiheit geht. Die für Individuen mit landesplanerischen Vorhaben verbundenen Kosten sind natürlich auch besonders hoch, und die gesellschaftliche Solidarität gegenüber Grundbesitzern, die einem Wertverlust ihrer Grundstücke oder Bauten ausgesetzt sind, ist noch ausgesprochen klein. Auch tangiert die Kontrolle von Grund und Boden in der Demokratie besonders wache Empfindlichkeiten. Der Übergang der Zweckbestimmung an den Staat ist hier mit allerlei Erinnerungen an mittelalterliche und fürstenherrschaftliche Verhältnisse verbunden. Maßnahmen gegen die Luftverschmutzung und den Lärm stoßen ebenfalls auf unwahrscheinlich starken Widerstand in der Demokratie. Individuen vertreten als Bürger zwar sehr leicht fortschrittliche ökologische Theorien, aber ihre Praxis, beispielsweise als Autofahrer, sieht dann ganz anders aus.

Die Verweigerung

Immer dann, wenn wirtschaftliche und materielle Interessen mit ökologischen und gesamtheitlichen Zielsetzungen in Konflikt kommen, treten Allianzen und Bündnisse auf, die den Gesetzgebungsapparat blockieren oder die Durchsetzung von Vorkehren verhindern. Die Politik der Ablehnung kann sich einer weiten Palette von Maßnahmen bedienen. Besonders wirkungsvoll ist dabei die Kombination wirtschaftlicher Lobbys mit dem Einsatz von Föderalismus.

Nun darf man aber nicht meinen, diese Blockierungserscheinungen treten nur im relativ neuen Bereich der Ökologie auf. In der Wirtschaftssphäre steht es kaum besser, eher im Gegenteil. Ein gutes Beispiel dafür stellen die jahrelangen Winkelzüge im Kampf um die Durchsetzung eines wirksamen konjunkturpolitischen Instrumentariums und einer sozial verträglicheren Fremdarbeiterpolitik dar. In Sachen Konjunkturpolitik war die Auseinandersetzung zwischen den verschiedenen Machtbereichen ganz besonders hektisch und spektakulär. In der Zeit der großen Inflationsschübe von 1965 bis 1975 ist das Volk nicht weniger als zehnmal aufgeboten worden, um über Maßnahmenpakete abzustimmen. Dieser Abstimmungsaktivismus ist auf die Tatsache zurückzuführen, daß es dem Bund nicht möglich war, eine kohärente und mittelfristig ausgelegte Konjunkturpolitik zu betreiben, weil ihm dazu die Befugnis fehlte. Darum regierte der Bundesrat mit dringlichen Beschlüssen, die dann jeweils dem Volk zur Ratifizierung vorgelegt werden mußten.

Der epische Machtkampf zwischen Wirtschafts- und Staatsmacht in Sachen Konjunkturpolitik dauerte bis 1978 an. Erst dann gelang es, Volk und Kantone von der Notwendigkeit einer langfristigen und modernen Konjunkturpolitik zu überzeugen, nachdem 1975 eine entsprechende Vorlage noch am Ständemehr scheiterte, ein Beweis für die Hartnäckigkeit der Auseinandersetzung zwischen Wirtschaft und Bundesstaat.

Ab Beginn der siebziger Jahre vermehrten sich die Anzeichen des Widerstandes auf einer ganzen Reihe von Fronten. Der gesetzgeberische Enthusiasmus der zweiten Hälfte der sechziger Jahre war endgültig verflogen: Die Revision des Aktiengesellschaftsrechtes, des Kartellrechtes und die Einführung eines wirksamen Konsumentenschutzes kamen auf die lange Bank und blieben stecken. Die Dinge gingen schließlich derart langsam vorwärts, daß das Volk begann, die treibende Kraft zu spielen. So beschloß das Stimmvolk 1982, zur allergrößten Überraschung, die Wiedereinsetzung eines Preisüberwachers. Politisch relevant am Willen des Volkes, die Preise durch einen öffentlichen Treuhänder überwachen zu lassen, dürfte vor allem der dahintersteckende Gedanke gewesen sein, Kartelle und Monopole hätten zu viel Einfluß gewonnen. Wie wenig Sympathie die etablierte Politik und die Wirtschaft diesem Aufflackern eines Volkswillens entgegenzubringen vermochten, zeigt die Tatsache, daß die Ausarbeitung eines entsprechenden und lahmen Gesetzes ganze vier Jahre in Anspruch nahm.

Während also das Verbrauchervolk gegebenenfalls noch recht unwirsch auf seinen Rechten besteht, hat sich bei den Arbeitnehmern, unter dem Eindruck der Industriekrise, eine ausgesprochene Vorsicht breitgemacht. 1976 wird die Idee der Mitbestimmung in einer Volksabstimmung sehr stark verworfen, genauso wie ein Volksbegehren zur Einrichtung der 40-Stunden-Woche.

Auch im sozialen Bereich kommt die Zeit der Reformen und des schnellen Ausbaus zum Stillstand. Mehr als zehn Jahre sind notwendig, um die zweite Säule der beruflichen Vorsorge gesetzlich festzulegen, und sämtliche Versuche einer Modernisierung der Krankenkassen bleiben in den Bundesschubladen liegen. Die einzige Ausnahme im sozialen Bereich bildet die althergebrachte Arbeitslosenversicherung, die den Arbeitslosenschock von 1974/75 nicht überleben konnte, und modernisiert werden mußte.

Das Beispiel der Energie zeigt schließlich, wie wenig unsere Zeit für die Realisierung innovativer Vorhaben übrig hat. Das ist eigentlich um so erstaunlicher, als die Energiedebatte nicht nur auf die Ökologie übergreift, sondern auch bis tief in das Wirtschaftsleben, wie die zwei Preisschübe von 1975 und 1978 zeigen.

Die Energiedebatte hat sich in der Schweiz ganz um die Frage der Kernanlagen kristallisiert, ohne daß aus der nun zehn Jahre dauernden Diskussion irgendeine klare Option hervorgegangen wäre. Zwar wurden von technokratischen Kommissionen Bände und Bände gefüllt und komplizierte Konsensfindungsverfahren wie der Bedarfsnachweis erfunden, aber all das änderte an der Tatsache nichts, daß zwei fast gleich starke Fronten in ihren unvereinbaren Ansichten festgefahren sind.

Die Epoche der großen Würfe liegt also weit hinter uns. Die Politik bringt nur noch kleine und kleinste Fortschritte. Der Pragmatismus und ein gewisser Strukturkonservatismus beherrschen die eidgenössische Szene und machen aus unserer Zeit eine

Übergangsphase, deren Ende noch kein Mensch vorauszusehen vermag. Sicher ist lediglich eins: Dieser Übergang wird nicht ewig dauern können. Folglich ist es notwendig, über ein neues kollektives Projekt für die Schweiz nachzudenken, sich die Frage zu stellen, was auf dem Spiel steht, und zu versuchen, mögliche Entwicklungsrichtungen zu erkunden.

Auf dem Weg zu einem neuen Projekt

Weder kollektive Vorhaben noch politische Projekte fallen aus heiterem Himmel. Sie müssen den Gegebenheiten, die sich oft aus Sachzwängen ergeben, entsprechen. Wie wir gesehen haben, fehlt es nicht an Herausforderungen. Über Jahrzehnte hinweg haben sich Informationsmassen und neue Erkenntnisse aufgestaut, sowohl auf individueller wie kollektiver Ebene, und in allen möglichen Bereichen, von der Wissenschaft zur Technologie, der Wirtschaft zum Sozial- und Kulturwesen: Unsere Köpfe sind voll von neuem Wissen und Problemen.

Unsere Schubladen und Archive ebenfalls. Unsere Ordner, in die wir Reglemente und Bestimmungen ablegen, nehmen ständig zu, und es scheint, als hätte es nie eine Zeit gegeben, in der die Masse der funktionellen Information derart rasch zugenommen hat. Seit mehr als einem halben Jahrhundert fördern unsere Gesellschaft und unsere Kultur die Erarbeitung von neuem Fachwissen, ein Wissen, das der Erklärung der Funktionsweise der natürlichen und sozialen Umwelt des Menschen gilt. Aber der mit sehr viel Akribie verbundene Wissensaufwand, der übrigens an sich eines der wesentlichsten kollektiven Vorhaben bildet, geht in einem zentralen Punkt an der Hauptsache vorbei: Vor lauter Fachkenntnissen verschwindet das soziale und politische Gesamtübersichtsvermögen zusehends. Im Zuge dieser Entwicklung fällt es unserer Zivilisation schwer, den sozialen Stellenwert und die Tragweite der neuen Erkenntnisse festzustellen, und wir haben immer mehr Mühe, die anfallende Information zu strukturieren, mit dem Ziel, aus ihr eine bessere Welt zu machen.

Unter solchen Voraussetzungen kann es nicht erstaunen, daß wir in einer Zeit ohne großen kollektiven Enthusiasmus leben, die großzügigen Vorhaben im sozialen und politischen Bereich den Rücken kehrt und sich offensichtlich mit rein technologischen Abenteuern, mit Vorliebe im Weltraum und Sport, zufrieden gibt.

Die Zeit der großen sozialen Würfe scheint also der Vergangenheit anzugehören. Auch Denker und Forscher entwerfen kaum mehr penetrante Gesamtanalysen der gesellschaftspolitischen Entwicklung und werden zusehends zu Fachsoziologen und Fachökonomen, es sei denn, sie entwerfen recht apokalyptische Feldbilder, wie seinerzeit der Club of Rome, sozusagen in den technologischen Fußstapfen von George Orwells 1984. Außer der Tatsache, daß wir als Zivilisation heute endgültig in der Lage sind, unseren Planeten in die Luft zu sprengen oder erbarmungslos auszubeuten, scheint keine andere Grunderkenntnis mehr im Weltbild der Sozialwissenschaftler Platz zu haben.

Unserer Ansicht nach wird die Übergangsphase, in der wir steckengeblieben sind, solange andauern, als es nicht gelingt, im Gewirr der Fachwissen Gemeinsames und Dynamisches zu finden, was sich in die Form eines ansprechenden und kollektiv motivierenden Gesamtentwurfes formulieren läßt. Mit anderen Worten geht es politisch darum, einen neuen Elan zu finden, der es auch uns Schweizern erlaubt, die in der Bevölkerung schlummernde Dynamik, Findigkeit und den kollektiven Ehrgeiz zu aktivieren, und im Rahmen eines anspruchsvollen sozialen Vorhabens zu konkretisieren. Die Schweiz wird dabei nur dann Erfolg haben, wenn es ihr gelingt, die gesellschaftspolitisch relevanten Sachzwänge, die weltwirtschaftlichen und demographischen Gegebenheiten mit dem Ehrgeiz in Einklang zu bringen, ein Kapitel Geschichte zu schreiben.

Die hauptsächlichen Sachzwänge, denen wir sozusagen zu Hause ausgesetzt sind, sind uns eigentlich zur Genüge bekannt, als einer Generation, die sie eben nicht durch ein soziales Projekt zu überwinden weiß. Sie spiegeln die Spannungen und Widersprüchlichkeiten unseres heutigen Gesellschaftslebens wider und werden durch die immer mehr fortschreitende Abhängigkeit vom Weltgeschehen in Wirtschaft, Demographie und Technologie noch unterstrichen.

Der Freiraum, der einem kleinen und zur Weltoffenheit verurteilten Land wie die Schweiz offenbliebt, scheint immer kleiner zu werden, und die Möglichkeiten, sich trotz widerlicher Umstände als Kollektiv zu profilieren, erscheinen immer weiteren Kreisen, vor allem der Jugend, als fast hoffnungslos.

Es wäre mühselig, hier eine Art Katalog der Schwierigkeiten zusammenzutragen, und käme unserem Anliegen wahrscheinlich auch gar nicht entgegen. Erfolgversprechender ist es im Gegenteil, an drei sich unserer Generation stellenden Problemkreisen aufzuzeigen, was in unserer Gesellschaft lähmend wirkt, was unabdingbare Voraussetzung darstellt, und was als Ziel der kollektiven Bestrebungen gelten könnte. In dieser Optik soll im folgenden versucht werden, den Freiraum eines künftigen Projektes für die Schweiz abzuleiten, der sich aus dem Alterungsprozeß unserer Bevölkerung, unserem Anspruch auf Verbesserung der Lebensqualität und unserer Auslandsabhängigkeit ergibt.

Eine alternde Bevölkerung

Es ist freilich nicht das erste Mal, daß die Demographie der Schweiz zu schaffen macht. Nach einer langen Zeit rascher demographischer Expansion, die in der schon beschriebenen Auseinandersetzung über die Ausländer- und Fremdarbeiterpolitik gipfelte, steht das Land nun unter dem Eindruck einer endogenen Entwicklung: der Alterungsprozeß der Bevölkerung. Demographische Hochrechnungen und Perspektiven bis zur Jahrhundertwende lassen für die nächsten fünfzehn oder zwanzig Jahre keine Zweifel offen: Die Zeiten starker Wachstumsraten der aktiven Bevölkerung sind vorbei. Die Unterbrechung der massiven Einwanderung, die Rückkehr eines sehr erheblichen Kontingentes von Fremdarbeitern im Zuge der Krise 1974/75 und das mit dem Verzicht auf das zweite oder dritte Kind verbundene Absinken der ehelichen Fruchtbarkeit haben die Schweiz in ein Land mit stagnierender Bevölkerung verwandelt.

Unabhängig von der natürlich nicht vorausberechenbaren Entwicklung der Fruchtbarkeit, steht heute mit Sicherheit fest, daß die schweizerische Wohnbevölkerung im ersten Viertel des nächsten Jahrhunderts abnehmen wird, wenn nicht eine radikale Umkehr der Einwanderungspolitik erfolgt. Anders ausgedrückt, bedeutet das, daß die schweizerische Bevölkerung sich nicht aus eigenen Stücken auf dem heute erreichten Stand halten wird, und daß die Wirtschaft, wie sie das 1880 und 1950 getan hat, auf die Einwanderung zurückgreifen müßte, wenn sie aus irgendeinem Grund mit dem zur Verfügung stehenden Arbeitspotential nicht auskommen sollte.

Die zukünftige Altersstruktur der schweizerischen Bevölkerung steht also mit sehr hoher Wahrscheinlichkeit heute schon fest. Insbesondere wird sich der Anteil der alternden Bevölkerung sehr maßgeblich auf Kosten der Jugend und der aktiven Bevölkerung erhöhen. In absoluten Zahlen ausgedrückt, erscheint es heute schon nahezu sicher, daß die Bevölkerung im Alter von 65 Jahren und mehr von heute 870000 auf 1400000 im Jahre 2020/40 steigen wird, was einer Zunahme von 60% entspricht. Die Anzahl der Menschen in sehr hohem Alter, Männer und vor allem Frauen von 75 Jahren und mehr, wird sich in der gleichen Zeitspanne von 340000 auf 691000 verdoppeln, wenn, was jedermann hofft, die Demographen mit ihren Berechnungen recht haben.

Wie sich der Anteil der Jugend und der aktiven Werkbevölkerung entwickeln wird, läßt sich weniger gut abschätzen, und das gleiche trifft natürlich für die absoluten Zahlen zu. Hier ist die Entwicklung stark von der ehelichen Fruchtbarkeit abhängig und von nie mit Sicherheit auszuschließenden Veränderungen in den Bevölkerungsbewegungen mit dem Ausland. Geht man von der recht optimistischen Voraussetzung aus, die Fruchtbarkeit erhöhe sich bis 1990 um rund 40%, ergibt sich die Möglichkeit, die schweizerische Werkbevölkerung anteilmäßig auf dem heutigen Niveau zu halten, ohne Rückgriff auf den Zuzug von Fremdarbeitern. Falls sich die Fruchtbarkeit weniger entwickelt, muß ein Rückgang des Anteils der aktiven Bevölkerung von, je nach Hypothese, 15 bis 30% in Kauf genommen werden.

Demographische Perspektiven und Fortschreibungen haben immer etwas Spektakuläres an sich. Andererseits zeigen jedoch unzählige historische Erfahrungen, daß man gut daran tut, sie mit Vorsicht zu genießen. Das Gespenst einer aussterbenden Schweiz hat die Gemüter zur Zeit der Landesausstellung von 1939 in Zürich schon stark bewegt. Dann kam es zu einem Babyboom, und später zu einer massiven Immigrationswelle, zwei Tatsachen, die die pessimistischen demographischen Prognosen von damals vollkommen auf den Kopf gestellt haben. Vom Aussterben des Schweizers wird also aller Voraussicht nach keine Rede sein; aber immerhin, die Bevölkerung wird altern, und dieser Prozeß wird große wirtschaftliche, soziale und kulturelle Konsequenzen mit sich bringen.

Mit Fortschreiten der Alterung der Bevölkerung wird nämlich eine der bis anhin wichtigsten Triebfedern des herkömmlichen Wirtschaftswachstums ausfallen: die Dynamik des Bauwesens. Infrastrukturinvestitionen im Bereich des Wohnwesens und der

Bildung werden notwendigerweise zurückgehen. Teilweise wird dieser Vorgang zwar aufgewogen durch andere Investitionen, aber diese entsprechen einer grundverschiedenen sozialen und technischen Logik. Die sich daraus ergebenden Konsequenzen lassen sich am ehesten am Beispiel des Überganges von Schulhausbauten zu Pflegeheimen und Pflegestätten für ältere Leute veranschaulichen.

Die Schweiz wird sich also einem tiefen Strukturwandel unterziehen müssen, der Auswirkungen weit über die Grenzen des wirtschaftlichen Bereichs haben wird. Das gesamte Wirtschaftsleben wird in seiner Symbolhaftigkeit tangiert werden, nicht nur die Produktion, sondern auch auf der Ebene des Verbrauchs, wo genauso weit wirkende Strukturänderungen auftreten werden. Junge Leute und junge Paare haben eben ganz andere Bedarfsprofile als ältere Leute, im besonderen die von der Einsamkeit geplagten Witwen und Witwer. Auch spielt der mit dem Alter kommende progressive Autonomieverlust der Verbraucher eine große Rolle, weil im Zuge dieser Entwicklung, vor allem bei den sehr alten Menschen, ein ausgesprochen hoher Bedarf an Pflege entsteht, ein Bedarf, der die sehr beschränkte Disponibilität der Kleinstfamilie weitgehend überfordert. Man muß also mit einer rasanten Entwicklung von beruflich ausgeübter Pflegetätigkeit rechnen, wobei der volkswirtschaftliche Aufwand um so stärker ins Gewicht fallen wird, als diese Tätigkeiten sehr anspruchsvoll sind, was sich im Anspruchsprofil der Berufstätigen dann auch entsprechend widerspiegeln wird.

Im Zuge dieser Entwicklung wird es notwendig, die Zeitverteilung und Zeiteinteilung unserer Gesellschaft zu überdenken und den neuen Verhältnissen anzupassen. Die gewissermaßen obligatorische Freizeit der Pensionierten wird neue kollektive Dimensionen annehmen und damit eine radikale Veränderung des Begriffes Freizeit mit sich bringen. Auf der Produktionsseite werden sich, wie gesagt, ebenfalls schwerwiegende Umschichtungen aufdrängen, vielleicht im Sinne eines Überganges der herkömmlich aufgeteilten Woche in Arbeits- und Freizeit zu einer Dreiteilung der zur Verfügung stehenden Zeit in Arbeitszeit, Sozialzeit und individuell genießbare Freizeit.

Jede Gesellschaft muß für ihre Jugend und ihre alternde arbeitsunfähige Bevölkerung aufkommen. An diesem Gebot der Notwendigkeit und der Moral ist nichts Neues. Neu ist eher der schnelle Übergang von einer Zeit, in der die Unterstützung und die Ausbildung der Jugend hohe Kosten verursachte, zu einer Zeit, in der, mit der fortschreitenden Überalterung, die Kosten wirtschaftlicher und sozialer Natur auch bei der Altersunterstützung rasch und explosiv zunehmen. Daraus ergeben sich weitgreifende Konsequenzen für das wirtschaftliche Wachstum und die Entwicklung des Lebensstandards. Beide sind seit der industriellen Revolution eng mit dem technischen Fortschritt verbunden, ein technischer Fortschritt, der es erlaubte, immer mehr und immer besser mit immer weniger Personal zu produzieren. Die wirtschaftliche Entwicklung und der soziale Fortschritt sind also ganz eindeutig seit vielen Jahrzehnten mit der Verbesserung der Arbeitsproduktivität verbunden.

Nun ist es aber Tatsache, daß die Produktivität der Arbeit im Bereich der zwischenmenschlichen Dienstleistungen wohl qualitativ aber kaum quantitativ zugenommen hat. Und gerade diese zwischenmenschlichen Dienstleistungen und Vermittlungsfunktionen sind in den Bereichen Erziehung und Pflege der Alten angesprochen. Die Unterhaltspflichten zugunsten der Betagten werden also in schnell ansteigendem Maße Fachwissen und Arbeitskapazität beanspruchen und damit nicht nur einen Einfluß auf das Lebensniveau der werktätigen Bevölkerung ausüben, sondern darüber hinaus sehr wahrscheinlich auch die gesamte Lebensweise der Bevölkerung stark beeinflussen.

Damit ist die Frage der Verteilung des Gesamtertrages wirtschaftlicher Tätigkeit unter den Generationen gestellt, und zwar nicht nur im finanziellen und fiskalischen Bereich, sondern vor allem auch in Sachen Verwendung der zur Verfügung stehenden Zeit. Die Verallgemeinerung der Frauenarbeit wird zwar diesbezüglich einiges zur Kompensation beitragen können. Man muß sich aber darüber im klaren sein, daß diese Entwicklung eine grundlegende Umstellung darstellt, denn zur Frauenarbeit gehörte auch in der herkömmlichen vorindustriellen und industriellen Arbeitsteilung die Sorge um Familie, Kinder und Betagte. Der fortschreitende Rückgriff auf Frauen in der formalisierten und vertraglich geregelten Wirtschaft, mobilisiert also eine heute noch weitgehend für gemeinnützige Tätigkeit freistehende Arbeitskapazität. Alles in allem genommen sind wir demnach in einen Prozeß verwickelt, in dem die für individuelle Betätigung freistehende Zeit eher abnehmen wird, entweder auf Kosten der zur Ausübung beruflicher Arbeit aufgewendeten Zeit oder zu Gunsten einer von Grund auf neu zu konzipierenden Sozialarbeit, mit dem Zweck, dem Unterhaltsauftrag den älteren Leuten gegenüber gerecht zu werden.

Eine alternde Bevölkerung nimmt natürlich auch das Gesundheitswesen gewaltig in Anspruch und mit ihm die sozial-medizinische Sicherung. Fachleute, die mit der Problematik der Krankenkassen vertraut sind, stellen heute die Notwendigkeit tiefgreifender Reformen der Krankenkassen und des Gesundheitswesens nicht mehr in Abrede; ganz im Gegenteil, alle sind sich darüber einig, daß die Zeit nun sehr drängt. Längerfristig werden mit höchster Wahrscheinlichkeit auch die beiden Pfeiler der Altersvorsorge, das heißt die AHV und die zweite Säule revisions- und anpassungsbedürftig.

Auch wird diese Entwickung nicht vor dem umbauten Raum und der Landesplanung haltmachen. Die Raumplanung in einem alternden Land sieht sicher ganz anders aus als in einem jungen Land mit stark expandierender Demographie. Eingriffe in den umbauten Raum werden sich rasch als notwendig erweisen, und das Verhältnis des alternden Menschen zu seiner Umwelt wird die Raumplaner zum Überdenken der heute geltenden Konzeptionen veranlassen.

Mit anderen Worten wird es bei der Verwirklichung eines neuen Projektes in der Schweiz darum gehen müssen, allen Generationen den Zugang zu einem qualitativ verbesserten Leben zu sichern. Es kann nicht mehr nur darum gehen, den Leuten einfach einen höheren materiellen Lebensstandard zu versprechen. Das neue kollektive Vorhaben der Schweiz wird also dem qualitativen Wachstum viel stärker verpflichtet sein, als die vorangegangene Wirtschaftsepoche der fünfziger und sechziger Jahre, die ganz auf das Wachstum der materiellen Verbraucherkapazität der Wirtschaftssubjekte ausgerichtet war.

Eine sehr banale Wirklichkeit erklärt, warum diese Tendenz

praktisch vorgegeben ist. Einem der wenigen unumstößlichen volkswirtschaftlichen Lehrsätze folgend, werfen zusätzliche Einnahmen bei einem einmal erreichten Reichtum immer weniger Grundnutzen ab. Anders ausgedrückt hat jeder Verbraucher Tendenz, sein zusätzliches Einkommen auf immer weiter gezogene Konsumvorhaben auszudehnen, um die reale Zunahme des mit dem zusätzlichen Verbrauch zusammenhängenden Nutzens sicherzustellen. Deswegen verbraucht der Schweizer heute unvergleichlich mehr Freizeit als noch vor zwanzig oder dreißig Jahren, und deswegen fordert er auch ständig mehr «Sicherheit», sei es als guter Kunde der privaten Assekuranz oder als anspruchsvoller Forderer sozialer Sicherung. Der Durchschnittsverbraucher ist heute schon sehr anspruchsvoll. Seine Anforderungen an Markt und Staat werden noch zunehmen. Ansprüche an Produkte und Dienstleistungen werden vielschichtiger: Der Bedarf nach Bildung und Ausbildung, aber auch der in die Qualität der sozialen und natürlichen Umwelt gesetzte Anspruch, werden zunehmen.

Dieses neue Anforderungsprofil der Bevölkerung zeichnet sich tatsächlich seit mehreren Jahren auch in den Forderungen der Gewerkschaften ab. Seit geraumer Zeit haben die Gewerkschaften die klassiche Forderung nach mehr Lohn durch den Ruf nach besserer Arbeits- und Lebensqualität abgelöst. Die Gewerkschaften verlangen in diesem Zusammenhang Zugang zu neuen Bereichen des Konsums, wobei nicht mehr der materielle Konsum von Gütern und Komfortdienstleistungen im Vordergrund steht, sondern mehr und mehr der Zugang zu Ausbildung und Bildung, und damit zu höherwertiger Arbeit.

Mehr oder besser?

Der Übergang der Konsumgesellschaft von der Begierde nach materiellen Gütern der Technik zu Dienstleistungen, bei denen zwischenmenschliche Kontakte und fachliche oder soziale Hilfeleistungen eine immer größere Rolle spielen, bildet eines der Hauptmerkmale der Ablösung der Industriegesellschaft durch die postindustrielle Epoche. Man muß jedoch bei dieser Betrachtungsweise aufpassen, daß man die Veränderung des Bedarfsprofils nicht einfach mit der Produktionsrealität verwechselt.

Auf seiten der Produktion bringt der wirtschaftliche und technische Fortschritt sozusagen einen automatischen Ablösungsprozeß in Gang. Die Produktivitätsgewinne ermöglichen es der Landwirtschaft, in einem ersten Schritt viel Arbeitskraft an den industriellen Sektor abzugeben. In einer zweiten Phase begünstigt dann die Zunahme der industriellen Produktivität den Aufschwung des Dienstleistungssektors. Dieser Vorgang der Tertiarisierung des Wirtschaftslebens ist in der Schweiz seit rund fünfzig Jahren im Gang. Er hat sich im Verlaufe der letzten zwanzig Jahre ganz besonders stark beschleunigt.

Der Anstieg der Produktivität in der Landwirtschaft ist übrigens eine Art Vorläufer der industriellen Revolution. Sie setzt in Europa in der Mitte des 18. Jahrhunderts ein und bildet damit eine der Voraussetzungen der Zunahme der Wohnbevölkerung, die ihrerseits der raschen Industrialisierung förderlich war. Systematische Ausnutzung fossiler Energie, verbunden mit den großen Fortschritten in Metallurgie und Mechanik, erlaubten es schließlich der Industrie, ihre Produktivität in rascher Folge und in großem Ausmaß zu verbessern. Der das 20. Jahrhundert kennzeichnende Übergang zur Automation setzte schließlich wiederum Arbeitskraft frei und erlaubte es dem Dienstleistungssektor, sich exponentiell zu entwickeln.

Damit knüpft unsere Zeit, unter anderen Voraussetzungen, an eine säkulare Entwicklung an. Im 19. Jahrhundert waren aber die Dienstleistungen vor allem auf den Haushaltsbereich beschränkt. Der industrielle Frühkapitalismus hielt sich eine Armee von Dienstboten. Heute sind die sich stark entwickelnden Dienstleistungen viel anspruchsvoller, sie setzen mehr Bildung und Fachwissen voraus als irgendeine andere wirtschaftliche Betätigung. Aus der Armee von Dienstboten wurde eine Armee von Funktionären und Bürokraten.

Voraussetzung dieser Ablösungsprozesse ist es natürlich, daß diejenigen Wirtschaftssektoren, die dank der Zunahme ihrer Produktivität Personal und Arbeitskraft abgeben, genügend Kaufkraft erarbeiten, um die Produktion der sich neu entwickelnden Dienstleistungszweige übernehmen zu können. Das bedeutet, bei den Arbeitnehmern in den traditionellen Bereichen wie Landwirtschaft, Gewerbe und Industrie muß immer so viel Kaufkraft anfallen, damit die Produktion neuer Güter und vor allem neuer

Dienstleistungen mühelos Abnehmer finden kann. Das in der Schweiz mit Akribie betriebene Bestreben, der Landwirtschaft einen sogenannten Paritätslohn zu garantieren, der auf der Grundlage der Industrieproduktivität berechnet wird, entspricht unter anderem auch dieser Notwendigkeit.

Das künftige kollektive Projekt der Eidgenossenschaft wird dieser Verteilungsproblematik entsprechen müssen. Das heißt, daß es nicht nur darum gehen kann, den allgemein hohen wirtschaftlichen Wohlstand aufrechtzuerhalten und zu mehren, sondern daß es auch Aufgabe der Gesellschaft bleiben wird, für eine möglichst ausgeglichene Verteilung dieses Reichtums und der damit verbundenen Konsumkraft zu sorgen, eine ausgeglichene Verteilung zwischen allen Wirtschaftszweigen und Bevölkerungsgruppen.

Die für den Fortschritt so entscheidende Forschungs- und Entwicklungstätigkeit muß alle Branchen berücksichtigen. Es kann nicht darum gehen, einseitig auf «High-Tech» zu setzen und herkömmliche Sparten des Wirtschaftslebens zu vernachlässigen. Es geht im Gegenteil darum, zu verhindern, herkömmliche Wirtschaftstätigkeiten in der traditionellen Industrie oder im Gewerbe, und schließlich auch bei den administrativen und öffentlichen Dienstleistungen, veralten zu lassen. Die oft vertretene Ansicht, die nachindustrielle Gesellschaft müsse alte Zöpfe im traditionellen Bereich abschneiden, ist unserer Auffassung nach grundsätzlich falsch. Die nachindustrielle Gesellschaft kann sich nur dann vernünftig und ausgeglichen entwickeln, wenn es ihr gelingt, den technischen Fortschritt in alle Gewerbe und in sämtliche wirtschaftliche und soziale Tätigkeiten einzupflanzen. Die Tatsache, daß sich der Konsum recht schnell neuen Verbrauchsmöglichkeiten anpaßt und sich auf sie ausrichtet, darf weder das Gemeinwesen noch die Wirtschaft dazu verleiten, traditionelle Zweige zu vernachlässigen oder einfach abzukoppeln.

Neben der demographischen Konstellation und den Auflagen an das Projekt, die sich aus ihr ergeben, und neben der Forderung, qualitatives Wachstum zu erreichen und nicht nur quantitative Expansion, wird das neue Projekt auch der unumgänglichen Notwendigkeit einer Öffnung der Schweiz auf die Welt gerecht werden müssen. Es handelt sich dabei um ein doppeltes Servitut. Einerseits wird es um das wirtschaftliche Überleben gehen. Andererseits hat das Schweizer Volk nun seit Jahren die Tendenz, die wirtschaftliche Öffnung des Landes durch den Reflex der Abkapselung in der Politik zu kompensieren.

Weltoffenheit und Drang nach Selbständigkeit, in Verbindung mit der Tradition, sind jedoch zum Glück nicht unvereinbar. Appenzeller, Glarner und St. Galler Kaufleute und Fabrikanten waren im letzten Jahrhundert unter den Pionieren der Ergründung neuer Märkte bis weit in den Fernen Osten. Industrielle in der Elektromechanik, in der Uhrenwirtschaft und in der Chemie haben später das gleiche Kunststück fertiggebracht, und damit den Grundstein zur industrie- und exportbezogenen Prosperität der modernen Schweiz gelegt. Ganz allgemein hat es die Schweizer Wirtschaft bisher verstanden, ihre Freihandelssympathie und ihre internationale Unternehmungslust in Industrie, Handel, Bank und Assekuranz fast bis zur Mondanität auf die Spitze zu treiben, ohne je das Schweizertum aufs Spiel zu setzen, ganz im Gegenteil.

Heute will es jedoch scheinen, als hätte die Politik immer mehr Mühe, sich weltoffen und weltmännisch zu geben. Eidgenössische Politik ist in den letzten Jahren immer biederer geworden. Will sie damit einem Bedürfnis des Volkes entsprechen, das sich von der raschen und chaotischen internationalen Entwicklung bedroht und überrollt sieht? Gesellschaftspolitisch gesehen, wirkt jedenfalls das Auseinanderklaffen bezüglich der Fähigkeit zur Weltoffenheit zwischen Wirtschaft und Außenpolitik paradox. Für die politische Zukunft des Landes stellt diese Provinzialisierung eine außerordentliche Gefahr dar. Dies um so mehr, als die moderne Schweiz immer noch dem Mythos ihrer internationalen Disponibilität verpflichtet bleibt.

Weltpolitisch zehren wir mehr und mehr von der Geschichte, anstatt sie zu machen. Wo bleibt heute die visionäre Kraft eines Henri Dunant, der 1865 das internationale Rote Kreuz ins Leben rief. Natürlich gab es schon immer starke und steckköpfige Gegenbewegungen. So mußte das Volk 1884 zu den Urnen, um über das Projekt der Errichtung einer Schweizerischen Botschaft in Washington abzustimmen. Das Volk gab dem Bundesrat jedoch damals in den Gründerjahren recht. Heute scheint es dazu unfähig zu sein, wie die massive Ablehnung des Vollbeitrittes der Schweiz zur UNO zeigt.

Der Internationalismus und der Glaube, daß internationale

Organisationen und internationale politische Zusammenarbeit nicht nur keine Bedrohung für die Schweiz, sondern im Gegenteil eine Chance zur Selbstbestätigung darstellen, scheinen verflogen zu sein. Die heutige Schweiz ist zu Beitritten nicht mehr fähig. Die Neutralität hat sich in einem Mythos verfestigt, ein Mythos, der Abseitsstehen nahelegt. Eine zwar nicht glänzende, aber dafür selbstsichere (oder handelt es sich um eine ängstliche?) Isolation hält die moderne, wirtschaftlich der Weltwirtschaft verpflichtete Schweiz nicht nur von der UNO, sondern auch vom internationalen Währungsfonds und der Weltbank fern, von den europäischen Gemeinschaften und zunehmend auch von supranationalen wissenschaftlichen und technologischen Großprojekten.

Auch der im Rückblick dilettantisch wirkende Versuch des Bundesrates, die Schweiz von der Notwendigkeit des UNO-Beitritts zu überzeugen, geht kaum auf ein echtes politisches Anliegen der Obrigkeit zurück. Wirtschaftlicher Opportunismus war für die Landesbehörde entscheidender als die Erkenntnis geopolitischer Notwendigkeit. Wie könnte man anders den in der Sommerpause 1985 in aller Stille gefällten Beschluß erklären, die Botschaft in Hanoi zu schließen, angeblich aus personalpolitischen und finanziellen Erwägungen. Um 150000 Franken im Jahr sparen zu können und ein paar Diplomten die Mühe abzunehmen, auf einem undankbaren Außenposten zu verharren, hat es der Bundesrat also auf sich genommen, einen Beobachtungsposten an einer Bruchstelle des geopolitischen Gleichgewichts in Südostasien aufzugeben. Fünfunddreißig Jahre zuvor hat es die gleiche Schweiz noch gewagt, Mao Tse-tung anzuerkennen, allem Druck der Vereinigten Staaten zum Trotz. Das zeigt, wie stark sich das Selbstverständnis der Schweizer verändert hat.

Und doch gibt es die Welt!

Ein geschichtlich anspruchsvolles Projekt für eine den Herausforderungen der Jahrhundertwende gerecht werdende Schweiz wird die Bürger mit der Welt versöhnen müssen, mit einer Welt, wie sie ist, und nicht mit einer Welt, wie wir Schweizer sie gerne sehen möchten. Dieses Ziel kann nur über eine aktive, volksverbundene und den Nöten der Welt offen gegenüberstehende Außenpolitik erreicht werden. Wirtschaftliche, technologische, soziale und politische Gründe sprechen für eine solche Außenpolitik, sowie die Sorge um den Weltfrieden, denn die heutigen Spannungen können dem langfristigen Gedeihen der Schweiz nur abträglich sein.

Auf dem Gebiet der wirtschaftlichen Beziehungen und der Technologie war die Entwicklung in den letzten Jahrzehnten rasant. Im Zuge der Dekolonisierung veränderte sich die wirtschaftliche und politische Rolle der dritten Welt, daß heißt der großen Mehrzahl der Länder und der Einwohner des Planeten. Wirtschaftlich gesehen besteht ein riesiger Unterschied zwischen den ehemaligen Kolonien und der heutigen dritten Welt. Kolonien waren, Europa und Amerika gegenüber, komplementär mit ihren Rohstoffen, mit ihren Nahrungs- und Genußmitteln und vor allem auch in ihrer Rolle als Arbeitskräftereservoir und als Absatzmärkte. Die heutige dritte Welt, vor allem die sogenannten Schwellenländer, haben sich nun zu potenten Industriestaaten entwickelt und treten als Konkurrenten auf den Weltmärkten auf. In Zukunft werden sie die Industriestaaten der Gründerzeit, das heißt die OECD-Staaten, in den Bereichen der Grund- und Mitteltechnologien ablösen.

Die weltweite Verbreitung von Industrietechnologien hat tiefe Mutationen bewirkt. Die Multinationalisierung der Massenproduktion, die in den sechziger Jahren unseres Jahrhunderts einsetzte, hat zahlreiche Länder Asiens und Lateinamerikas in Industrieräume verwandelt, die in der Lage sind, auch sehr anspruchsvolle Hochtechnologie zu produzieren. Die Zeiten, in denen technologisch hochstehende Geräte und Güter in den traditionellen Industrieländern produziert werden mußten, sind längst vorbei. Die internationale Industrieproduktion begünstigt heute im Gegenteil die Tieflohnländer und kompensiert den schlechten Stand der Ausbildung der Bevölkerung durch die Einpflanzung von hochkapitalisierten Produktionsmethoden und -abläufen, die es erlauben, auch den höchsten Anforderungen der Massenfertigung gerecht zu werden.

Im Laufe der Multinationalisierung der Produktionsstrukturen hat sich also eine Art Substitution im Bereich der räumlichen Mobilität der Arbeitskraft ergeben. Anstatt die Arbeiterschaft von Land zu Land und sogar von Kontinent zu Kontinent zu verschieben, haben es die Internationalisierung der Wirtschaftsbeziehungen und der technische Fortschritt ermöglicht, den Mobilitätsgrad des technischen Kapitals und das wirtschaftliche «Know-how» wesentlich zu verbessern. Technisches Kapital, Finanzen und fachliches Wissen sind heute fast perfekt mobil und können je nach Bedarf in andere Wirtschaftsräume transferiert werden, was es erlaubt, in kürzester Zeit neue Werkplätze zu schaffen.

Die Zeiten, wo der Kapitaltransfer auf Länder mit gleichem industriellen und technologischen Niveau beschränkt war, gehören der Vergangenheit an. Ausschlaggebend bleibt lediglich eine gewisse politische Stabilität. Aber auch auf diesem Gebiet sorgen schnelle Abschreibungsmöglichkeiten für hohe Mobilität. Die Technologie hat es also möglich gemacht, die industriellen Produktionspotentiale der Welt zu vereinheitlichen. Insbesondere gelingt es durch Automation und Robotisierung, ungebildete Arbeitskräfte nicht nur mengenmäßig, sondern auch qualtitativ höchst produktiv einzusetzen. Damit ist es der Weltwirtschaft gelungen, das sozusagen uferlose Potential von Arbeitskräften in der dritten Welt nutzbar zu machen, und zwar auch in Bereichen der Produktion, die um vieles anspruchsvoller sind als die klassischen Produktionsgebiete der Kolonien, nämlich Rohstoffe und Textilien.

Diese weltweite Umrüstung der Industriestandorte hat natürlich auch der industriellen Schweiz maßgeblich zugesetzt. Eine durch liberale Fremdarbeiterpolitik und Inflationsschübe aufgeschobene Strukturbereinigung brach 1974/75 plötzlich mit der Gewalt einer Naturkatastrophe aus. In der klassischen Exportindustrie, abgesehen von der Uhrenindustrie, förderte diese industrielle Krise den Multinationalisierungsprozeß schweizerischer Industrieunternehmen. Neuere Forschung zeigt, daß die fünfzehn größten industriellen Multis der Schweiz außerhalb des Landes in den letzten zehn Jahren ungefähr gleich viel neue Arbeitsplätze geschaffen haben, nämlich 140000, wie sie in der Schweiz noch selbst anbieten (160000). Der Personalbestand im Ausland ist heute ungefähr dreimal höher als in der Schweiz selbst.

Diese Zahlen belegen eklatant, wie auslandverbunden und auslandintegriert die Schweizer Industrie heute ist. Aber auch die Dienstleistungsunternehmen sind äußerst weltverbunden, allen voran die Banken und die Finanzgesellschaften. Banken und Finanzgesellschaften haben aber ihre Weltverbundenheit im Inland ausgebaut, um von den positiven Rahmenbedingungen des Zufluchtslandes Schweiz zu profitieren. Neutralität, politische Stabilität, eine jahrhundertalte Tradition im Bankwesen und eine fast nie unterbrochene Freiheit im Bereich der finanziellen Transaktionen erklären die internationale Konkurrenzfähigkeit des Finanzplatzes Schweiz, von der auch die Versicherungsgesellschaften maßgeblichen Nutzen ziehen konnten. Der kometenhafte Aufstieg des Finanzplatzes Schweiz hat aber zu Spannungen geführt, sowohl im Inland als auch im Ausland.

Die Infragestellung der Entwicklung des Werkplatzes Schweiz zum Finanzplatz Schweiz deutet auf die binnenwirtschaftlichen und innenpolitischen Schwierigkeiten hin. Aber auch an Druck von außen fehlt es nicht, sowohl von seiten der Entwicklungsländer als auch der Vereinigten Staaten von Amerika und der Weltmeinung. Die Vereinigten Staaten sitzen den schweizerischen Behörden seit Beginn der sechziger Jahre im Genick. Erst stellte sich das Problem der Weißwascherei von schmutzigem Geld, dann kamen fiskalische Forderungen und schließlich, vor allem in den letzten Jahren, ein erheblicher Druck in Sachen Insider-Geschäfte. Andere Länder, wie beispielsweise Frankreich, haben sich dieser Bewegung angeschlossen. Auch nahmen sich einige internationale Organisationen dieser Fragen an, beispielsweise die UNO bei der Bearbeitung des Verhaltenskodexes der multinationalen Gesellschaften.

Ein letzter Bereich sei hier angeführt, um die wachsende Auslandabhängigkeit der Schweiz zu belegen: der Bereich Energie. Zwei Ölkrisen und die berechtigte Sorge um die Versorgungssicherheit des Landes haben der breiten Öffentlichkeit klar vor Augen geführt, wie groß die Interdependenzen und wie wichtig die zwischenstaatlichen Beziehungen heute sind. Energiemäßig hängt die Schweiz vollkommen vom Ausland ab, und zwar nicht nur im Bereich der fossilen Brenn- und Treibstoffe, sondern auch, im Gegensatz zu dem, was immer wieder behauptet wird, auf dem Gebiet der Nukleartechnologie und des Kernbrennstoffes. Der überaus rasche Beitritt der Schweiz zur Internationalen Energieagentur (übrigens ohne jede Diskussion der Frage, ob dieses Bezügerkartell von Energie überhaupt mit der Neutralität der Schweiz in Übereinstimmung steht) zeigt, wie sehr sich die Regierung, im Gegensatz zum Volk, der Auslandabhängigkeit bewußt ist.

Das Beispiel Energie zeigt auch andere Zusammenhänge und Sachzwänge mit bestechender Klarheit auf. Moderne Technologie in sämtlichen Bereichen, von der Energieumwandlung zur Biotechnologie, von der Informatik und der Elektronik zur Regeltechnologie, setzen den Anschluß an internationale Beziehungsnetze voraus und können nur noch im internationalen Verbund entwickelt und produziert werden. Die internationale Arbeitsteilung hat derartige Fortschritte gemacht, daß es auch großen einzelnen Unternehmungen nicht mehr möglich ist, im Alleingang zu wirtschaften. Und was für große und größte Unternehmungen zutrifft, gilt heute auch für Länder. Dies sollte eigentlich einem Kleinstland wie der Schweiz Anlaß geben, sich vor der Versuchung der Isolation zu hüten und sich mit allen zur Verfügung stehenden Mitteln, auch politischen, gegen die internationale Marginalisierung zu wehren.

Zum Schluß noch ein Wort zu den Sachzwängen im sozialen Bereich. Die unwahrscheinlichen Ungleichheiten des Lebensstandards der Weltbevölkerung sind auf die Dauer nicht tragbar und stellen für die reichen Industrieländer eine große Gefahr dar. Die Entwicklung der letzten Jahrzehnte zeigt jedoch, daß diese Ungleichheiten nicht etwa ab-, sondern ständig zunehmen. Kein Wunder, daß sich der Zustand der internationalen Beziehungen zunehmend verschlechtert und daß sich ständig neue Konflikt- und Kriegsherde entwickeln können, die den Weltfrieden immer wieder in Gefahr bringen.

Über Jahrzehnte hinweg konnte sich die Schweiz aus dieser Problematik heraushalten, bis sie in der unmittelbaren Vergangenheit und in der Gegenwart durch den massiven Zustrom von Drittweltasylanten in den Sog dieser Problematik gerissen wurde. Es ist nicht übertrieben festzustellen, daß das Land dadurch in eine regelrechte Panik gekommen ist. Verglichen mit den Realitäten der dritten Welt, mutet die pedantische Unterscheidung zwischen wirtschaftlichen und politischen Flüchtlingen fast lächerlich an. Tatsache ist, daß sich viele Kenner der internationalen Szene heute die Frage stellen, ob wir nicht am Anfang einer Epoche ganz neuartiger, invasionsähnlicher Migrationen mit Horden mittelloser Emigranten aus der dritten Welt stehen. Auch die Schweiz wird ihren Tribut zur Lösung dieser Frage aufbringen müssen.

Reine Polizeimaßnahmen werden kaum helfen, dieses Problem

zu lösen. Es wird darum gehen, weltweit eine bessere Verteilung des Reichtums zwischen Kontinenten und Ländern sicherzustellen. Grassierende Armut und ostentative Prosperität vertragen sich mit einer durch Masseninformation integrierten Welt auf die Dauer schon darum nicht, weil die Armen sozusagen durch die Massenmedien zur Landflucht aufgefordert werden.

Alle Zeichen deuten also darauf hin, daß die offensichtlich egozentrische Haltung der Schweizer einer weltoffeneren Platz machen muß. Auch hier muß das neue Projekt einhaken.

Von der Ökonomie zur Ökokultur

Pluralismus und Vielfalt der Schweiz sowie der Föderalismus und der den Schweizern eigene Sinn für Anliegen von Minderheiten bringen es mit sich, daß ein kollektives Projekt nur dann Bestand haben kann, wenn es bei einer Mehrzahl von Individuen und Gruppen ankommt. Da der Schweizer seine Schweiz als Land und nicht als Nation erlebt, und weil dieses Land aus unendlich vielen Ländchen und Gruppen zusammengesetzt ist, kann eine Gesinnungsmehrheit nur dann entstehen, wenn sich Minderheiten zusammenfinden. Unter solchen Umständen hat ein abstraktes Projekt wenig Chancen auf Erfolg. Um sich durchsetzen zu können, muß ein kollektives Vorhaben einfach, konkret, mitreißend und mobilisierend sein. Das Beste im Innovationsgeist der Individuen und Gemeinschaften muß angesprochen werden. Die Realisierung eines solchen sozialen Entwurfes setzt kollektive Disziplin und Durchsetzungswillen voraus. Ein kollektives Projekt kommt nur dann zustande, wenn sich das Volk mit ihm identifizieren kann, und wenn es sich vom Willen, erfolgreich zu sein, lenken läßt.

Die direkte Demokratie zwingt, mehr als jede andere Staatsform, alle jene, die sich mit der Idee der Realisierung eines politischen Projektes tragen, zur systematischen Auswertung der sozialen und kollektiven Präferenzen, die im Volke schlummern. Anders gesagt, muß in der direkten Demokratie die Zeit für die Realisierung eines Projektes reif sein. Das Projekt muß einem Anliegen sehr weiter Kreise gerecht werden.

Unser bisheriges Vorgehen bei der Erläuterung der von der Schweiz erlebten Projekte bringt die unabdingbare Notwendigkeit eines tragenden Konsenses klar zum Ausdruck. Wir haben auch feststellen können, daß die Schweiz von heute eine Art Verkrampfung noch nicht zu überwinden vermochte, die das letzte große Projekt eines breiten Wirtschaftsaufschwunges ausgelöst hat. Die Zeit der Infragestellung und des Zögerns ist noch nicht überwunden; dabei zeichnen sich aber immer klarer neue Sachzwänge ab, denen die Schweiz von morgen gerecht werden muß. Übergangsphasen können zwar lange, aber nicht ewig dauern. Irgendwann einmal wird sich in der Bevölkerung die notwendige soziale Energie finden müssen, die ein neues epochemachendes Projekt ermöglicht, das der Alterung der Bevölkerung, ihrem Bedürfnis nach qualitativem Wachstum und der Festigung einer mit der Welt verbundenen Eigenständigkeit gerecht wird.

In der Folge soll versucht werden aufzuzeigen, welchen konkreten Anforderungen ein Projekt für die Schweiz von morgen entsprechen muß, ein Vorhaben, das es den Schweizern des anbrechenden dritten Jahrtausends erlaubt, sich auch in Zukunft selbst zu gleichen, und das ihnen ein Abseitsgleiten ins Provinzielle und ein Abtreten von der Geschichte ersparen könnte.

Ganzheitlich und langfristig denken

Eine ökologische Komponente bildet den Ausgangspunkt des neuen Projektes. Aber Ökologie will hier im strikten und rigorosen Sinn als eine objektive Methode des Angehens der Gesellschaftsprobleme unserer Zeit verstanden sein, und nicht etwa im politisch-polemischen Sinn der «grünen» Stimmungsmache. Ökologie also, im Sinne eines Claude Raffestin, der den Begriff folgendermaßen definiert: «Ein globaler Ansatz, der sich zum Ziel setzt, die Beziehungen der Menschen und der Menscheit mit der physischen und menschlichen Umwelt zu erklären und so festzulegen, daß der größtmögliche Selbständigkeitsgrad erreicht werden kann, der mit den im System vorhandenen Ressourcen vereinbar ist.»*

Ein diesem ökologischen Ansatz gerecht werdendes Projekt entzieht sich den traditionellen und segmentierenden Kategorien und Registern des Gesellschaftslebens: Es geht weder um ein rein politisches, ökonomisches, technisches oder soziales Vorhaben, noch um eine Philosophie der Linken oder der Rechten; das Projekt setzt sich zum Ziel, die anfallenden Probleme in ihrer Globalität zu lösen; es versteht sich als integrierendes Vorhaben.

---

* Vgl. Claude Raffestin, «Plaidoyer pour une écologie humaine», *Archives suisses d'anthropologie générale*, No. 44, 2, Genève 1980, Seiten 123–129 (Übersetzung des Autors).

Ein sozialer Entwurf, der der Ökologie verpflichtet ist, stellt den Menschen in den Mittelpunkt, es geht um den Fortschritt des Menschen und der Menschheit, um die Lebensqualität, die jedoch nicht auf Kosten der natürlichen und sozialen Umwelt verbessert werden soll. Der Mensch und seine natürliche und soziale Umwelt entwickeln sich im ökologischen Projekt qualitativ im Gleichschritt.

Natürlich wirkt dieser Ansatz in seiner abstrakten Formulierung recht utopisch. Das liegt in der Natur der Sache. Jeder soziale Fortschritt und Glaube wurzelt in einer Utopie, und Demokratie beinhaltet einen Teil Träumerei. Das stimmt vor allem in einem dem Demokratischen so verpflichteten Land wie der Schweiz, denn ohne eine gehörige Dosis Utopie wird sich wohl kaum jemand zur Demokratie bekennen können, wie wir sie hierzulande betreiben.

In seiner Konkretisierung unterscheidet sich der ökologische Ansatz diametral vom heute so geläufigen Gerede über das Nullwachstum, einem Pseudoziel für unsere Gesellschaft, das von den Grünen recht oft in die politische Tagesdiskussion eingebracht wird. Das ökologische Projekt hat mit dem sektiererischen und reaktionären Ansatz der Nullwachstümler nichts zu tun. Alles andere als statisch und rückwärts gerichtet, ist unser Projekt für die Schweiz von morgen ein fortschrittliches Vorhaben, ein dynamisches und offenes Projekt, das sich vom Breitwachstum der fünfziger und sechziger Jahre vor allem darin grundlegend unterscheidet, daß der Begriff Fortschritt weiter und umfassender definiert ist. Es geht im besonderen nicht mehr darum, quantitative Wirtschaftserfolge auf Kosten der natürlichen und sozialen Umwelt zu erreichen, sondern um den Versuch, den Fortschritt im breitmöglichsten Fächer der für die Lebensqualität relevanten Gebiete sicherzustellen. Das Projekt muß den Interdependenzen der natürlichen und sozialen Umwelt so Rechnung tragen, daß die Verbesserung einiger weniger Facetten der Lebensqualität nicht mehr auf Kosten anderer geht.

Das neue Projekt wird also weit weniger punktuell wirken als seine historischen Vorgänger. Ganzheitlichkeit, Wahrnehmen und Berücksichtigen von Interdependenzen, Szenariendenken, all das was mithilft, Zusammenhänge, Sachzwänge und gegenseitige Beeinflussung von Zielen und Zielkonflikten zu erfassen, gehören zu den Wesensmerkmalen des neuen Projektes. Der wichtigste Brückenschlag, den es mit dem neuen Projekt zu bewältigen gilt, betrifft die Bereiche Ökonomie und Ökologie.

Eines der blockierendsten Vorurteile in der heutigen Übergangsphase ist die angebliche Unvereinbarkeit von ökonomischen Anforderungen und ökologischen Notwendigkeiten. Wirtschaftskreise betonen unermüdlich, daß die Forderungen des Umweltschutzes untragbare Belastungen für die wirtschaftliche Entwicklung mit sich bringen und damit die Konkurrenzfähigkeit der schweizerischen Industrie beeinträchtigen. Dieser immer wieder angesprochene Zielkonflikt hängt damit zusammen, daß, wirtschaftlich gesprochen, die ökologischen Bedürfnisse den ökonomischen Zwängen verwandt sind. Beide wurzeln in der gleichen Realität: der Knappheit der Ressourcen und der Nichtregenerierbarkeit eines wesentlichen Teils der Rohstoffe und der Qualität der Umwelt. Aber gerade das macht die beiden Problemkreise so artverwandt und dadurch komplementär.

Gewiß, ein anderes Zeitmaß bestimmt die Zyklen von Ökonomie und Ökologie. Die Wirtschaft entwickelt sich kurz- bis mittelfristig in Zeitläufen, die in der Regel von einer Menschengeneration überblickt werden können, während die ökologischen Zyklen sehr langfristig ablaufen. Aber einen Graben zwischen den beiden Bereichen zu sehen, ist mißbräuchlich und täuschend. Lehre und Praxis der Ökonomie sind ein integrierender Bestandteil der Ökologie und kein fremdes oder gar gegensätzliches Element.

Jahrtausendelang hat zwar das Haushalten mit knappen Gütern tatsächlich nur wenig mit dem Gleichgewicht der Umwelt zu tun gehabt. Natürlich hat die Wirtschaft seit jeher sowohl die physische wie auch die soziale Umwelt stark beeinflußt. Denken wir einmal an die Landwirtschaft, die die Landschaft maßgeblich geprägt hat, und an das Aufkommen von Gewerbe und Industrie, der wir die Städtelandschaft verdanken. Aber das fundamentale Gleichgewicht zwischen Mensch und Umwelt wurde erst im Laufe der Industrialisierung der Weltwirtschaft tangiert. Und dieser Prozeß ist in Europa kaum 200 Jahre alt; in den Ländern der dritten Welt lief er sogar erst in diesem Jahrhundert an.

In dieser sehr kurzen Zeitspanne hat es sich die industrialisierte Welt angewöhnt, Natur und Umwelt dem Abfall ihrer immer effizienter werdenden Produktionsprozesse auszusetzen, und dies in einem Umfang, der das natürliche Gleichgewicht des Planeten ganz empfindlich stört und teilweise sogar zerstört hat.

Heute rächt sich nun der gigantische Abfallkübel Natur bitter: Gewässer, Meere und Ozeane sind gefährdet; gesunde Luft wird zum raren Gut, Wälder sterben ab und aus; ein gewisser Notstand ist offensichtlich geworden, und zwar weltweit. Die Natur hat sich zwar solche Vorgänge auch schon selbst einfallen lassen, beispielsweise mit den Eiszeiten. Das Einmalige und damit Historische am heutigen Prozeß ist jedoch, daß die zentrale Verantwortung heute nicht mehr bei der Natur, sondern beim Menschen und im speziellen bei unserer Generation liegt.

Der einmalige Wirtschaftsaufschwung, den wir seit der industriellen Revolution erleben, beruht auf zwei Grundgegebenheiten: leicht zugängliche und damit billige Energie und systematisches Ablassen der Abfälle in den Raum. Unverständnis der globalen Zusammenhänge, aber auch Rücksichtslosigkeit und Mißachtung der langfristigen Auswirkungen der Umweltbeeinträchtigung und -verschmutzung haben die Volkswirtschaften und auch die Volkswirtschaftslehre dazu gebracht, die Probleme des Raubbaus und des Abfalls zu verniedlichen.

Diese Haltung findet in der Tatsache eine Erklärung, daß die Vernachlässigung der externen Effekte wie Abfall und anderer negativer Nebenwirkungen der Produktion mehreren Generationen erlaubt hat, ihr Lebensniveau so schneller zu erhöhen. Aber die heutigen Generationen sind nicht mehr in der Lage, so rücksichtslos mit der Umwelt umzugehen. Da wir ganz offensichtlich mit der belasteten und teilweise überbelasteten Umwelt an Grenzen gestoßen sind, mit dem voraussehbaren, langsamen Versiegen gewisser Rohstoffquellen, und, ganz allgemein, mit den sich bedenklich mehrenden Zerfallserscheinungen des gesamten Ökosystems, ist unsere Generation verpflichtet, einen weltweiten Restaurierungsprozeß einzuleiten.

Ökologie = Ökonomie

Die technisch fortgeschrittensten und produktivsten Volkswirtschaften haben heute die Aufgabe, Vorläufer eines weltweiten Prozesses zu werden, eines Prozesses, der diese von der Wirtschaft nicht berücksichtigten Effekte der Produktion internalisiert, das heißt in die Wirtschaft zurückholt. Grob zusammengefaßt geht es dabei darum, Energien und Rohstoffe um mehrere Größenordnungen besser zu nutzen und gleichzeitig Abfälle und Emissionen in ebenso spektakulärem Ausmaß zu reduzieren, um sie schließlich in einer Form auszustoßen, die mit dem Gleichgewicht der Natur vereinbar ist.

Es steht außer Zweifel, daß ein solches Vorhaben einen ungeheuren Investitionsaufwand erfordert, der mit dem vergleichbar ist, was unserer technischen Zivilisation der gesamte Industrialisierungsprozeß gekostet hat. Wir sollten uns allerdings davor hüten, in dieser Investitionsanstrengung nur die Kostenseite zu sehen und dabei die positiven Aspekte zu vergessen, wie etwa die Herausbildung einer großen Zahl qualitativ hochstehender und interessanter Arbeitsplätze und die daraus resultierenden Einkommen. Der Schutz und die Wiederherstellung der Umwelt sind nicht nur eine Last, sondern auch eine fesselnde Herausforderung und Motivation; gleichzeitig bieten sie technologisch fortschrittlichen Volkswirtschaften eine sehr günstige Gelegenheit, schöne Geschäfte zu machen.

Es genügt, die Ängste und die legitimen Vorbehalte auszuräumen, die immer die Anfänge eines Vorhabens dieses Ausmaßes begleiten. In einer Marktwirtschaft können die Umwelttechnologien kommerziell verwertet werden, oder anders gesagt: sie sind exportierbar. Es wäre gar denkbar, daß sich die Schweizer Wirtschaft in diesen Bereichen einen Vorsprung gegenüber ihren unmittelbaren Konkurrenten, das heißt, den anderen hochentwickelten Ländern, schafft und so auf den Weltmärkten zum Pionier der Umwelttechnologie wird.

Die Umwelttechnologie bietet der Schweizer Wirtschaft immense Chancen, etwa im Bereich der Energieumwandlung, einer ausgewiesenen Spezialität der hiesigen Maschinenindustrie. Wir wissen, daß die Prozeßverluste, die bei der Umwandlung von Primärenergie in Nutzenergie (Hitze, Licht, Kraft) entstehen, gegenwärtig noch etwa 60% betragen; das allein zeigt, wie groß der Spielraum für fortschrittliche Produkte und Prozesse ist. Die Entwicklung leistungsfähiger Motoren, alternativer Technologien, die Verbesserung der Steuerungstechniken sind weitere, unserem industriellen savoir-faire verwandte Bereiche, deren Erschließung der Schweizer Wirtschaft mittel- bis langfristig eine glänzende Zukunft sichern könnte. Dasselbe gilt für die Wiederverwertung und die Lagerung von Abfällen, ganz zu schweigen von der Biotechnologie, der Informatik und der Elektronik.

Die Schweizer Wirtschaftsgeschichte gibt jenen unrecht, die behaupten, man habe den Zugang zu diesen neuen Technologien endgültig verpaßt, und der aufgelaufene Rückstand sei nicht mehr wettzumachen. Die Schweiz war immer ein Spätzünder. Einer genauen Prüfung unterzogen hat auch das Argument keinen Bestand, es fehle der hiesigen Wirtschaft die kritische Masse. Ließen sich für derart pessimistische Ansichten triftige Gründe finden, wie wäre dann zu erklären, daß Industrieländer der zweiten Generation, wie die Schweiz, den Rückstand auf das frühentwikkelte England im 19. Jahrhundert nicht nur wettmachen, sondern die Briten gar überholen konnten?

Unter diesem Gesichtspunkt erscheinen die Maßnahmen, die seit Jahren von den ökologischen Kritikern propagiert werden, und die teilweise nur mit Schwierigkeiten von den Behörden durchgesetzt wurden, in einem ungewohnt positiveren Licht. Statt sie als «wirtschaftlich untragbare Gebote und Verbote» zu sehen, können sie als Ansporn zum wirtschaftlichen Fortschritt bewertet werden. Ansporn zur Entwicklung neuer Produkte-, System- und Dienstleistungsgenerationen, die es der Schweizer Wirtschaft von morgen erlauben, ihre traditionelle Sonderstellung auf den Weltmärkten in die Zukunft zu retten.

Den Arbeitsfrieden weiterentwickeln

Ein ökologisch ausgerichtetes Leitbild für die Schweiz muß auch eine besonders dynamische und einfallsreiche soziale Komponente enthalten. Die Erneuerung des Arbeitsfriedens als gesellschaftlicher Pakt und die Anpassung der Sozialversicherung in den

Bereichen Gesundheitswesen und Altersvorsorge haben diesbezüglich Priorität.

Der Beitrag der Wirtschaft zum Arbeitsfrieden steht und fällt mit ihrer Fähigkeit, die Produktivität in raschem Tempo weiter zu steigern. Gleichzeitig wird die Wirtschaft auch attraktive Arbeitsplätze für die rund 270000 Jungarbeiter der geburtenstarken Jahrgänge, die bis zur Jahrhundertwende auf den Arbeitsmarkt kommen, schaffen müssen.

Diese doppelte Zielsetzung verlangt einen gesteigerten Einsatz in der wissenschaftlichen und technischen Forschung und einen maßgeblich verbesserten Transfer neuer Kenntnisse und Techniken von den Hochschulen zu den Unternehmen hin. Denn Wissenskapital ist wirtschaftlich und sozial nicht aus sich allein wirksam. Volkswirtschaftlich und sozial relevant wird es erst durch seine Übertragung in die Produktion, wo es seine Wirksamkeit durch Produktivitätsgewinne unter Beweis stellen kann.

Dank dem Durchbruch der Großtechnologie hat das Industriezeitalter eine historische Mutation eingeläutet: Früher, zu vorindustriellen Zeiten, war der Produktionsfaktor Arbeit reichlicher vorhanden und damit billiger als das Kapital. Die industrielle Revolution hat dieses Verhältnis umgekehrt. Heute ist in entwikkelten Volkswirtschaften die Arbeit knapp, also teuer, währenddem das Kapital, vor allem das technische Kapital, immer billiger wird.

Arbeit ist darum heute nicht nur viel besser bezahlt als in früheren Zeiten, die Arbeitnehmerschaft hat ebenfalls einen Status, Arbeitsbedingungen und eine juristische Absicherung erreichen können, die alles in früheren Zeiten Denkbare bei weitem übertreffen. So tiefgreifende Verbesserungen der Arbeitsbedingungen bringen natürlich Kosten mit sich. Beiträge an die soziale Sicherung und unzählige Lohnnebenkosten haben im Verlauf der letzten dreißig Jahre denn auch entsprechend zugenommen. Diese Lohnnebenkosten haben oft einen fiskalischen Charakter. Sie sind Ausdruck der Umverteilungssolidarität zwischen Stärkeren und Schwächeren im Wirtschaftsbereich. Um die Last dieser Solidarität für Arbeitgeber und Arbeitnehmer in erträglichem Rahmen zu halten, ist es unbedingt notwendig, eine starke und konstante Weiterentwicklung des Wachstums zu bewerkstelligen; das heißt, die Produktivität der Arbeit muß stetig verbessert werden.

Weder sozialer Fortschritt noch die Steigerung der Produktivität sind rein spontane Erscheinungen in einer Marktwirtschaft. Um sie zu verwirklichen, braucht es einen gewissen Zugzwang. In diesem Zusammenhang spielen der gewerkschaftliche Druck und die gewerkschaftlichen Forderungen zur Verbesserung der Arbeitsbedingungen eine ausschlaggebende Rolle. Lohnforderungen und der Ruf nach qualitativer Verbesserung im Berufsleben der Werktätigen, das Postulat der Verkürzung der Arbeitszeit und der Wunsch nach Ausbau der sozialen Sicherung üben einen ständigen Kostendruck auf die Volkswirtschaft aus. Die Unternehmungen, die diesem Preisschub ausgesetzt sind, haben nur einen Ausweg: das ständige Bemühen um die Verbesserung ihrer produktiven Effizienz, und diese ist schlußendlich nur über den technischen Fortschritt möglich.

Technischer Fortschritt fällt natürlich nicht vom Himmel. Er ist das Produkt eines intensiven Arbeitsaufwandes. Vieles spricht dafür, daß in unserer Gesellschaft die Arbeit am technischen Fortschritt unter allen Tätigkeiten den höchsten sozialen Stellenwert einnimmt, dies ganz einfach darum, weil er die Bedingungen des steten Fortschritts auf materiellem und immateriellem Gebiet schafft. Gewerkschaftliche Forderungen werden von Arbeitgebern zwar immer als lästig empfunden. Andererseits spielen sie jedoch im Makrobereich des Gesellschafts- und Wirtschaftslebens eine positive, anspornende Rolle und beweisen damit, daß es durchaus möglich ist, einen Kompromiß zwischen wirtschaftlicher und sozialer Entwicklung zu erreichen, vorausgesetzt, daß der technische Fortschritt mithalten kann.

Diese positive Wertung darf nicht über wirkliche Divergenzen und praktisch nur schwer lösbare Schwierigkeiten hinwegtäuschen. Einmal gilt es, in der Praxis und nicht nur auf dem Papier, den zukünftigen technischen Fortschritt abzusichern. In einer weiteren Phase geht es darum, einen tragbaren Verteilungsmodus der materiellen Früchte des technischen Fortschritts zu finden und auszuhandeln. Dies ist eine ausgesprochen knifflige Aufgabe. Vor allem darum, weil es in der heutigen hochentwickelten Wirtschaft so schwierig ist, Arbeit und Kapital zu trennen.

Schließlich arbeiten wir schon lange nicht mehr nur mit unseren Händen. Der Kopf der Arbeitnehmer spielt eine hervorragende Rolle in allen Bereichen der menschlichen Tätigkeit. Und im Kopf sitzt Kapital. Diese Tatsache bringt es mit sich, daß es mehr denn je ausgeschlossen ist, mittels objektiver Berechnungsmethoden diejenigen Teile des Kuchens zu bestimmen, die legitimerweise der Arbeit und dem Kapital zukommen sollen. Je mehr der technische Fortschritt voranschreitet, desto mehr verschwimmen die Konturen zwischen den beiden hergebrachten Produktionsfaktoren Arbeit und Kapital. Allgemeines Wissen, berufliches Know-how, gekonnter Umgang mit Maschinen und Menschen sind gleichzeitiger Ausdruck von Arbeit und Kapital, von Humankapital, wie die Ökonomen sagen. Am Aufbau dieses Humankapitals sind aber die Unternehmungen maßgeblich mitbeteiligt. Darum ist es so außerordentlich schwierig festzulegen, wer eigentlich welchen legitimen Anspruch auf die Früchte des Produktivitätszuwachses geltend machen kann: die Unternehmungen, ihre Techniker und hochqualifizierten Kaderkräfte, die Arbeitnehmerschaft als Ganzes oder die Kapitalgeber.

Ein Beispiel, um diese heikle Abgrenzungsfrage zu illustrieren. Ein geschickter Arbeiter erhält von seiner Direktion eine neue numerisch gesteuerte Maschine, die seine Arbeitsproduktivität um einen Faktor zwei erhöht, ohne daß er in seinem Arbeitskomfort beeinträchtigt wird, eher im Gegenteil. Steht ihm unter solchen Umständen eine Lohnerhöhung zu, wieviel soll sie ausmachen, oder soll man es beim größeren Arbeitskomfort belassen und ihn nicht besser bezahlen?

Weil es diesbezüglich nie ein für allemal gültige Antworten gibt, bleibt nur auf ein pragmatisches Aushandeln von Kompromißlösungen Verlaß. In der schweizerischen Praxis hat es sich eingebürgert, daß man solche Fragen möglichst nahe am Arbeitsplatz zu diskutieren sucht, dort wo sich die Leute kennen, und wo man in der Lage ist, zwischen formalen Lohnansprüchen und mehr immateriellen Arbeitsbedingungen abzuwägen. Es wird Aufgabe des neuen Projektes sein, diese Praxis aufrechtzuerhalten und weiterzuentwickeln, das heißt, es wird auch in Zukunft darum gehen, auf Verbandsebene lediglich die großen Züge und Prinzipien des Verhältnisses zwischen Arbeit und Kapital auszuhandeln, um es der Unternehmungsstufe zu erlauben, die die Praxis beherrschenden Details zu regeln.

Was heißt, die bestehende Praxis weiterentwickeln? Geht man von den allgemeinen Forderungen der Arbeitnehmerschaft aus, die heute das Verhandlungsfeld beherrschen, so stellt man fest, daß das Postulat der Humanisierung der Arbeitswelt an erster Stelle figuriert. Verkürzung der Arbeitszeit und Ausbau der Flexibilität, Ausbau materieller Nebenleistungen eher als klassische Lohnforderungen, schon aus rein fiskalischen Überlegungen, von Promotionen unabhängige Verbesserungen der Arbeitsbedingungen, Abbau übertriebener Hierarchie, Entbürokratisierung und Mitbestimmung sind Elemente, die heute auf jedem gewerkschaftlichen Forderungskatalog an erster Stelle stehen.

Ohne Konflikte wird es natürlich auch in Zukunft nicht gehen. Arbeitnehmer und Arbeitgeber stehen sich schließlich immer in einem Verteilungskampf gegenüber. Das marktwirtschaftliche System will es so. Aber wie überall in der Marktwirtschaft muß es trotz aller Interessengegensätze schließlich zu einer Einigung kommen. Wie auf allen anderen Märkten müssen sich Anbieter von und Nachfrager nach Arbeit schlußendlich auf einen Preis einigen. Der Preis, um den es hier geht, ist nicht nur der Lohn, sondern sämtliche mit den Arbeitsbedingungen verbundene Kosten, von den Lohnnebenkosten zu allen materiellen Vorteilen, die außerhalb der Lohntüte den Arbeitnehmern zugute kommen.

Der ungemein erhöhte Stellenwert des Humankapitals gibt einigen Anlaß zu Optimismus, nämlich, daß eine Verständigung zwischen Sozialpartnern machbar bleiben wird. Ganz einfach darum, weil der Ausbau dieses Humankapitals mit dem Postulat der Humanisierung der Arbeitswelt bestens verträglich ist. Schließlich hat unsere Epoche das historische Glück, intelligente Arbeit richtiggehend banalisieren zu können und stumpfe Routine den Robotern weiterzudelegieren.

Das Humankapital setzt sich aus all dem Wissen und den Erfahrungen zusammen, die eine produktive Relevanz haben, sei es auf dem Gebiet der Technik, der Fertigung, der Administration oder des Kommerziellen. In hochentwickelten Volkswirtschaften geht es immer mehr um die intellektuelle Mobilität der Arbeitnehmer, aller Arbeitnehmer, und um ihre Fähigkeit, neue Information aufzunehmen und zu verarbeiten, dies wiederum auf allen Gebieten, von der Wissenschaft zur Technik, und zum Gesellschaftlichen und Sozialen. Diese Forderung und Herausforderung unserer Zeit bestärkt uns in der Auffassung, daß für die Schweiz der verbesserte Aufbau und die verbesserte Verteilung von Humankapital im Mittelpunkt des wirtschaftlichen Kapitels des neuen Projektes steht.

Schulung und Bildung, Weiterbildung, Weiterausbildung, Umschulung und Perfektionierung sind nicht nur unabdingbare Postulate des weiteren Gedeihens der quantitativen Wirtschaftsentwicklung, sondern auch der kulturellen Valorisierung der Arbeit. Sie entsprechen damit dem Ruf nach qualitativem Wachstum. Das stimmt ganz einfach darum, weil, wie gesagt, intelligente Arbeit und anspruchsvolle Arbeit dem menschlichen Wesen viel gerechter werden als Routine. Darüber hinaus weist die internationale Arbeitsteilung einem Kleinstland wie der Schweiz, das einen sehr hohen technischen Entwicklungsstatus erringen konnte, die Spezialisierung in solchen Sparten zu.

Schließlich wird ein stetig angestrebtes und hochgestecktes Ziel es in Sachen der intellektuellen Anforderung an die Arbeitnehmer auch erlauben, die überall wuchernde Bürokratie abzubauen; eine Bürokratie, die das soziale Klima sowohl im öffentlichen Bereich als auch in den privaten Unternehmungen sehr negativ beeinflußt.

Noch ein Wort zu den zahlreichen Umverteilungsprozessen, die wir im Laufe der letzten Jahrzehnte, unter anderem mit der sozialen Sicherung, institutionalisiert haben, und die, wie wir gesehen haben, einen maßgeblichen Teil des Entgeltes der Arbeit in Lohnnebenkosten umfunktionieren. Im Bereich des guten Einvernehmens zwischen Arbeit und Kapital spielen vor allem die Umverteilungsinstitutionen zwischen Generationen eine ausschlaggebende Rolle, das heißt, allem anderen voran die zweite Säule. Unseres Erachtens ist die Frage der gerechten Verteilung der Beiträge und Leistungen innerhalb der Altersvorsorge für das soziale Einvernehmen genauso wichtig wie die Verteilung der Früchte des Wirtschaftslebens zwischen den Mitgliedern der arbeitstätigen Generationen.

Es ist klar, daß auf diesem Gebiet demographische und wirtschaftliche Sachzwänge ausschlaggebend sind. Auch wenn das immer wieder behauptet wird, ist es ein Irrtum zu glauben, das Problem der zweiten Säule sei mit der Wahl des Kapitalisierungsverfahrens ein für allemal gelöst. Auch das Kapitalisierungssystem erspart uns nämlich die Auseinandersetzung mit der Frage nach der sozialen Verträglichkeit der umzuverteilenden Lasten und nach der Verteilungsgerechtigkeit nicht. Es stimmt zwar, daß das heute geltende System der beruflichen Vorsorge für die Rentenbezüger und -berechtigten einen entscheidenden Vorzug beinhaltet gegenüber einem einfachen Umverteilungssystem wie dasjenige der AHV: Die berufliche Vorsorge verankert nämlich das Recht auf Leistungen in wirtschaftlichen Institutionen, in Unternehmungen und in Realkapital.

Im Unterschied zur AHV bestehen also Rechtsansprüche auf reales Kapital, und nicht nur solche auf einen Teil des jeweiligen erwirtschafteten Volkseinkommens. Diese Tatsache darf aber nicht zur Annahme verleiten, die jeweilig ins Pensionierungsalter eintretende Generation sei in der Lage, ihre Aktiven zu liquidieren und im Laufe ihrer Pensionierung in Konsumausgaben umzuwandeln. Dafür sind die Kontingente der ins Pensionierungsalter tretenden Generationen zu groß. Es gilt also, Mittel und Wege zu finden, die es erlauben, daß sich die verschiedenen Generationen in der Übernahme der Kapitalien, die zur Absicherung der Renten akkumuliert worden sind, ablösen. Die aus den Beiträgen der aktiven Bevölkerung stammenden Liquiditäten, verbunden mit den Erträgen aus vorangegangenen Kapitalanlagen, müssen es also auch im Kapitalisierungsverfahren erlauben, die Transferzahlungen an Rentenbezüger sicherzustellen.

Damit stellt sich die Frage der Verträglichkeit der Beitragslast für die aktiven Generationen. Damit diese erträglich bleibt, ist es, vor allem im Hinblick auf den Alterungsprozeß der Bevölkerung, notwendig, ein stetes Wirtschaftswachstum aufrechtzuerhalten. Dabei stellt sich die Frage, ob die über die zweite Säule angesammelten Kapitalien in der Lage sein werden, an diesem Wachstumsprozeß der Wirtschaft mitzuwirken. Man wird in den kommenden Jahren in der Schweiz um diese Problematik nicht herumkommen. Der Rückkopplungseffekt zwischen der Anlage der zweiten Säule-Kapitalien und dem für das Wirtschaftswachstum unerläßlichen technologischen Fortschritt wird zur Zeit noch viel zu wenig diskutiert. Diese Frage ist jedoch von ausschlaggebender Wichtigkeit, denn es gilt zu vermeiden, daß die aktiven Generationen der Zukunft in eine doppelte Klemme kommen: hohe finanzielle Anforderungen durch den Unterhalt der nicht mehr erwerbstätigen Mitglieder der Gesellschaft und hoher Ausbildungsaufwand zugunsten der noch nicht erwerbstätigen Jugend.

In diesem Zusammenhang sei eine Binsenwahrheit in Erinnerung gerufen. Unabhängig von auch noch so klugen Umverteilungssystemen ist und bleibt es Tatsache, daß nur das verteilt und umverteilt werden kann, was in einer bestimmten Epoche erwirtschaftet worden ist. Aller Anspruchsinflation zum Trotz wird es nie anders gehen. Einer äußerst langlebigen Illusion zur Folge, geistert immer wieder der Glaube in der Bevölkerung umher, es sei möglich, Konsumverzicht auf Folgegenerationen abzuwälzen. Das stimmt aber nur unter der äußerst einschränkenden Bedingung, daß die Folgegenerationen dann auch wirklich willig sind, die anfallenden Auflagen zu honorieren. Ein von der Problematik der Altersvorsorge unabhängiges Beispiel soll hier zur Erläuterung angeführt werden.

Solidarische Generationen?

Nehmen wir als Beispiel den Bau der Eisenbahnen im letzten Jahrhundert, eine kolossale Investition, die wir unseren Vorfahren zu verdanken haben. Es stimmt natürlich, daß wir bis auf den heutigen Tag jedes Mal zu Nutznießern dieser Kapitalbildung werden, dann nämlich, wenn wir direkt oder indirekt einen Schienentransport beanspruchen, ohne daß uns dafür in irgendeiner Weise eine Kompensation zuhanden unserer Vorfahren abgedungen wird. Daß die Pioniergenerationen der zweiten Hälfte des letzten Jahrhunderts ihre Eisenbahn durch massive Geldaufnahmen auf dem Kapitalmarkt finanzierten, ändert allen anderslautenden Meinungen zum Trotz nichts an dieser Tatsache. Nur sehr wenige Kapitalgeber dieser Pioniergenerationen konnten sich durch einkassierte Zinsen und Rückzahlungen schadlos halten. Die meisten von ihnen und ihre Erben haben den Gegenwert ihres Geldeinsatzes verloren: Konkurse, schlechte Übernahmekonditionen bei der Verstaatlichung und nicht zuletzt die Inflation haben diese Anlagen weitgehend aufgezehrt. Mit anderen Worten haben sich diejenigen Generationen, die den Ausbau der Eisenbahn miterlebt und mitfinanziert haben, mit dem zufriedengeben müssen, was die Schiene zur Förderung der dazumaligen Wirtschaft beigetragen hat. Da das Finanzkapital eine viel weniger lange Lebensdauer als das im Bahnnetz investierte Realkapital ausgewiesen hat, ist es zu einem Transfer zwischen Generationen gekommen. Und die jeweils nachfolgende Generation ist am längeren Hebel gewesen, weil sie von der vorhergehenden eine gut unterhaltene und technisch nachgerüstete Eisenbahn quasi kostenlos geerbt hat.

Im Zusammenhang mit der Altersvorsorge ist die Moral dieses Exempels einfach zu verstehen. Ob die Altersrenten aus einem System kommen, das sich auf das Umverteilungsprinzip stützt oder auf das Kapitalisierungsprinzip, spielt bei weitem keine so entscheidende Rolle, wie das immer wieder in der Tagesdiskussion behauptet wird. Tatsache ist und bleibt nämlich, daß eine jede Generation nur diejenigen Renten beanspruchen und in Verbrauch umsetzen kann, die dem Gegenwert dessen entsprechen, was die jeweils aktiven Generationen in der Lage oder gewillt sind freizusetzen. Makroökonomisch nützt die Akkumulation von auch noch so viel Finanzkapital wenig bis nichts, um den Lebensunterhalt der Zurückgezogenen und Pensionierten zu bestreiten, wenn die Nachfolgegenerationen nicht in der Lage oder nicht willens sind, dieses Finanzkapital zu übernehmen und ihren Verbrauch entsprechend einzuschränken. Die Erklärung dieser Tatsache ist einfach. Finanzkapitalien können nämlich nur dann in großem, makroökonomisch relevantem Rahmen im Sinne eines Eintausches in Verbrauchsgüter und Dienstleistungen «liquidiert» werden, wenn sie von den Nachfolgegenerationen übernommen werden. Es wird also immer darum gehen, ob die Nachfolgegenerationen willens und in der Lage sind, über Konsumverzicht die Ersparnisse der Generation ihrer Eltern zu übernehmen, um letztere in die Lage zu versetzen, ihr akkumuliertes Kapital in Konsumgüter und Dienstleistungen umzusetzen.

Eine der vornehmsten Aufgaben von Politik und Familie ist es, dafür zu sorgen, daß die heranwachsenden Generationen im Respekt ihrer Unterhaltspflicht gegenüber den vorangegangenen erzogen werden. In unserer heutigen von der familiären Tradition losgelösten Zivilisation ist dies um einiges weniger selbstverständlich als früher. Das geeignetste Mittel, dieser sowohl ökonomischen wie moralischen Pflicht Nachdruck zu verleihen, liegt im Einbau von wirtschaftlichen Anreizen in das System. Die Ablösung der Verpflichtungen, die die verschiedenen Generationen untereinander verbinden, wird nämlich um so spontaner erfolgen, als die zuvor investierten Kapitalien einen hohen Produktivitätszuwachs abwerfen und damit die Prosperität aller Generationen mitbestimmen. Der Schlüssel zum Erfolg dieses äußerst wichtigen Aspektes des sozialen Friedens liegt also in der Effizienz der Investitions- und Anlagepolitik der für die Altersvorsorge vorgesehenen Kapitalien.

Gerade weil die Altersvorsorge heute hauptsächlich über die soziale Sicherung und das soziale Versicherungswesen kollektiviert und nicht mehr Sache individueller Vermögensverwaltung ist, und weil wir in einer Phase der Alterung der Bevölkerung stecken, wird sich das neue eidgenössische Projekt mit der Frage der Rentabilität dieser Kapitalien auseinandersetzen müssen. Die Sicherstellung größtmöglicher Effizienz der kollektiven Vorsorgeeinrichtungen gehört damit zum öffentlichen Regulierungsbereich, und zwar nicht nur im makroökonomischen Sinn, sondern auch im staatspolitischen. Es ist also die gemeinsame Aufgabe von Wirtschaft und Staat, dafür zu sorgen, daß die gigantischen Summen der zweiten Säule genügend gewinnbringend angelegt werden, um es im Laufe der nächsten fünfzig bis hundert Jahre zu erlauben, die Alterung der Bevölkerung ohne Generationenkonflikte zu überwinden.

Dieser Aspekt ist um so wichtiger, als die Unterhaltskosten einer alternden Bevölkerung stetig und mit höchster Wahrscheinlichkeit sogar sprunghaft ansteigen werden. Das zeigt sich schon heute auf dem Gebiet der Krankenversicherung. Neuere Forschung hat klar dargelegt, daß die medizinische Versorgung immer größerer Kontingente älterer Leute eine der maßgeblichen Triebfedern der Kostenexplosion darstellt. Sowohl im Bereich der Rentenausschüttung (über AHV und zweite Säule), in Sachen Organisation des Gesundheitswesens im stationären und ambulatorischen Pflegesektor, wie auch in der Sphäre der Altersbetreuung am Wohnort wird sich das neue Projekt mit den neuen demographischen Gegebenheiten auseinandersetzen und Gewohnheitsroutine durch Innovation ersetzen müssen. Auch dies wird nur dann zu vernünftigen Konditionen möglich sein, wenn der von jeder Generation zur Sicherung des Alters aufgebrachte finanzielle Aufwand so investiert wird, daß er ein größtmögliches Wirtschaftswachstum mitgestalten hilft.

Natürlich geht es bei dieser Anlageeffizienz nicht einfach um hohe Zinsen. Die hier angesprochene Effizienz betrifft das ganze

Gesundheitssystem und Sozialwesen. Es geht um eine Art makroökonomische und makrosoziale Effizienz, die auf eine gesamtheitliche Betrachtung des Problemkreises Altern abzielt mit dem Zweck, die Lebensqualität aller Beteiligten zu optimieren. Die Erfahrung mit dem Ausbau der sozialen Sicherung zeigt, daß es weder im Bereich der sozial-medizinischen Sicherung noch der Altersvorsorge allein darum gehen kann, ein makelloses Beitrags- und Rentensystem aufzubauen. Renten- und Geldleistungen genügen nicht, um die Lebensqualität zu verbessern. Die Produktionsstrukturen der Dienstleistungen müssen ebenfalls ständig verbessert und den neuen Gegebenheiten angepaßt werden. Der Kampf gegen die zunehmende Vereinsamung alter und kranker Menschen gehört zu diesen Aufgaben, die zwar mit Geldleistungen zusammenhängen, die sich aber nicht allein auf diesem Wege lösen lassen.

Miteinander statt aneinander vorbeileben

In unserer Skizzierung des neuen Projektes sind wir bis jetzt recht technokratisch geblieben. Auf der wirtschaftlichen und technischen Ebene liegt jedoch kaum der Angelpunkt des neuen Vorhabens. Beides ist und bleibt zwar hervorstechendes Merkmal eidgenössischer Errungenschaft. Eine modernere Verbindung von Technologie und Wirtschaft, vor allem im Bestreben der Verbesserung der Lebensqualität, zeigt jedoch über das Technokratische hinaus in den Bereich des Sozialen und Kulturellen. Und gerade hier wird das neue Projekt Neues und Entscheidendes bieten müssen. Es wird mit der Möglichkeit, den freundeidgenössischen Beziehungen, den Beziehungen zwischen Gruppen, Generationen und Individuen eine neue Konvivialität zu vermitteln, stehen und fallen.

Um den schon angesprochenen Integrationswillen in einer lapidaren Formulierung einzufangen, könnte man das Ziel des neuen Projektes wie folgt umschreiben: Überwindung der koexistentiellen Anonymität durch einen neuen Aufschwung im Gesellschaftsleben.

Der Wiederbelebungsversuch des kulturellen Paktes, der die Schweizer einigt, kann natürlich nicht in einer Renaissance der schönen Künste bestehen. Dazu ist die Mentalität des Schweizers viel zu pragmatisch, und überhaupt sind die allgemeinen wirtschaftlichen und sozialen Voraussetzungen für ein Wiederaufleben dieser Art künstlerischer Kreativität nicht gegeben. Die technischen und kollektiven Formen der Kultur haben in der heutigen Gesellschaftsordnung das Übergewicht und verdrängen individualistische und elitäre Ausdrücke des kulturellen Lebens. Das amerikanische Kulturmodell und die amerikanische Lebensweise, die die Technik sowie den Massenkonsum in den Mittelpunkt stellen, werden weiterhin weltweit, also auch in der Schweiz, das kulturelle Leben bestimmen. Das Fernsehen als Instrument dieser Massenkultur ist ein typisches Beispiel dieses Phänomens.

Die Massenkultur, ihre Verbreitung über Medien, Elektronik und Informatik bringen natürlich schwere Abhängigkeiten mit sich, vor allem auf dem Gebiet der notwendig gewordenen Standardisierung der Produktionsmethoden und der sozialen und kulturellen Ausdrucksweisen. Ihr nivellierender Einfluß ist dem kulturellen Pluralismus und seiner Entfaltungsmöglichkeit ausgesprochen abträglich. Dieser Zwang zur Gleichmacherei berührt das kulturelle Schaffen in der Schweiz an einem besonders empfindlichen Punkt, denn gerade kulturelle Vielfalt und die sich daraus ergebenden Synergien haben in der Vergangenheit ganz maßgeblich zum Aufbau des schweizerischen Kulturgutes beigetragen.

Es wird Aufgabe des neuen Projektes sein, in das etwas verbrauchte Hin und Her zwischen den zahlreichen Strukturen und Machtorten sowie zwischen den verschiedenen Regionen des Landes das unentbehrliche Quantum von eigenständigem, aber lebendigem Gedankengut einzubringen, das der schweizerischen Kultur seine Dynamik und Frischheit gewährt. Gerade auf dem kulturellen Gebiet bildet die sich heute ausbreitende Identitätskrise und das zögernde Abwarten, das fast allen Entscheidungsprozessen anhaftet, eine lähmende Gefahr. Routine in der Wirtschaft und eine gewisse Einfallslosigkeit in der technologischen Entwicklung werden mit der Zeit sozusagen automatisch durch die internationale Konkurrenz in Frage gestellt und aufgehoben. Die kulturelle Immobilität ist diesbezüglich weit zählebiger und ihr lähmender Effekt dringt schrittweise in alle Bereiche der kollektiven Vorhaben vor. Kulturelle Immobilität fördert das «Nabel-Denken» in allen Bereichen, ängstliches Abkapseln in Herkömmliches und

Vertrautes, systematisches Abwenden von neuen Ideen und Strukturen, Abkehr vom kollektiven Ehrgeiz, mit einem Wort, der Routinekult ist Ausdruck eines kulturellen Unvermögens.

Pragmatische Sofortkultur gibt es auch im Volkstümlichen nicht. Dort, wo der Spaß am Schönen, am Uneigennützigen und am Experimentieren verlorengegangen ist, muß sich die Jugend unwohl fühlen, und mit einer sich langweilenden Jugend verliert auch die Schweiz ihren Glauben an die Zukunft. «Räumt die Alpen weg, wir wollen das Meer sehen» spritzte 1980 ein rebellierender Zürcher gegen eine Wand. «C'est la vie oder was?» fragt noch heute nachdenklich eine Gartenmauer in einem Zürcher Vorort. Das ist Ausdruck und Überbleibsel der denkwürdigen Jugendkrawalle, aber auch Symptom eines Verlangens nach neuen Horizonten. Wie man sich erinnert, hat die Zürcher Jugend mit der offiziellen Kultur und dem Establishment während voller zwei Jahre einen Krawallkrieg geführt. Ist auch sie seither wieder in die Konformität eingestiegen?

Wie dem auch immer sei, heute spielt Zürich auf der kulturellen Szene der Schweiz die Hauptrolle. Der Wachstumspol Zürich mit seiner Million Einwohner, der es seit den zwanziger Jahren dieses Jahrhunderts fertiggebracht hat, zum Musterschüler des Projektes des wirtschaftlichen Aufschwungs der Schweiz zu werden, ragt ganz eindeutig aus dem subtilen Mosaik der kleinen, kulturell unterschiedlichen Regionen heraus, die den Rest der Schweiz ausmachen. Sowohl die soziale als auch die kulturelle Identifikation mit dem sehr kommerziellen Projekt einer allgemeinen und weitgreifenden Prosperität und dem Aufbau einer Massenkonsumgesellschaft konnte sich in Zürich mit einer verblüffenden Leichtigkeit durchsetzen. Das goldene Dreieck (eigentlich eher ein Parallelogramm von zwei territorialen Bändern, das eine dem Mittelland entlang und das andere zwischen Zürich und Basel) ist im Verlauf der letzten fünfzig Jahre ganz eindeutig zum zentralen Ort der Schweiz geworden. Seine Vormachtstellung in Wirtschaft und Kultur ist heute unbestritten: Keine andere Region der Schweiz vermag sich mehr gegen den Standpunkt des Wirtschaftsraumes Zürich durchzusetzen.

Der zentralisierende Pol

Die Vormachtstellung des goldenen Dreiecks hängt nicht nur mit dem demographischen Gewicht dieser Region zusammen. Im Gegenteil, die Region Zürich hat Legionen von Zuwanderern angezogen, aufgrund seiner Fähigkeit, die ökonomischen und technischen Belange des Wirtschaftslebens in eine Denkweise und einen Lebensstil zu integrieren, eine Fähigkeit, die Zürich heute das erste Wort in allen wesentlichen Entscheidungsprozessen einräumt. So konnte auch in der Schweiz ein regelrechtes Zentrum entstehen, ein Zentrum, in dem alle hauptsächlichen Entscheidungen vorbereitet werden, um nacher den Rest der Schweiz ins Kielwasser zu nehmen. In Zürich werden die wesentlichen wirtschaftlichen Optionen getroffen, die technologischen Szenarien für die Schweiz von morgen aufgebaut und durchexerziert, und, wie gesagt, aus der Region Zürich entstammen ebenfalls die kulturellen Impulse.

Der politische Pol Bern ist durch diesen Prozeß zweifellos abgewertet worden. Bern und die Politik sind eindeutig im Schlepptau der durch Zürich verkörperten Wirtschaftsmacht. Während noch bis vor ungefähr zwanzig Jahren wesentliche politische Impulse von Bern ausgingen, man denke dabei zum Beispiel an den Ausbau der Sozialversicherungen, die Ausarbeitung der Grundlagen moderner staatlicher Regulierungsaufgaben, den Raumplanungs- und Umweltschutz, beschränkt sich heute die Rolle des eidgenössischen Bern fast ausschließlich auf Kompensationsaufgaben. Bern und die eidgenössische Politik nehmen eine Ausgleichsfunktion im Sinne eines politischen Gegengewichtes wahr, die die Vormachtstellung der Wirtschaftsmacht sozial und politisch erträglich zu machen sucht.

Anders ausgedrückt, verstehen die sozio-politischen Akteure, die von Bern aus das politische Leben der Schweiz lenken, ihre Rolle als ausgleichende und nicht als treibende Kraft. Sie sind bestrebt, im Gesellschaftsleben die notwendigen Bindemittel zu verabreichen, die es erlauben, den sozialen Frieden und das eidgenössische Einverständnis aufrechtzuerhalten. Es geht ihnen also vor allem darum, Konfliktsituationen zu vermeiden und Spannungen zwischen der Wirtschaftsmacht, den öffentlichen Institutionen und der Bevölkerung abzubauen. Die gegenwärtige politische Situation ist also durch eine Art funktioneller Arbeitsteilung zwischen Bern und Zürich gekennzeichnet, wobei Bern versucht, Zürichs Impulse und Direktiven mit den Postulaten föderalistischer Politik und sozialen Friedens in Einklang zu bringen.

Diese arbeitsteilige Auffassung der Rolle der Politik hat übrigens den Konzentrationsprozeß unzähliger Regulierungsaufgaben in der Hand der eidgenössischen Behörden maßgeblich gefördert. Wir sind auf diese Entwicklung schon bei der Behandlung der wirtschaftlichen und technologischen Zusammenhänge eingegangen. Der hier angesprochene sozio-kulturelle Kontext erlaubt es nun, die Diagnose zu verfeinern und ein wichtiges politisches Phänomen der unmittelbaren schweizerischen Zeitgeschichte zu erklären, nämlich die föderalistische Reaktion gegenüber der funktionellen Gewaltenteilung zwischen Wirtschafts- und Bundesmacht.

Hier gilt es gleich zu Beginn, einen Trugschluß zu vermeiden, dem man bei oberflächlicher Beobachtung der politischen Szene der heutigen Schweiz leicht verfällt. Bei der Erörterung des föderalistischen Argumentes muß sorgfältig unterschieden werden zwischen den rein föderalistischen Anliegen regionalpolitischer Natur und den objektiven, an Sachvorlagen gebundenen Allianzen zwischen der Wirtschaftsmacht und deren Exponenten unter den orthodoxen Föderalisten. Diese letzteren, oft in Erscheinung tretenden Bündnisse haben meistens nur wenig mit aufrichtigen Bekenntnissen zum Föderalismus zu tun, sie sind vielmehr politischer Ausdruck von Personalunionen, die die Wirtschaftsmacht mit politischen Amtsträgern verbindet.

Nun ist aber ein Wirtschaftsinteressen vertretender Politiker im Parlament gezwungen, seine Rhetorik gesellschaftspolitisch abzustützen; er kann nicht einfach systematisch handfeste materielle Partikularinteressen vertreten. Dabei wird er sich mit Vorteil föderalistischer Argumentationen bedienen, denn diese erlauben es ihm, höher gestellte gesellschaftspolitische Töne anzuschlagen, die ihm um so gelegener kommen, als er weiß, daß die dem Ideal des Föderalismus gerecht werdende Delegierung von Kompetenzen an Kantone und Gemeinden im Vergleich zur Übertragung neuer Regulierungskompetenzen an den Bund einen Papiertiger darstellt. Die Wirtschaftsmacht hat im Gestrüpp von sechsundzwanzig kantonalen Regulierungen viel weniger zu befürchten als von einer einheitlichen eidgenössischen Gesetzgebung mit Vollzugsmacht bei der Bundesverwaltung.

In Wirklichkeit können also die Zweckallianzen zwischen Wirtschaftsmacht und Föderalismus nicht über die Tatsache hinwegtäuschen, daß es in der Dialektik Wirtschaft–Staat nicht um, je nach politischer Ebene (Kanton oder Bund), mehr oder weniger annehmbare Eingriffe des Staatswesens in die Wirtschaftsmacht geht, sondern daß bei diesen Auseinandersetzungen jegliche regulierende Einwirkung der öffentlichen Hand bekämpft wird.

Ein neues politisches Projekt für die Schweiz wird diesbezüglich mindestens zwei Auflagen gerecht werden müssen. Einerseits muß es gelingen, das Einverständnis zwischen Wirtschaft und Politik im Bereich der makroökonomischen und der makrosozialen Regulierungstätigkeiten zu verbessern. Dabei wird die Privatwirtschaft sich nur dann dem Sog staatlicher Bevormundung entziehen können, wenn sie aus eigenen Stücken den Ausbau ihrer technischen, produktiven und sozialen Leistungs- und Selbstregulierungsfähigkeit vorantreibt, um dem Staat zuvorzukommen. Andererseits wird das neue Projekt aber auch dem weltweit verbreiteten Bedürfnis nach einem weniger abstrakten, das heißt weniger zentralen Regulierungsstaat entgegenkommen müssen. Der Föderalismus muß also ausgebaut werden, sei es durch Dezentralisierungsbestrebungen im Bereich des Vollzugsapparates oder durch Kompetenzübertragungen an lokale, dem Bürger näherstehende Staatswesen, wie Kantone und Gemeinden.

Die nun seit mehr als zehn Jahren schwelende Nukleardebatte bringt diesbezüglich wegweisende Erkenntnisse. Unabhängig von Emotionen und Sektierertum, legt die Kernkraftwerkdebatte zwei sehr unterschiedliche Auffassungen dar. Die eine ist dem Glauben an die Effizienz großer Strukturen verpflichtet, Megatechnologien, die den kantonalen Rahmen bei weitem sprengen, und die sich nur landesweit und sogar im internationalen Verbund konkretisieren lassen. Diese Groß- und Größttechnologien bilden eine Art technische Fortschreibung des alten Projektes der wirtschaftlichen Expansion. Dieser Option steht eine andere Sensibilität gegenüber. Sie ist aus der kritischen Überdenkung der Finalitäten von Großtechnologie und Wirtschaftsexpansion entstanden. Die Anhängerschaft dieser Auffassung versucht, die moderne Technologie mit ihren kulturellen, auf regionale Belange reduzierten Wertvorstellungen und Traditionen in Einklang zu bringen.

Eine objektive Allianz zwischen Kernkraftpromotoren und föderalistischen Kreisen, die der oben angesprochenen Konstellation entspricht, hat es bis heute fertiggebracht, der Eidgenossenschaft die verfassungsmäßigen Mittel einer umfassenden Energiepolitik abzusprechen. Mit Ausnahme der Revision des Atomgesetzes sind seit 1979 nicht weniger als drei Atominitiativen abgelehnt worden, und auch eine sehr gemäßigte Version eines Energieverfassungsartikels ist 1983 am Ständemehr gescheitert. Diese Volksabstimmung zeigte besonders schön, wie effizient die Verzwikkung von Wirtschaftsmacht und Föderalismus sein kann. Um neben dem Volksmehr auch das Ständemehr zu erreichen, hätte es nämlich genügt, daß 55 (!) Urner Stimmbürger Ja anstatt Nein gestimmt hätten.

Zwar hat die Eidgenossenschaft bisher noch keine umfassende Rahmenkompetenz im Energiewesen. Das ändert aber nichts an der Tatsache, daß sich in der Schweizer Bevölkerung um die Kernenergiefragen ein großer und schwerwiegender Graben geöffnet hat. Das Malaise ist genügend groß, daß sich in der Realpolitik, ganz unabhängig von der juristischen Lage, eine Art de-facto-Moratorium für den Zubau neuer Kernanlagen nach Leibstadt durchgesetzt hat. Kaiseraugst vor allem steht seit mehr als zehn Jahren auf der Warteliste, als offensichtliches Anzeichen dafür, daß Argumente wie wirtschaftliche Notwendigkeit und technische Machbarkeit nicht mehr genügen, um die Bürgerschaft hinter eine Vorwärtsstrategie zu bringen. Fortschrittsgläubigkeit hat in Mißtrauen umgeschlagen. Tieferliegende kulturelle Gründe und Wertvorstellungen sind dafür verantwortlich. Ein neues dynamisches Projekt ist darum verpflichtet, ein erneutes kollektives Selbstvertrauen aufzubauen.

Einfach dem Schweizer Volk vorwerfen zu wollen, es leide an mangelnder Synthesekapazität, wäre darum sehr ungerecht, weil es an dieser auch bei der intellektuellen Elite fehlt. Im Zuge der ständig wachsenden Spezialisierung hat zwar die produktive Effizienz unerhört zugenommen, nicht jedoch das Verständnis der der Technik und der Ökonomie übergeordneten kulturellen Zusammenhänge. Zwar werden vielerlei Stereotypen herumgereicht und über die Medien breitgedroschen, qualitativ hochstehende Weltbilder jedoch, wie sie noch im letzten Jahrhundert entworfen werden konnten, setzen sich, wenn sie überhaupt erarbeitet werden, kaum mehr durch.

Schlagwort Integration

Als Schulbeispiele stereotyper Wiederholung von angeblich gesellschaftspolitisch relevanten Problemen dürfte die immer wieder aufflackernde Diskussion des Grabens zwischen Welsch- und Deutschschweiz gelten. Zur Zeit leben wir wieder in einer Phase, in der erneut vom Graben zwischen den beiden Sprachregionen die Rede ist. Mit einiger Scheu und sicher mit viel mehr Scheinheiligkeit wird auch dann und wann die Frage der Beziehungen zwischen Generationen aufgeworfen, aber ohne daß sie je in den Kontext des kulturellen und sozialen Lebens gestellt würde, und ohne daß die moralischen Anforderungen der Gemeinschaft zur Sprache kämen. Meistens geht es bei der Diskussion dieser Fragen lediglich ums Geld, bestenfalls um das Gespenst eines Generationenkonfliktes.

Die Frage der kulturellen Beziehungen zwischen der lateinischen und der deutschen Schweiz und die soziologischen Randbedingungen einer Schweiz, die sich ans Älterwerden ihrer Bevölkerung gewöhnen muß, erscheinen uns darum so wichtig, weil beide Problemkreise einen gemeinsamen Nenner haben: die Flucht unserer Gesellschaft in die Segregation. Das neue Projekt muß dem entgegenwirken.

Das vorherige Projekt des Massenkonsums, dem wir immer noch nachleben, ist in seiner Verbrauchslogik steckengeblieben. Die sozialen und kulturellen Strukturen und Gleichgewichte offenbaren sich schließlich nur noch buchhalterisch und finanziell. Nationale Buchhaltung, Budgets öffentlicher Verwaltungen und die Finanzkapazität der als kulturelle Mäzene auftretenden Institutionen liefern die Referenz zur Begutachtung der kulturellen Bedürfnisse. Ganz allgemein hat sich in der Bevölkerung die Ansicht durchsetzen können, die Kaufkraft stelle den Gradmesser der gesellschaftlichen Autonomie der Individuen und der Institutionen dar: Kaufkraft als Wertkriterium in allen Bereichen des Lebens, auch dem der Kultur.

Die durch die Sozialversicherung temperierte Konsumgesellschaft hat in der Tat alle Schichten und Altersklassen mit Kaufkraft ausgerüstet, von den Jungen bis zu den Pensionierten. Mit weitgestreuter Kaufkraft wollte man nach dem Krieg das Wiedereintreten einer keynesianischen Konsumlücke verhindern, wohlgewitzt mit der üblen Erfahrung der tiefen Krise der dreißiger Jahre. Die möglichst weitgestreute Kaufkraft entsprach aber nicht nur dem Bedürfnis, die Prosperität auf Touren zu bringen, sondern auch der vorherrschenden tiefen Überzeugung der Selbstrealisierungsfähigkeit durch Verbrauch wirtschaftlicher Güter und Dienstleistungen, ein Glaube, dem die Sozialphilosophie eines Duttweilers huldigte. Nun stellen wir aber nach dreißig, vierzig Jahren fest, daß die Verteilung der Konsumkraft auf alle Generationen ihre soziale Integration nicht nur nicht unbedingt fördert, man vermutet sogar, daß sie ihr überhaupt abträglich sein kann. Die Generationen haben sich in der Konsumgesellschaft auseinandergelebt wie nie zuvor: Heute haben wir Koexistenz anstatt Integration und teilweise sogar richtiggehende Segregation, deren mühevollster und betrüblichster Ausdruck wahrscheinlich die Gettos für Jugendliche und ältere Leute darstellen, die wir in unseren Städten aufbauen.

Nun kann es aber nicht darum gehen, die positiven Seiten der weiten Streuung der Kaufkraft auf alle Schichten und Generationen zu verniedlichen. Die Vorteile einer guten, möglichst egalitären Verteilung der Einkommen und der Kaufkraft sind unbestritten, aber sie genügen nicht. Vor allem darum, weil sich eben weder das soziale noch das kulturelle Leben auf rein wirtschaftliche und geldliche Beziehungen reduzieren läßt. All das, was die Qualität des Gesellschaftslebens ausmacht, läßt sich eben nicht auf merkantile Beziehungen zurückführen; Geld und Preise sind nicht alleiniger Ausdruck des Wertes. Vom hohen Verbrauchsstandard der schweizerischen Bevölkerung ausgehend, wird es also im neuen Projekt darum gehen müssen, neuartige Integrationsorte und Beziehungspunkte aufzubauen, die bei hohem Konsumkomfort einen besseren konvivialen und integrierten Lebensstil erlauben.

Auf diesem Gebiet ist noch unendlich viel zu tun. Das Problem hängt mit der zur Verfügung stehenden Freizeit und vor allem mit der durch frühzeitige Pensionierung tendenziell zunehmenden Sozialzeit in Zusammenhang. Das neue Projekt muß darum der

Aufgabe nachgehen, diese Potentialitäten, die nicht wirtschaftlicher Natur sind, auszuschöpfen, und zwar im Sinne einer systematischen Mobilisierung derjenigen Arbeitskräfte, die durch den Marktprozeß nicht vollkommen oder nicht mehr aktiviert sind, deren Freizeitbedarf aber gedeckt ist. Es geht dabei also um den Ausbau gemeinnütziger Strukturen, die einerseits die individuelle Selbstverwirklichung fördern und andererseits einen gemeinschaftlichen Nutzen abwerfen, indem sie die Integration zwischen Generationen fördern.

Die neu zu schaffenden sozialen Räume sollen auch Gelegenheit zu erneutem Dialog zwischen den vielseitigen Komponenten des kulturellen Lebens der Schweiz von morgen bieten. Die Dialogfähigkeit der Generationen unter sich und zwischen den verschiedenen Landesteilen, über die Sprachgrenzen hinweg, kann wahrscheinlich nur dann wiederbelebt werden, wenn es gelingt, den regionalen Traditionen vermehrt Rechnung zu tragen, und zwar unabhängig von den technischen und wirtschaftlichen Rahmenbedingungen, die durch die effizienzfördernde Arbeitsteilung gekennzeichnet sind. Der Ausbau der Sozialzeit ist nicht nur ein Mittel zur besseren Verständigung zwischen Generationen, sondern auch ein vielversprechender Weg zum Ausbau des Kulturaustausches zwischen Sprachregionen, ein Ausbau, der übrigens eine der Grundvoraussetzungen zur Verbesserung der internationalen Integration der Schweiz darstellt. Eine Notwendigkeit wird damit zur Tugend.

Die Rolle der Schule

Woanders als in der Schule – und durch sie – soll der durchgreifende Wandel der Mentalitäten, die das neue Projekt voraussetzt, stattfinden? Unter dem Begriff Schule verstehen wir hier das gesamte Bildungs- und Ausbildungssystem, das in unserem Gemeinschaftswesen mit der Aufarbeitung und der Übermittlung der Information und des Wissens beauftragt ist, das heißt, die Reihe der Schulen, von der Primarschule bis zur Hochschule unter Einbezug der beruflichen Fachschulen und der wissenschaftlichen Forschungsinstitute. Der Rückgriff auf die Schule im weitesten Sinn als Hort der Aufarbeitung und der Übermittlung von Wissen und Kultur jeglicher Art scheint um so angezeigter, als das neue Projekt sich zur Aufgabe setzen wird, alle Generationen in einem kulturellen Umdenkprozeß zu mobilisieren.

Um dieser Aufgabe gerecht werden zu können, wird sich die Schule selbst entwickeln müssen, gleichsam zum Bahnbrecher der Mentalitäten der verschiedenen Generationen. Diese Voraussetzung ist für die Realisierung und Ausgestaltung des neuen Projektes darum notwendig, weil ja schließlich die heute am Gesellschaftsleben beteiligten Generationen dafür verantwortlich sind, daß unsere Gesellschaft in einer Abwartehaltung verharrt. Dieser Strukturkonservatismus wird solange dauern, als sich die Beziehungen zwischen den Generationen und diejenigen der Erwachsenen und der Jugend nicht verändert haben werden.

Am Generationenkonflikt zwischen den Erwachsenen und ihrer Jugend ist natürlich nichts Neues. Seit eh und je wirft jede Generation der ihr nachfolgenden vor, gewisse Werte zu vernachlässigen und es an Disziplin mangeln zu lassen. Seit das Schulwesen in seiner heutigen Form existiert, das heißt, seit ungefähr der Mitte des letzten Jahrhunderts, ist die Schule der Sündenbock dieser Dialektik zwischen Generationen. Der immerwährende Prozeß des Bildungswesens und sein angebliches Unvermögen, die Allgemeinbildung der Jugend aufrechtzuerhalten, ist einer der landläufigsten Ausdrücke des traditionellen Generationenkonflikts. In der systematischen Bemängelung der Schule kommt auch die Opposition zwischen Struktur und Wertkonservatismus zum Ausdruck, weil die jeweils vorangehenden Generationen Mühe haben, die von der Schule betriebene Werterhaltung über Strukturreformen hinaus anzuerkennen.

Nun sind aber gerade schulische Strukturreformen in unserer ängstlichen und zögernden Übergangsphase ebenfalls ins Stocken geraten. Und dies zu einer Zeit, wo sie sich mehr denn je aufgrund des überaus raschen technologischen, kulturellen und sozialen Wandels aufdrängen, den die Welt heute beim Übergang ins nachindustrielle Zeitalter erlebt. Trotz aller Jeremiaden geht es nicht an, dem schweizerischen Schulwesen einen Mangel an Wertkonservatismus anzulasten. Die Schule trägt nach wie vor dem Grundpostulat der Demokratie, nämlich möglichst breite Streuung des Wissens, der Bildung und der Ausbildung und möglichst offener Zutritt zu allen Bildungswegen, in ausgesprochenem Maße Rechnung. Die Schule ist und bleibt in der Demokratie einer der privilegierten Orte des sozialen Fortschritts und der Integration. Darum wird sie bei der Verwirklichung des neuen Projektes so nützlich und wertvoll sein.

In der Tagesdiskussion um die Schule und in der Kritik an ihr geht ein wesentliches Moment meistens unter, die Tatsache nämlich, daß das Schulwesen jeweils und zu jedem Zeitabschnitt in einer Problematik steckt, die der sozialen, wirtschaftlichen und politischen Zeit ein wenig voraus ist. So kommt es, daß sich so viele Eltern um die Orthographiefehler ihrer Kinder ärgern und dabei nicht berücksichtigen, daß gerade sie den Übergang einer auf schriftlicher Überlieferung basierenden Zivilisation zu einer sich bildhaft ausdrückenden Elektronikzivilisation eingeleitet haben. Ins gleiche Register gehört das der Schule angelastete Unvermögen, der Jugend das Kopfrechnen beizubringen, eine Aufgabe, die heute dem Taschenrechner zufällt, und die damit keiner gesellschaftspolitischen Notwendigkeit mehr entspricht. Auch bedarf es eines kritischen Zusehens bei der Bemängelung des Bürgerunterrichts, wo einerseits den Lehrern vorgeworfen wird, Politik zu betreiben, und andererseits die Beanstandung laut wird, die Schule trage überhaupt keine Sorge zur Pflege der Ausbildung der zukünftigen Staatsbürger.

Die Diskussion um die Qualität der schulischen Ausbildung gehört darum zu den unverwüstlichen Themen, weil eine jede Generation in ihren Kindern nicht nur eine getreue Kopie der Vorstellung, die sie sich von sich selbst macht, sehen möchte, sondern die junge heranwachsende Generation auch bereits in den Sparten ausgebildet haben möchte, die sich ihrer Kenntnis und ihrem Sachverstand entziehen.

Nun ist und bleibt die Jugend aber Gott sei Dank dem Neuen offen und trägt damit ganz wesentlich zur Verbreitung vor allem des technischen Fortschrittes bei. Eine der wichtigsten Aufgaben der Schule ist es, diese Aufnahmefähigkeit der Jugend für technischen Fortschritt mit der Vermittlung von hergebrachtem Wissen und Kultur zu verbinden, eine Aufgabe, die im Zeitalter der Unterhaltungselektronik und des raschen Wandels von wirtschaftlichen und sozialen Strukturen äußerst schwierig ist.

Man will sich oft der Tatsache nicht bewußt werden, daß es dem heutigen Durchschnittsschüler weit schwerer fallen muß, sich auf seine Schulwelt zu konzentrieren als das bei seinen Vorgängern, vor noch zwanzig Jahren, der Fall war. Damals spielte die Schule mit der Familie die Hauptrolle im sozialen Leben eines Schülers. Dies ist heute nicht mehr der Fall. Unterhaltungselektronik und Medien, sowie der Massenkonsum machen dem Schulwesen eine sehr ernstzunehmende Konkurrenz. Diese zeigt sich schon daran, daß heute die meisten Schüler fast gleich lange vor dem Fernseher wie in der Schule sitzen oder Radio hören, und dies während der gesamten Zeit ihrer Ausbildung. Dazu kommt noch, daß die Generation der heute Zwanzigjährigen zwar ungeheuer viel faktuelle Information aus der Schule und über die Medien beziehen konnte, daß ihr aber die strukturierende Kraft eines zügigen kollektiven Projektes entgeht. Sie hat ihre Schuljugend eben in einer Übergangszeit erlebt, seit dem Abklingen des Enthusiasmus des Wirtschaftsprojektes der sechziger Jahre.

Es darf darum nicht verwundern, daß die heutige Jugend trotz ihres wahrscheinlich unerreicht hohen Ausbildungsstandes blasiert und zeitweise sehr negativ auf das Zeitgeschehen reagiert, und daß sie der Zukunft verblüffend wenig Vertrauen schenkt. Wir haben also im Konsum- und Unterhaltungskomfort, trotz der Vermittlung eines unerreicht großen und breiten Wissens, eine Generation herangezogen, die der Schweiz und der Welt von morgen wenig Zutrauen entgegen bringt. Diese Fehlentwicklung stellt ein unerhört großes Hindernis auf dem Weg zum Übergang zu einem neuen kollektiven Projekt dar, für dessen Überwindung höchstwahrscheinlich die Schule einen erstrangigen Beitrag leisten kann und muß.

Die Demokratisierung des Wissens

Geht man von der Annahme aus, der beste Garant der Demokratie sei eine offene, sich dem Strukturwandel anpassende, aber wertkonservative Schule, drängt sich die Schlußfolgerung auf, die Schule sei sozusagen das Labor des neuen politischen Projektes. Aber eben, eine evolutive Schule, der es gelingt, als Integrationsfaktor aufzutreten und sich aus der herkömmlichen Rolle des Wissensvermittlers zwischen Generationen zu emanzipieren. Wissensvermittlung wird natürlich eine zentrale Aufgabe der Schule bleiben. Aber das Zielpublikum der Schule im neuen Projekt wird nicht mehr nur die Jugend sein, sondern höchstwahrscheinlich die gesamte Bevölkerung. Rascher technischer Fortschritt und die oben beschriebenen Strukturwandlungen machen die Weiterbildung zu einem vordringlichen Postulat einer ausgeglichenen und fortschrittlichen Gesellschaftspolitik.

Anstatt immer nur mehr Jugendliche durch Universität und Hochschule auf einen höheren Stand der Wissenspyramide zu bringen, wird sich das Schulwesen auch intensiv denjenigen widmen müssen, die im Berufs- oder Gesellschaftsleben den technischen und kulturellen Anforderungen nicht mehr gewachsen sind und die nachgeschult werden müssen.

Es geht dabei nicht nur um Erwachsenenbildung bis ins höchste Alter (man denke nur schon an die Gesundheitsausbildung), sondern auch um eine systematische Valorisierung der nichtgymnasialen Ausbildungswege für die Jugendlichen. Man kann unserem heutigen Schulsystem anlasten, es habe diejenigen Schüler privilegiert, die die Voraussetzung für eine Matur und eine Hochschulbildung mitbringen, dies auf Kosten der anderen Ausbildungsrichtungen, wie Berufsschule und Meisterlehre, deren Attraktivität weit hinter der Gymnasialausbildung herhinkt. Diese Diskriminierung ist der Förderung der Allgemeinkultur aller Schichten und damit der Realisierung des neuen Projektes äußerst abträglich. Es kann bei der Demokratisierung des Erziehungswesens also nicht ausschließlich darum gehen, möglichst viele Schüler und Schülerinnen an die Universität zu bringen; das Postulat einer weiten Streuung des Rechts auf Bildung, Ausbildung und Kultur muß ebenfalls verwirklicht werden. Diesbezüglich besteht vor allem in der Berufsschulung ein eindeutiger Nachholbedarf.

Ein weiteres Gebiet, auf dem sich die Schule innovativ zeigen muß, ist dasjenige der beruflichen Nachschulung, der Weiterbildung und der Wiedereingliederung von Berufstätigen, die vom technischen Fortschritt überrollt werden. Zwei Beispiele seien hier angeführt, um zu zeigen, was hier auf dem Spiel steht. Einerseits geht es darum, die Berufstätigen nach Austritt aus der Schule auf dem letzten Stand der für ihre Berufsausübung notwendigen technologischen Kenntnisse zu halten. Dies mit dem Ziel, sämtliche Generationen auf ein höchstmögliches Produktivitätsniveau zu bringen und dieses beizubehalten bis zu ihrem Austritt aus der aktiven wirtschaftlichen Betätigung. Andererseits gilt es bei dem heute hohen beruflichen Mobilisierungsgrad der Frauen, systematisch dafür zu sorgen, daß der berufliche Wiedereintritt junger Mütter weniger problematisch wird, als das heute der Fall ist.

Der Einbezug Erwachsener in das Schulwesen wird die Schule sozusagen zum zentralen Ort «par excellence» der Integrationsbemühungen zwischen Generationen machen, die dem neuen Projekt für eine Schweiz von morgen zugrunde liegen. Natürlich kann eine solche Entwicklung nicht ohne grundlegende Veränderungen im Schulwesen selbst stattfinden. So ist es beispielsweise unvorstellbar, die Erwachsenenbildung einfach auf das Ausbildungswesen der Jugendlichen aufpfropfen zu wollen. Alles und jedes im Schulwesen muß jedoch nicht auf den Kopf gestellt werden, denn in Sachen Aus- und Weiterbildung der Erwachsenen geschieht schließlich schon einiges. Man hat in jüngster Zeit auch feststellen können, daß das Schulwesen imstande ist, sich verändernden Rahmenbedingungen rasch anzupassen. In diesem Zusammenhang sei hier noch einmal das Beispiel der Energieszene erwähnt.

Die zwei Energiepreiskrisen der siebziger Jahre haben bekanntlich auch den Energiehaushalt der Schweiz auf harte Probe gestellt. Vom wirtschaftlichen und technischen Aschenbrödel, um das sich der tiefen Erdölpreise wegen niemand kümmerte, wurde die Bestrebung zur Verbesserung der Energieverwertung plötzlich zum Postulat der Stunde. Es zeigte sich aber bald, daß vor allem die mittleren Kader im Energie- und Bauwesen ernsthafte Ausbildungslücken aufwiesen und daß es nicht nur darum gehen konnte, Forschung zu aktivieren, sondern daß es auch notwendig war, an sich vorhandenes Wissen rasch und effizient weiterzuleiten. Das schweizerische Schulungswesen hat diesbezüglich eine große Anpassungsfähigkeit unter Beweis gestellt, denn in kürzester Zeit war es möglich, unzählige Weiterbildungskurse mit Erfolg durchzuführen.

Auch ein anderes Beispiel kann in diesem Zusammenhang erwähnt werden. Es stammt aus der kulturellen Sphäre und betrifft zwei Initiativen der Universität Genf. 1975 fand dort die Gründung der ersten Senioren-Universität der Schweiz statt mit dem Ziel, der alternden Bevölkerung bei ihrer sozialen Integration durch systematisches Vermitteln einer breiten Kultur behilflich zu sein. Tausende von Seniorenstudenten belegen seither den Erfolg dieses Beitrages zur Erwachsenenbildung. 1977 erfolgte, vehementen Protesten anderer Schweizer Universitäten zum Trotz, die Einführung der Immatrikulation von Studenten ohne Maturitätszeugnis.

Eigentlich handelt es sich zwar nicht um eine absolute Neuigkeit. Die Eidgenössische Technische Hochschule praktiziert diesen außerordentlichen Zugang zu höherer Bildung nämlich seit ihrer Gründung. Wie dem auch immer sei, in den ersten fünf Jahren haben, trotz sehr restriktiver Zulassungsbestimmungen, dreißig Studenten ohne Matur ein Lizentiat absolvieren können. Die Erfahrung zeigte nicht nur, daß das Leistungspotential dieser Studenten mit dem der ordentlichen Studenten durchaus vergleichbar ist, sondern auch einige außerordentlich brillante Resultate. Im übrigen haben sämtliche an diesem Experiment beteiligten Fakultäten feststellen können, daß die Durchmischung der Studentenschaft mit reiferen, im Berufsleben erfahrenen Elementen außerordentlich positiv wirkt.

Freizeitgestaltung

Als Zeitgenossen sind wir alle dem technischen Fortschritt zu Dank verpflichtet. Er hat uns nicht nur erlaubt, einen noch vor fünfzig Jahren undenkbar hohen Lebensstandard zu erreichen; die fortschreitende Technologie hat uns auch eine ungeahnte Freizeit beschert. Mit der Zurverfügungstellung von mehr Freizeit ist die Freizeitgestaltung sogar zur staatspolitischen Aufgabe geworden. Familienleben und Muße spielen bei der Freizeitgestaltung natürlich immer noch eine große Rolle. Aber mit dem größeren Angebot an Zeit und auch an wirtschaftlichen Mitteln eröffnen sich Möglichkeiten anderer Betätigungen, wie Basteln, do-it-yourself, kollektive Formen von Konvivialität, Sport und Beteiligung am Kulturleben, ein ganzes Spektrum von Betätigungen, die eine gewisse Bildung, Disziplin und die Verfügbarkeit von Infrastrukturen voraussetzen.

Je mehr die durchschnittliche Arbeitszeit abnehmen wird, desto größer werden die Bedürfnisse nach einer Art Ausbildung, die Individuen und Gruppen zu einer valorisierenden Zeitbewältigung befähigen. Auch diesbezüglich wird das Schulwesen im neuen

Projekt angesprochen sein. Um so mehr als diese Arten der Freizeitgestaltung am Scharnier zur Gestaltung der Sozialzeit liegen.

Unter Freizeitgestaltung versteht man Tätigkeiten und Belange, die der einzelnen Person gewidmet sind oder ihrem engsten Familienkreis. Fernsehen, persönliches Studium, Fitness-Training und vieles andere mehr gehören dazu. Die Sozialzeit ist eher Dritten gewidmet. Sie ist durch Freiwilligenarbeit charakterisiert, die im Prinzip auch durch andere erbracht werden kann, eventuell im Austausch von monetärem Entgelt. Wir haben schon bei unseren Betrachtungen über den Alterungsprozeß der Bevölkerung darauf angespielt, daß der Sozialzeit und der Freiwilligenarbeit in Zukunft vermehrte Bedeutung wird zukommen müssen. Solche Sozialarbeit, in den Bereichen des Erziehungswesens, der Altersbetreuung, des Gesundheitswesens, der Landschaftspflege, um nur einige Beispiele zu nennen, kann natürlich nicht einfach improvisiert werden. Auch hier bedarf es Ausbildung und Infrastrukturen, die professionell aufgezogen sind.

Die Freizeit des Arbeitsmenschen entspricht seit jeher einem Bedürfnis nach Ausgleich. Nun stellen wir aber in unserer modernen Welt fest, daß dieselben technologischen Mittel sowohl im Berufs- als auch im Freizeitleben eingesetzt werden. Fahrzeuge beispielsweise und Bildschirme. Laut Statistik der Schweizerischen Radio- und Fernseh-Gesellschaft verbringt der Durchschnittsschweizer ab dem fünfzehnten Altersjahr rund eineinhalb Stunden pro Tag vor seinem Fernseher. Nimmt man nur diejenigen Haushalte in die Statistik auf, die mit einem Fernsehapparat ausgerüstet sind, kommt man auf eine durchschnittliche Zuschaudauer von zweieinviertel Stunden. Diese Zahlen gelten für 1980.

Man kann sich bei solchen Daten füglich fragen, wo da überhaupt noch der Ausgleich bleiben mag, insbesondere, wenn man sich eine Schweiz von morgen vorstellt, in der sich die meisten Werktätigen auch an ihren Arbeitsplätzen mit Bildschirmen werden herumschlagen müssen. Anspruchsvollere, den einzelnen weniger passiv einsetzende Freizeitbetätigungen werden sich also auf die Dauer aufdrängen und durchsetzen. Mit großer Wahrscheinlichkeit werden sich viele Individuen, die ihr Leben auch nach dem Wohle anderer Personen orientieren wollen, für den Übergang von der Freizeitgestaltung zur Freiwilligenarbeit im Rahmen der Sozialarbeit entschließen. Anspruchsvolle Freizeitbetätigung wie Freiwilligenarbeit setzen aber eine Art Lehre voraus. Auch hier kann das Schulwesen eine anspruchsvolle Aufgabe erfüllen.

In einem kollektiven Projekt, bei dem es um die Verbesserung der Lebensqualität geht, spielt die Frage der Beherrschung der Zeit eine außerordentlich wichtige Rolle. Bei der kritischen Durchleuchtung eines normalen Tagesablaufes fallen die wesentlichen Unterschiede im Beherrschungsgrad der Zeitbewältigung auf, zwischen der technisch-wirtschaftlich relevanten Zeit und der Freizeit. Unser auf Wirtschaftlichkeit ausgerichtetes Zeitalter hat es in der Beherrschung der formellen Arbeitszeit sehr weit gebracht. Ganz im Unterschied zur Freizeit und Sozialzeit, wo im Verlaufe der letzten Jahrzehnte eine eigentliche Regression stattgefunden hat.

Hier wird das neue Projekt einhaken müssen. Und zwar nicht mit Sofort-Lösungen wie etwa denjenigen, die von der heute gängigen und von den Regierungen Thatcher und Reagan propagierten Privatisierungswelle ausgehen. Denn bei diesen Privatisierungsbestrebungen geht es bestenfalls um eine Verbesserung der merkantilen Effizienz, die im sozio-kulturellen Bereich oft recht belanglos ist. Im Bereich der Freizeit und ihrer kulturell hochstehenden Verwertung sowie bei der durch Freiwilligenarbeit gekennzeichneten Sozialzeit geht es nicht in erster Linie um produktive Effizienz, sondern um eine soziale Valorisierung des Gesellschaftslebens. Die Kultur im weitesten Sinn, von gehobener individueller Bildung zu Kunst, Oper und Theater, von Folklore bis zu Volkskultur, wird immer ein öffentliches und kollektives Anliegen bleiben, und nicht ein rein privatwirtschaftliches.

Bei der Erarbeitung der Grundlagen der Kultur geht es nicht in erster Linie um die Wahl zwischen Privatwirtschaft oder öffentlicher Hand. Vielmehr stellt sich die Frage, ob die Kultur aktiv oder passiv erlebt werden soll. Diese Wahl ist schnell getroffen, wenn es in einem kollektiven Projekt darum gehen soll, die individuelle Autonomie und mit ihr die kollektiven Ausdrücke der Entfaltungsmöglichkeiten zu mehren. Genauso wie das neue Projekt den Bürger zur Überzeugung bringen will, daß es gilt, an der Gesellschaftspolitik aktiv mitzumachen, wird es dem Projekt ein Anliegen sein müssen, die Individuen kulturell zu aktivieren.

Und auf diesem Gebiet ist die öffentliche Hand der Privatwirtschaft klar überlegen.

Das zentrale Anliegen

Das neue Vorhaben für die Schweiz wird sich also zum Ziel setzen müssen, die zwischenmenschlichen Beziehungen zu verbessern. Dies auf dem Weg des Abbaus der Bürokratie und einer weniger offensichtlichen Unterwerfung der funktionellen und zwischenmenschlichen Beziehungen durch technische und wirtschaftliche Sachzwänge. Dabei wird es aber auch – und das soll unterstrichen sein – darum gehen, den hohen Lebensstandard zu halten und, wo dies ohne Umweltbeeinträchtigung möglich ist, zu verbessern. Auch sollen die immer wieder notwendigen Bestrebungen zur Verbesserung der Reichtumsstreuung in der Bevölkerung fortgesetzt werden.

Die Sorge zur natürlichen Umwelt wird im neuen Projekt genauso groß geschrieben wie das Bestreben um die Verbesserung der zwischenmenschlichen und interregionalen Beziehungen. Beides sind maßgebende Aspekte der Lebensqualität, deren Förderung am Anfang der Zielliste des neuen Projektes steht.

Skeptiker und Strukturkonservative werden diese Zielsetzung als utopische intellektuelle Träumereien abtun. Sie werden an der vorliegenden Skizze bemängeln, daß sie nicht genau darlegt, wie das Projekt denn «in concreto» aussehen wird und was seine wirtschaftlichen, sozialen und technischen Auswirkungen sind. Es stimmt natürlich, daß eine jede Zukunftsvision notwendigerweise von utopisch scheinenden Gedankengängen ausgeht. Jede Art von Fortschritt ist eine Teilrealisierung dessen, was vorgängig als Utopie oder Träumerei erscheinen mußte. Übrigens zeigt die Geschichte auch, daß kollektive Projekte auf Träumereien angewiesen sind. Ohne sie bleibt eben ein politisches Vorhaben ohne Wirkung, mangels Mobilisierungskraft.

Die Handvoll Bauernländchen und Handelsstädte, die die alte Eidgenossenschaft noch während des 18. Jahrhunderts ausmachten, hätte sich wahrscheinlich nie vorstellen können, daß rund hundert Jahre später ein potenter Industriestaat an ihrem Platz stehen würde; genausowenig als die dem Industriekapitalismus verpflichtete Schweiz anfangs des Jahrhunderts in der Lage war, den Rahmen des heutigen Verbraucher- und Sozialstaates abzustecken.

Wie die Schweiz in hundert Jahren aussehen wird, vermag natürlich niemand mit Gewißheit vorauszusagen. Wird sie die Kraft finden, sich in ein neues Projekt zu stürzen, und damit den Versuch wagen, ihren ansehnlichen Platz, den sie weltweit erobern konnte, zu halten? Oder wird sie sich langsam an die Peripherie des Weltgeschehens abdrängen lassen, weil sie die kollektive Kraft ihrer Erneuerung nicht mehr findet?

Es wird maßgeblich darauf ankommen, was diejenigen Generationen, die heute in der Blüte ihrer Schaffenskraft stehen, aus ihrer Weltanschauung machen werden. Die Generation, die den Nachkriegsaufschwung in Szene gesetzt hat, ist heute aus dem aktiven Wirtschaftsleben und aus der Politik ausgeschieden. Nachgerutscht ist eine Nachfolgegeneration, die das Glück hatte, am Anfang der sechziger Jahre in den Zug der Wirtschaftskonjunktur zu kommen und rasch individuell Karriere zu machen. Eine Generation, die heute zwischen vierzig und fünfzig Jahre alt ist, die es wirtschaftlich recht weit gebracht hat, der aber ganz offensichtlich der kollektive Elan fehlt, um die Schweiz von heute, mit einem kollektiven Projekt, in die Zukunft zu reißen.

Vielleicht hat sich diese Generation durch den wirtschaftlichen Wohlstand abstumpfen lassen. Möglicherweise ist sie nicht mehr in der Lage, in einem zweiten Anlauf kollektiv das zu erreichen, was sie im Durchschnitt in Sachen individuelle Karriere fertiggebracht hat. Falls diese pessimistische Aussicht zutreffen sollte, wäre nur noch auf die Jugend Verlaß. Diese wird es aber möglicherweise schwer haben, sowohl die wirtschaftlichen wie auch die politischen Ruder in die Hand zu bekommen. Die etwas behäbige und sicher ziemlich phantasielose Generation der Vierzig- bis Fünfzigjährigen sitzt eben fest im Sattel. Ob die Welt auf die Schweiz warten will, bis sich diese aus ihrer Verkrampfung gelöst hat? Diese zentrale Frage sei dem Leser zur Beantwortung überlassen, wie es auch an ihm liegt, aus diesem Buch seine eigenen Schlußfolgerungen zu ziehen. Ein politisches Projekt kann nur dann Bestand haben, wenn es von breiten Schichten der Bevölkerung getragen wird. Es ist darum Aufgabe des Lesers, seine eigenen Konsequenzen zu ziehen und allenfalls an der Realisierung eines neuen Projektes tatkräftig mitzuarbeiten.

III Thesen und Vorschlagsblöcke zur Konkretisierung

Der Schweizer hütet sich vor Utopien.
Solange jedenfalls, als er noch
niemanden gefunden hat, der ihm
klarmacht, daß er sich schon mit ihrer
Realisierung beschäftigt.

Peter Jochen

Aus Leserkreisen der französischen Erstausgabe dieses Buches wurde der Wunsch laut, den Umriß des Projektes an Hand von einigen Themen zu konkretisieren.

Ein nicht einfaches Unterfangen. So legitim die Forderung auch sein mag, bringt sie etwas Einschränkendes mit sich. Genausowenig wie ein einmal erstelltes Bauwerk den projektiven Vorstellungen seines Architekten kaum je gerecht wird, verhält es sich beim politischen Projekt. Auch kann es nicht darum gehen, ein utopisches Parteiprogramm vorzulegen. Mit einigen Pinselstrichen und Retouchen der Tagespolitik einen neuen Stil geben zu wollen, kann natürlich auch nicht Zweck der folgenden Überlegungen sein.

Die nachstehenden Thesenblöcke sind also weder Rezepte noch Leitfäden. Es geht um den Versuch, darzulegen, in welchem Licht einige Facetten der kollektiven und politischen Realität erscheinen, aus dem Blickwinkel eines neu überdachten Projektansatzes.

Die Thesenblöcke sind in drei Gruppen aufgeteilt: Schöpfen, Leben und Erleben, Funktionieren.

Unter Schöpfen verstehen wir den Einsatz unserer Ressourcen. Energie, Information und Bildung, Arbeit und natürliche Umwelt bilden die Grundlagen des ökonomischen Produktionsprozesses.

Zweck der Produktion ist es, das Leben zu verstetigen und der Bevölkerung ein qualitativ hochstehendes Erleben zu ermöglichen. Überlegungen zur Gesundheit, zum Problem des Alterns und zum Bereich Wohnen gehören in dieses Kapitel.

Zur Realisierung eines kollektiven Projektes braucht es schließlich kollektive Funktionsmechanismen. Der Markt, der Staat und die Außenpolitik sind Elemente einer solchen gesellschaftlichen Regulierung.

Es ergeben sich also ingesamt zehn Themen, für die jeweils ein Leistungsauftrag formuliert wird, dem in Thesenform aufgegliederte Antwortansätze und Lösungsvorschläge gegenübergestellt werden. Diese Thesen und Vorschlagsblöcke erheben natürlich keinen Anspruch auf Vollständigkeit, sie haben lediglich einen illustrativen Charakter.

Schöpfen

Energie

Auftrag: Nutzenergie optimieren – Umweltbelastung dezimieren.

Thesen:

– Die (weltweite) Energieproblematik liegt nicht nur in der Gefahr des Erlöschens nichtregenerierbarer Primärenergien wie Öl, Gas, Uran und Kohle, sondern bei der völlig ungenügenden Nutzung dieser Rohstoffe. Ein viel zu kleiner Teil wird in effektiv nutzbare Wärme und Kraft umgesetzt.
– Dieser gigantische Energieverschleiß ist der Hauptfaktor der Umwelt- und Luftverschmutzung; Waldsterben ist eine seiner offensichtlichsten Konsequenzen.
– Die Suche nach immer neuen Energiequellen und forcierte Substitution von Erdöl durch Kernelektrizität gehen am Hauptproblem der drastischen Verbesserung der Wirkungsgrade aller Energieprozesse vorbei. Allein die Wirkungsgradverbesserung ist prioritär und ausschlaggebend.

Lösungsansätze:

– Ein nationaler Energieforschungs- und Entwicklungsfonds ist dringend notwendig. Mit dem Auftrag, in allen Sparten der Energieumsetzung Wirkungsgrad-Verbesserungen zu erreichen.
Weiterentwicklung der Wärme-Kraft-Kopplung, Verbesserung der Wärmepumpen-Technologie und der Energieübertragung bilden Hauptaufgaben eines solchen Fonds.
Investitionen in der Größenordnung von

mehreren hundert Millionen Franken pro Jahr drängen sich auf, wenn man die kritische Masse, die zu Technologiedurchbrüchen führt, erreichen will.
Beispiele aus der Raumfahrt (NASA) und aus der Automobilindustrie belegen das klar. Solche Großausgaben sind für ein technisch hochentwickeltes Land langfristig mit Sicherheit auch rentabel. Sie sind nicht nur umwelt- sondern auch exportfreundlich.
Übrigens haben wir uns in den letzten dreißig Jahren den Gewässerschutz einen stellenwertmäßig gleich hohen Aufwand kosten lassen.

- Nicht marktverzerrende Preisgestaltungsregeln und Kausalabgaben sind der angezeigte Weg der Finanzierung dieser Forschungs- und Entwicklungsinvestition.
- Rahmengesetze mit Fristsetzung sind dringlich, um den Einbau von Katalysatoren in sämtliche rauch- oder abgasentwickelnde Anlagen, Geräte und Fahrzeuge durchzusetzen.

Information und Bildung

Auftrag: Kulturelle und funktionelle Autonomie der Bevölkerung anheben.

Thesen:

- Der Stellenwert der herkömmlichen Wissensvermittlung als Grundlage eines sozialen Machtanspruches verliert an Bedeutung; Bildung gewinnt an Freizeitwert.
- Massenmedien und eine banalisierte Informatik werden dem Kultur- und Bildungswesen noch weitgehend ungenutzte Dimensionen öffnen.

Eine zentrale Aufgabe besteht in der Verbesserung des Informationsgehaltes der elektronischen Medien und in der Verbesserung der kulturellen Kreativität.

- Medienvielfalt und Computerausrüstung sind weder Selbstzweck noch Qualitätsausdruck. Privatisierung der Medien ist kein Allerweltsmittel, sogar auf dem Gebiet der Massenunterhaltung nicht.
- Das traditionelle Schulwesen und die berufliche Kommunikation von Fachwissen müssen sich der Bildschirm- und Computerdidaktik öffnen. Damit können sich Synergien ergeben, die wesentlich an der Qualitätsverbesserung der Massenmedien teilhaben.

Lösungsansätze:

- Wo Konzessionen unerläßlich sind, muß die Obrigkeit klare und nach Programmarten differenzierte Leistungsaufträge formulieren und die gelieferten Programme laufend evaluieren.
- Um den Äther für allgemein interessierende Programme freizuhalten, werden klar umreißbare Zielpublika über Verkabelung bedient.
- Fernkursnetze und Computerlernprozesse werden in Zusammenarbeit mit dem Schulwesen gefördert.
- Schulen sollen angehalten werden, durchgehend zugängliche Medien- und Computerstellen zu betreiben, mit Tutoren und Fachpersonal wie man sie in den Bibliotheken kennt.
- Der Alterungsprozeß der Bevölkerung setzt Lehrkräfte frei, die neuen Aufgaben zugeführt werden können. Erwachsenenbildung stellt diesbezüglich ein vordringliches Tätigkeitsgebiet dar: berufliche Wiedereingliederung von Frauen und vom Technologiefortschritt überholten Männern bilden gute Beispiele der neuen Schülerkategorien.

  Dabei kann man natürlich nicht auf Patentlösungen abstellen. Lehrmittel und Lehrmethoden der Erwachsenenbildung bedürfen dringend eines Forschungs- und Entwicklungsprogrammes.

- Investitionen in Richtung Aufbereitung neuer Kultur- und Bildungsanstrengungen müssen im Zuge einer klugen Arbeitsteilung zwischen Marktwirtschaft und Staat vorangetrieben werden. Anstatt alles und jedes dem Staat zu übertragen, ist es durchaus möglich, der Privatwirtschaft Pflichtleistungen vorzuschreiben. Das ist besonders einfach, wo der Staat Konzessionen erteilt.
- Der hohe Einfluß der Schulung auf die persönlichen Einkommen ist erwiesen. Selektiver Rückgriff auf Schulgebühren ist darum durchaus vertretbar, besonders auf dem Gebiet der beruflichen Weiterbildung. Auch könnte man sich vorstellen, daß die Kapitalien der zweiten Säule systematisch dem Schulwesen zugänglich gemacht werden.
- Berufsschulung muß in jedem Fall mit der Vermittlung von Allgemeinwissen und Kultur verbunden bleiben.

Arbeit

Auftrag: Die Arbeitsbedingungen müheloser und menschlicher gestalten.

Thesen:

- Unserem Zeitalter ist eine fundamentale Neuerung beschert. Robotik und Automatik erlauben eine generelle Aufwertung intellektueller Arbeit. Diese muß überall gefördert werden. Dabei gilt es, gegenüber überholten Routine- und Hierarchieansprüchen besonders wachsam zu sein.

  Hierarchie und stereotype Produktionsabläufe müssen heute mehr denn je auf ihre Funktionalität hin überprüft werden. Blinder Gehorsam und reine Routine müssen einer partizipativen Arbeitsweise platzmachen. Motivation wird wichtiger denn je.

- Kreativität muß großgeschrieben werden. Kreativität läßt sich aber nicht nur punktuell fordern, sie muß auch erlaubt sein, vor allem dort, wo man sie nicht erwartet.
  Unsere auf Absicherung erpichte Gesellschaft entspricht nicht nur einer etwas gelähmten Mentalität der Bevölkerung, sondern auch einem Komfortbestreben der Manager. Mit der Zunahme des Bildungsstandes und des Einkommens der Arbeitnehmer nimmt deren Bedarf nach Unabhängigkeit zu. Arbeitgeber und vor allem Kaderleute müssen mithelfen, die so freiwerdende Energie produktiv einzusetzen.
- Forderungen wie Mitbestimmung und Demokratisierung der Wirtschaft hängen in der Luft. Es kann bei ihrer Realisierung aber nicht in erster Linie um die Befriedigung von Machtansprüchen gehen. Individuelle und kollektive Entfaltung ist wesentlicher und sie ist auch unverhältnismäßig produktiver und zivilisatorisch relevanter.

Lösungsansätze:

- Das Problem der Leistungserfassung der einzelnen Arbeitnehmer (aber auch der Arbeitgeber) ist niemals endgültig gelöst. Der Zeit angepaßte Methoden müssen immer wieder entwickelt werden. Der Markt privilegiert das Kriterium der relativen Rarheit. Dabei kommen vor allem die Kaderkräfte relativ zu gut weg, auch wenn ihre Produktivität nicht besonders groß ist. Anders ausgedrückt kommt dem Management eine Art Seltenheitsrente zu.

Anstelle der formellen Gehaltshierarchie sollte vermehrt eine funktionelle Leistungshonorierung treten. Das bedingt natürlich verbesserte Evaluationstechniken, die es erlauben, den effektiv erbrachten Leistungsaufwand eines jeden Arbeitnehmers und Arbeitgebers zu bestimmen.

- Das Partnerschaftsverhältnis im Zeichen des Arbeitsfriedens bedarf der steten Weiterentwicklung. Humanisierung der Arbeitswelt, Verbesserung der Selbstrealisierungsmöglichkeiten und Ausbau der persönlichen Entscheidungsautonomie stehen heute an oberster Stelle aller Forderungskataloge, weit vor materiellen Ansprüchen. Die Sozialpartner werden dieser Art von Ansprüchen Rechnung tragen und gerecht werden müssen, um so eher als diese im Interesse der Produktivitätssteigerung einer weit fortgeschrittenen Ökonomie liegen.
- Der Ausbau der Altersvorsorge hat eine zu scharfe Trennung zwischen voller beruflicher Tätigkeit und Pensionierung mit sich gebracht. Abgestufte Aufgabe der beruflichen Aktivität und das Öffnen von Möglichkeiten der progressiven Eingliederung in Sozialarbeit sind Wege, die es erlauben, der Segregation alternder Arbeitnehmer zu begegnen.

Landschaft und Natur

Auftrag: Möglichst produktive Erhaltung der natürlichen Umwelt

Thesen:

- Die Nutzung des Raumes Schweiz hat etwas Zwangsläufiges an sich. Verstädterung und Zersiedelung der Landschaft einerseits; Wille zur Erhaltung einer blühenden Landwirtschaft andererseits. Ein Kräfteparallelogramm, das im Zuge der Industrialisierung der Schweiz und ihrer geopolitischen Situation entstanden ist. Landwirtschaft zum Überleben im Kriegsfall und zum Nacherleben der Vergangenheit und der bäuerlichen Tradition; expansive Verstädterung als Konsequenz moderner Lebensweise und technologisch anspruchsvoller Verbrauchsauffassung.

Diese Zwangsläufigkeit scheint überholt. Integration steht heute vor Ausscheidung, und sie ist auch technisch möglich.

– Die Umweltbelastung unserer Gesellschafts- und Produktionsordnung bildet eine übergeordnete Dimension. Kontinentaler Kahlschlag von Wald in Brasilien, Kanada und China, Technologie-Katastrophen und Mega-Unfälle von der Tragweite von Seveso, Bhopal und Schweizerhalle belegen dies mit unheimlicher Anschaulichkeit. Noch schlimmer ist die schleichende Umweltbelastung. Waldsterben und Löcher in der Ozonhülle des Planeten sind die stummen Zeugen dieses weltweiten Makrorisikos. Und an dieser schleichenden Belastung sind wir als Konsumenten alle beteiligt, zusammen mit der Wirtschaft und der Landwirtschaft, letztere paradoxerweise noch mehr als die Industrie.
– Bäuerliche Landschaftspflege genügt ihrer Ausgleichsfunktion schon lange nicht mehr oder nur mehr visuell durch ihren Beitrag an die Anmut des Landschafts- und Dorfbildes und der für die ländliche Schweiz charakteristischen Lebensweise.

  Landesplanung und Umweltschutz sind noch zu stark einem schematischen Zonendenken verhaftet. Dieses muß langsam durch einen integrierenderen Ansatz abgelöst werden.

Dies um zu verhindern, daß sich der Lebensraum Schweiz in unzählige funktionelle Gettos zersplittert.

– Bodenrenten verfälschen institutionalisierte Einkommensumverteilungsprozesse.

Lösungsansätze:

– Die wohl erfolgversprechendste, wenn auch nicht die einfachste Methode im Kampf gegen die Überbeanspruchung der Natur ist das sogenannte Verursacherprinzip. Als übergeordnetes Ziel muß ihm der Staat zum Durchbruch verhelfen.

– Mit zunehmendem Reichtum und mit steigender Bevölkerungs- und Aktivitätsdichte nimmt die räumliche Inanspruchnahme rapid zu. Der zur Verfügung stehende Raum wird zum eigentlichen Objekt eines Verteilungskampfes. Städter werden auf Landbewohner argwöhnisch; Nutzung zu Wohnzwecken kommt vermehrt in Konkurrenz mit beruflicher Beanspruchung des Bodens. Weder der Markt noch die Behörden werden diesen Beanspruchungskampf allein regulieren können. Darum ist die Forderung nach polyvalenter Mischnutzung des Raumes so wichtig. In diesem Zusammenhang muß die Rolle von Lenkungssteuern neu überdacht werden.

– In der Landwirtschaftspolitik muß die Qualität der Produkte vermehrt Beachtung der Landwirte finden. Die quantitative Entwicklung ist endgültig an die Grenze der Überproduktion gestoßen.

Qualitatives Wachstum der Landwirtschaft heißt dreierlei: gustative Qualität der Produkte fördern, biologische und chemische Fortschritte erzielen und Umwelt schonen.

Leben und erleben

Gesundheit

Auftrag:

Förderung der Gesundheit und des Gesundheitserlebens;
Stellenwert der Umsorgung Pflegebedürftiger erhöhen;
Effizienz des Gesundheitswesens steigern.

Thesen:

- Die Dynamik der Kostenentwicklung im Gesundheitswesen drängt vor allem im Hinblick auf die bevorstehende Überalterung der Bevölkerung tiefgreifende Neuerungen und Neuorientierungen auf.
- Die Möglichkeiten des Ausbaus der persönlichen Autonomie sowohl Gesunder wie auch Kranker sind noch lange nicht voll ausgeschöpft. Die Überbelastung des Behandlungsapparates duch Bagatellfälle und Psychosomatiker stellen eine Folgeerscheinung dar.
- Das Gesundheits- und Kostenbewußtsein der Bevölkerung lassen sich parallel ansprechen. Auf dieser Erkenntnis beruht übrigens die Gesundheitspolitik der letzten Jahre.
- Die Versorgung der Betagten muß vollkommen neu überdacht werden, auf dem Gebiet ihrer Finanzierung und ihrer Ausgestaltung.

Lösungsansätze:

- Die Risikoentmischung in der Krankenversicherung ist unumgänglich geworden. Ausscheidung von kleinen Risiken kann relativ einfach mittels hoher Jahresfranchisen erfolgen, die natürlich der finanziellen Leistungsfähigkeit der Versicherten Rechnung tragen müssen.

Infolge des Alterungsprozesses der Bevölkerung genügt jedoch das Franchisensystem nicht. Genau wie die bestehende Krankenversicherung versucht, Kinder und Jugendliche speziell zu behandeln, ist es heute nötig, gezielte Maßnahmen für die sozialmedizinische Sicherung alter Leute zu treffen.

- Eine Aufteilung der Bevölkerung in drei Versichertenkategorien: Kinder und Jugendliche, Aktive, Pensionierte drängt sich auf.
  Diese Aufteilung nach relativ homogenen Bedarfsgruppen führt zu einem klaren Bild der notwendigen sozialen und finanziellen Ausgleichsleistungen zwischen Generationen. Transparenz ist hier das Gebot der Stunde, wenn man verhindern will, daß soziale Spannungen entstehen.
- Um die aktive Bevölkerung finanziell nicht zu überfordern, ist eine Alters-Zusatzversicherung einzurichten, die es Vierzig- oder Fünfzigjährigen erlaubt, die früher oder später notwendig werdenden Geriatrieleistungen vorzufinanzieren.
- In dieses Vorfinanzierungskonzept geriatrischer Pflegeleistungen kann auch ein Naturalbeitrag in Form von Sozialarbeit eingebaut werden. Solche freiwillige aber als Versicherungsbeitrag anerkannte Arbeitsleistungen fördern nicht nur den Kostenabbau, sondern auch die soziale Integration zwischen Generationen.
- Zur Stimulierung des Gesundheitsbewußtseins ist die medizinische Umsorgung am Arbeitsplatz besonders wichtig. Sie ist heute noch weitgehend ungenügend und bedarf dringend des Ausbaus.
- Die Heimpflege im Gegensatz zur Spitalpflege ist landesweit voranzutreiben.

Alter*

Auftrag: Soziale Absicherung allein genügt nicht, soziale Integration ist ebenso wichtig.

Thesen:

– Die Entwicklung und der Ausbau der AHV und der zweiten Säule haben zu einem Abbau intergenerationeller Solidarität geführt.
– Je mehr die Überalterung der Bevölkerung zunimmt, desto mehr wird die Frage der Belastbarkeit der aktiven Generationen zum Diskussionsobjekt und zum politischen Problem.
– Die soziale Valorisierung der aus dem Berufs- und Erwerbsleben zurückgezogenen betagten Individuen stellt eine vordringliche kollektive Verpflichtung dar.

Lösungsansätze:

– Die Investitionspolitik der zweiten Säule muß überdacht werden. Die aus Zwangssparen geschöpften Riesenkapitalien dürfen nicht einfach nach Routinekriterien (wie kommerzielle Sicherheit) angelegt werden. Ihr Beitrag an das Wirtschaftswachstum und an den sozialen Frieden haben dem Anteil der zweiten Säule am gesamten Kapitalmarkt zu entsprechen.
Die biederen Anlageregeln erlauben zur Zeit weder ein breit angelegtes Finanzieren des Wohnungseigentums noch eine Mitfinanzierung des Schulungswesens sowie der technologischen Forschung und Entwicklung. Alle diese drei Gebiete sind für die soziale Ver-

* Die qualitativen Aspekte dieses Problemkreises sind in den vorangehenden Kapiteln breit behandelt. Hier soll eher der institutionelle Blickpunkt zur Geltung kommen.

nehmlichkeit und das Wirtschaftswachstumspotential besonders relevant.

Routine-Investitionen müssen Schlüssel-Investitionen Platz machen, die der Schweiz von morgen den Weg öffnen. Nur so wird es möglich sein, die aktiven Generationen vor Beitragsüberbelastung zu verschonen.

- Die soziale Integration der Pensionierten kann durch deren Mobilisierung in gut strukturierten Institutionen der Sozial- und Freiwilligenarbeit erreicht werden. Das Zurückschrumpfen der Familienbeziehungen auf die sogenannte Kernfamilie legt solche Formeln nahe, weil oft der Kontakt zu Nachbarn oder Gleichgesinnten für ältere Leute leichter fällt als der Kontakt zu Familienmitgliedern.
- Sozial- und Freiwilligenarbeit kann sich im Sinne von Selbsthilfe äußern, beispielsweise in der Pflege von alten Leuten, oder aber in ganz anderen Gebieten.
- Die soziale Ausmusterung der Betagten muß aufhören.

  Genauso wie die Belange der Jugendlichen zu den vornehmsten Aufgaben der Gemeinden gehören, muß die Altersversorgung am und im Wohnort bevölkerungsnah organisiert werden.

Wohnungswesen

Auftrag: Den Wohnungsraum behaglich und seine Umgebung zwischenmenschlich gestalten.

Thesen:

- Dank Technologie und besserer Einsicht erscheint die Zersplitterung in Gettos überholt. Diese gilt es abzubauen und die Durchmischung von Bevölkerungsteilen und Aktivitäten zu fördern.

- Wohnen heißt nicht nur schlafen, sondern auch Zeit und Freizeit erleben. Verkehrs- und Lärmbarrieren kapseln den Wohnraum von seiner Umgebung ab und schränken damit zwischenmenschliche Kommunikation ein, wenn sie sie nicht geradezu verunmöglichen.
- Zeitgerechte Kommunikationssysteme sind besser als Pendeln und berufliches Umherfahren.
  Heimarbeit im Dienstleistungsbereich muß besonders im Hinblick auf die berufliche Integration der Frauen breiten Schichten möglich gemacht werden.

Lösungsansätze:

- Nicht nur Auszonen, sondern Funktionen integrieren.
  Städte- und Raumplaner, Architekten und Ingenieure müssen die heute gängigen Aufteilungsschemen neu überdenken und sich an die Planung der Raumgestaltung von morgen machen.
  Was am Anfang des Jahrhunderts das Aufkommen des Badezimmers war, wird beispielsweise morgen der verkabelte Arbeitsraum sein.
- In der Quartier- und Dorfplanung wird dem Problem der raschen Zunahme pflegebedürftiger alter Leute Rechnung zu tragen sein. Adäquat konzipierte Wohnhäuser mit einem Minimum an medizinischer Ausrüstung stellen einen vielversprechenden Ansatz dar.
- Zur Verbesserung der Kommunikationsmöglichkeiten unter Städtern sind freistehende oder gedeckte Sozialräume wichtig, wie sie beispielsweise heute in den Wolkenkratzern Manhattans eingeplant werden.

– Verkehr kanalisieren, Lärm bekämpfen.
  Um diesem Postulat gerecht zu werden, genügt es eigentlich, die Gesamtverkehrskonzeption endlich zur Kenntnis zu nehmen und durchzusetzen.

Funktionieren

Markt und Wirtschaft

Auftrag: Produktive Effizienz, konsumgerechte Produktion und Verteilung; produktivitätsfördernde Leistungsentschädigung und soziale und ökologische Verpflichtung.

Thesen:

- Die unter Staatsverdruß leidende Wirtschaft muß Alternativen bieten: Selbstregulierung anstatt Regulierung über den Staat.
- Nur offene Märkte sind wirkliche Märkte und werden ihrer Regulierungsfunktion auch sozial gerecht.
- Die Gebote der Ökonomie und der Ökologie sind auch im Geschäft vereinbar. Genau wie sich aus dem Geld- und Finanzwesen Profit schlagen läßt, geht es mit den der Ökologie förderlichen Technologien.

Lösungsansätze:

- Selbstregulierungsinitiativen sind von der Wirtschaft und ihren Fachverbänden vorzubereiten und zu lancieren.
  Auf den vordringlichen Gebieten des Umweltschutzes und der Konsumentenanliegen sind schon einige Vorstöße in diese Richtung gemacht worden, und zwar mit Erfolg. Dieses privatwirtschaftlich initiierte Mitmachen als systemkonforme Alternative zum Staatseingriff ist darum vielversprechend, weil es die einzige Lösung darstellt, die dem Staat seine Vormundschaftsrolle abnehmen kann.
  Korporative Anliegen, Vorhaben und Interessen müssen in der heutigen Konstellation

politisch laut werden, um Beachtung zu finden.

Damit wird staatliche Intervention vorbuchstabiert. Der außerpolitische und vorstaatliche Dialog zwischen Interessengruppen stellt darum, verbunden mit Konflikten vorgreifenden Initiativen, eine echte Altenative zum Ausbau des Staatsinterventionismus dar.

– Die Schweiz ist bekanntlich ein kartellfreundliches Land, auch aus Gründen der Selbstbehauptung im internationalen Handel.

Nun wirkt es aber immer stoßender, daß Schweizer Unternehmungen und sogar ganze Branchen dem Ausland gegenüber mehr Auskunft als Schweizer Instanzen schuldig sind. Vor allem die Vereinigten Staaten von Amerika und die europäischen Wirtschaftsgemeinschaften setzen gegenüber der schweizerischen Wirtschaft Usanzen und Vorschriften durch, die weit über das Landesübliche hinausgehen. Man denke nur an das Bank-, Börsen- und Fiskalwesen oder an den Bereich der Kartellpraktiken und den Wettbewerb gefährdender Fusionen.

Die im Ausland tätigen Schweizer Unternehmungen haben dabei sehr gut bewiesen, daß sie auch ohne horizontale und vertikale Abmachungen erfolgreich sein können. Ebenso müssen sie dort die im allgemeinen wesentlich strengeren Normen der Konsumentenschutzgesetzgebung einhalten. Es ist deshalb überhaupt nicht einzusehen, warum sie die genau gleichen Bedingungen nicht auch im Inland beachten können.

Die schweizerische Wettbewerbspolitik sowie die Konsumentenschutzgesetzgebung sind endlich dem Niveau der im Ausland schon längst üblichen Vorschriften anzupassen.

Diese Diskrepanz wird auch in der breiten Bevölkerung meinungswirksam, wie das Beispiel der Wiedereinsetzung eines Preisüberwachers zeigt.
Eine auf Transparenz setzende neue Informationspolitik der Wirtschaft scheint schon darum angezeigt, als die gleiche Wirtschaft dem Staat gegenüber auf einer solchen besteht.

- Wie eng verbunden Ökologie und Ökonomie sind, zeigen auch historische Beispiele. Es gelang der schweizerischen Marktwirtschaft wiederholt, sogenannten sozialen Nachfragen gewinnbringend zu entsprechen, sei es allein oder in enger Zusammenarbeit mit dem Staat. Branchenschicksale wie diejenigen der Elektrotechnik und der Pharmazeutik belegen dies. Voraussetzung zu solchen Synergien entwickelnden Osmosen ist es, daß kollektive Notwendigkeit und privatwirtschaftliche Einsicht zu einem konkreten Projekt zusammengeführt werden.
  Auf den Gebieten der Energie und des Umweltschutzes lassen sich keine offensichtlichen Gründe anführen, die ein solches Zusammentreffen ausschließen.

Staat und Verwaltung

Auftrag: Für Freiheit und soziale Gerechtigkeit sorgen; die Schweiz als Einheit in ihrer Vielfalt erhalten; den Lebensraum ökologisch sichern.

Thesen:

- Gesellschaftliche Regulierung bildet die Hauptaufgabe und die wesentliche Verantwortung des Staates als übergeordnete Einheit. Wir wollen aber einen inspirierenden

Staat und einen regulierenden Staat; keinen in der Routine gefangenen Verwaltungsstaat und keinen alles besser wissenden Beamtenstaat.

- Föderalismus und Korporatismus bilden Grundpfeiler unseres Staats- und Gesellschaftswesens. Sie bringen den Hang zum Strukturkonservatismus mit sich. Diesen gilt es immer wieder zu überwinden. Auch und vor allem heute zugunsten eines aufgeklärten Wertkonservatismus.
- Wir machen in der Schweiz viel zu viele Sachgesetze und Reglemente, anstatt Rahmengesetze und Zielvorgaben.

Lösungsansätze:

- Die Effizienzforschung in der öffentlichen Verwaltung hinkt hinter der privatwirtschaftlichen Betriebswirtschaftslehre her. Effizienzforschung muß im öffentlichen Sektor systematisch vorangetrieben werden. Nur so kann dem Hang der Behördenschaft zu rein bürokratischen Arbeits- und Vollzugsabläufen entgegengewirkt werden.
- Die den Parlamenten zur Verfügung stehenden Kontrollmöglichkeiten sind ungenügend. Die Verwaltung vermag sich ihnen weitgehend und oft spielend zu entziehen. Als neues Kontrollinstrument sei hier die *Blockevaluation* vorgeschlagen. Es geht dabei darum, sämtliche Eingriffe eines Staatswesens in einem Sachgebiet zusammenzustellen und global zu evaluieren, und zwar unabhängig von der Frage, welches Departement oder welche Exekutivbehörde politisch zuständig ist.
- Ins gleiche Kapitel der Desegmentierung fällt die noch weitgehend fehlende Praxis der gesamtheitlichen Problemangehung. Die Instrumente, die den Parlamentariern im Hin-

blick auf die politische Aktivierung zur Verfügung stehen, d. h. allen voran das Postulat und die Motion, zielen in der heutigen Verfassung unweigerlich auf das Übertragen neuer Aufgaben an den Staat und die Verwaltung ab.

So werden sowohl Verantwortung einer Lösung und Trägerschaft eines Lösungsansatzes oft völlig unnötig miteinander verbunden. Schließlich baut der Staat seine Straßen und Brücken auch nicht selbst. Es fragt sich darum wirklich, warum er eigentlich immaterielle Aufgaben nicht weiterdelegiert, sondern immer selbst zu bewältigen sucht.

Ist es zum Beispiel tatsächlich «unmöglich», Notare zum Abbau des Asylgesuchberges beizuziehen, wie das der Bundesrat in seiner Vollzugsroutine einfach behauptet, um dann auf einem vollkommen ausgetrockneten Arbeitsmarkt neue Beamte zu suchen, die diese Arbeit sehr wahrscheinlich unmotivierter erledigen?

- Das Instrument der *Delegationsmotion* ist ins parlamentarische Instrumentarium einzuführen. Es soll den Volksvertretern erlauben, die Regierung auf ganzheitliche Lösungsaufträge festzulegen, deren Ausführung, je nach Kompetenz, staatlichen und nicht-staatlichen Stellen übertragen wird. Politisch muß die Regierung natürlich verantwortlich bleiben und periodisch Bericht erstatten. Geht der Delegationswille leer aus, liegt es am Parlament, die Frage der Rückführung der Aufgabe in den Staatsapparat zu prüfen.
- Rahmengesetze verbunden mit verbindlichen Ausführungsterminen sind viel wirksamer als schlecht kontrollierbare Detailvorschriften.

  Eine solche entbürokratisierte und entbürokratisierende Gesetzgebungsauffassung dürf-

te alle Ebenen der Politik, von der Gemeinde bis zum Bund, interessieren.
- Mehr noch als andere Länder huldigt die Schweiz dem Kult materieller Investitionen. Gut und gerechtfertigt ist, was materiell hält. So wird der Staat von der Politik her verpflichtet, Sichtbares zu machen. Legiferieren, Vollziehen, Bauen anstatt Forschen, Denken und Vorbereiten. Im Zeitalter der Information und der Informatik tut diesbezüglich ein grundlegendes Umdenken not.

Außenpolitik

Auftrag: Den relativen Stellenwert der Schweiz in der Welt wahren und erhalten.

Thesen:
- Politik und Wirtschaft müssen in den Augen des In- und Auslandes ein kohärentes Ganzes bilden.
  Die Dritt-Welt-Politik muß aufgewertet und aus der weitgehend sterilen Dialektik zwischen privater und öffentlicher Hilfe herausgelöst werden, um als nationales Anliegen zu erscheinen, mit dem sich der Bürger identifizieren kann.
- Außenwirtschafts- und Außenpolitik sind viel zu wenig volksnah. Weltweite geopolitische Zusammenhänge müssen dem Schweizer so geläufig werden wie Fragen der Landwirtschaft und des Militärs.

Lösungsansätze:
- Wie die UNO-Abstimmung 1986 zeigt, beginnt uns der gängige Neutralitätsbegriff Streiche zu spielen. Wir haben ihn zu lange rein dialektisch zur Abwehr von uner-

wünschten Entwicklungen eingesetzt, etwa der NATO-Beitritt oder die EWG-Mitgliedschaft.
Die UNO-Abstimmung hat gezeigt, daß das Stimmvolk auf «eigenständiger» Außenpolitik besteht, auch wenn diese von der Vernunft her absolut illusorisch erscheint. Es gilt also, dem Stimmvolk klarzumachen, daß man die Schweiz nicht von der weiten Welt ausklammern kann.
Ein Kleinstland wie die Schweiz, das einen international unverhältnismäßig hohen Stellenwert genießt, ist zum Mitmachen verpflichtet, wenn es nicht Gefahr laufen will, an den Rand des internationalen Geschehens zu gleiten oder gar in Vergessenheit zu geraten.

- Die Diskrepanz zwischen wirtschaftspolitischer Weltoffenheit und geopolitischer Abkapselung im gesellschaftlichen Bereich stellt eine von der Bevölkerung verkannte Gefahr dar, der es mit Informationskampagnen zu begegnen gilt.
  Politiker, Medienschaffende und Intellektuelle haben hier eine dringliche Verpflichtung, der sie noch vollkommen ungenügend nachkommen.
- Der Einsatz der Schweiz zur Erhaltung des Weltfriedens ist noch zu wenig glaubhaft.
  Reisepolitik des Außenministers genügt so wenig wie exotischer Tourismus der Bevölkerung. Auch das Internationale Komitee des Roten Kreuzes entlastet uns unserer nationalen Selbstverantwortung nicht.
  Gemeinden und Kantone haben diesbezüglich eine genauso große Verantwortung wie die Eidgenossenschaft.
  Warum beginnen wir eigentlich nicht endlich etwas zu tun? Fehlt es an der Einsicht oder an der Phantasie?

– Der Bundesrat ist anzuhalten, der Bevölkerung darzulegen, was die Welt von der Schweiz hält. Ein fünfjährlicher Rechenschaftsbericht über den Stand der außenpolitischen und außenwirtschaftlichen Beziehungen ist dem Parlament und der Öffentlichkeit vorzulegen. Ziel dieser Übung ist es, das Verständnis und das Interesse der Schweiz als wenigstens uns wichtig erscheinenden Bestandteil der Welt wach zu halten.

Bitte beachten Sie folgende Seiten

Pio Caroni

Rechtseinheit – Drei historische Studien zu Art. 64 BV

128 Seiten. Bestellnummer 21 00953

Der Band umfaßt drei Abhandlungen, die in den Jahren 1984–1985 entstanden sind, welche die ausschließliche Kompetenz des Bundes zur privatrechtlichen Gesetzgebung schufen.
Die erste dieser Studien (Rechtseinheit in der Schweiz – Zur Geschichte einer späten Verfassungsreform) stellt fest, daß der Eidgenossenschaft später als anderen europäischen Staaten die ersehnte Rechtsvereinheitlichung gelang. Sie geht den Gründen dieser historischen Anomalie nach, die, wenn auch mit unterschiedlicher Gewichtung, in der föderalistischen und demokratischen Struktur des Landes individualisiert werden können.
In einer zweiten Abhandlung (Die privatrechtliche Vereinheitlichung in der Optik der Peripherie – Das Beispiel des Tessins) wird untersucht, wie der Wunsch nach Vereinheitlichung des Privatrechts in jenen Kantonen rezipiert und behandelt wurde, denen die «Gleichschaltung» von 1848 große Opfer auferlegt hatte, weil sie am Rande der Eidgenossenschaft lebten. In diesem Sinne legt das Tessiner Beispiel Schlüsse nahe, die möglicherweise generalisiert werden können.
Die letzte Abhandlung (Rechtseinheit und juristischer Historismus) analysiert die zwischen 1871 und 1898 geführte öffentliche (und vor allem parlamentarische) Debatte um die Verfassungsrevision. Sie stellt den Gebrauch verschiedener Modelle und Metaphern fest, die aus dem Arsenal der historischen Schule stammen, und fragt nach den Gründen für deren praktische Bedeutungslosigkeit und schließliche Überwindung.

Helbing & Lichtenhahn

Mark Pieth

Strafverteidigung – wozu?

48 Seiten. Bestellnummer 21 00957

Haben die Schweizer Behörden Angst vor Strafverteidigern, die ihren Auftrag ernst nehmen? Etliche kantonale Strafprozeßordnungen rücken den Verteidiger in die Nähe eines Gehilfen oder eines Begünstigers des Beschuldigten. Wodurch ist dies gerechtfertigt?
Was unternehmen die Verteidiger, um diesen Ruch loszuwerden? Sind sie viel mehr als Statisten in einem Justiztheater? Liefe das Verfahren nicht gar besser ohne diese «Störefriede» im Justizgetriebe?
Solche und andere provozierenden Fragen stellt der Verfasser eines pointierten Textes, der auf die Hintergründe der aktuellen Reformwelle hinweist, die unsere Strafprozeßordnungen erfaßt hat. Ein historischer Überblick aus ungewohnter Perspektive fördert ein unerwartetes Resultat zutage: Gerade die ersten Staatsanwälte zu Beginn unseres Jahrhunderts hätten sich eine «starke Verteidigung» gewünscht. Ein Wunsch, der bis heute auf sich warten läßt.

Standpunkte/kontrovers Heft 4

Helbing & Lichtenhahn